中华人民共和国
新法规汇编

2016
第1辑

国务院法制办公室 编

中国法制出版社

编辑说明

一、《中华人民共和国新法规汇编》是国家出版的法律、行政法规汇编正式版本，是刊登报国务院备案的部门规章的指定出版物。

二、本汇编收集的内容包括：上一个月内由全国人民代表大会及其常务委员会通过的法律和有关法律问题的决定，国务院公布的行政法规和法规性文件，报国务院备案的部门规章，最高人民法院和最高人民检察院公布的司法解释。另外，还收入了上一个月内报国务院备案的地方性法规和地方政府规章目录。

三、本汇编所收的内容，按下列分类顺序编排：法律，行政法规，法规性文件，国务院部门规章，司法解释。每类中按公布的时间顺序排列。报国务院备案的地方性法规和地方政府规章目录按 1987 年国务院批准的行政区划顺序排列；同一行政区域报备两件以上者，按公布时间顺序排列。

四、本汇编每年出版 12 辑，每月出版 1 辑。本辑为 2016 年度第 1 辑，收入 2015 年 12 月份内公布的法律 6 件，有关法律问题的决定 3 件，行政法规 1 件，法规性文件 5 件，报国务院备案的部门规章 18 件，司法解释 7 件。补收 2015 年 11 月份内公布的行政法规 2 件，法规性文件 2 件，司法解释 1 件，共计 45 件。

五、本汇编在编辑出版过程中，得到了国务院有关部门和有关方面以及广大读者的大力支持和协助，在此谨致谢意。

国务院法制办公室

2016 年 1 月

目　　录

法　　律

有关法律问题的决定

行政法规

法规性文件

国务院部门规章

司法解释

法　　律

中华人民共和国反恐怖主义法

（2015 年 12 月 27 日第十二届全国人民代表大会常务委员会第十八次会议通过　2015 年 12 月 27 日中华人民共和国主席令第三十六号公布　自 2016 年 1 月 1 日起施行）

目　　录

第一章　总　　则

第一条　为了防范和惩治恐怖活动，加强反恐怖主义工作，维护国家安全、公共安全和人民生命财产安全，根据宪法，制定本法。

第二条　国家反对一切形式的恐怖主义，依法取缔恐怖活动组织，对任何组织、策划、准备实施、实施恐怖活动，宣扬恐怖主义，煽动实施恐怖活动，组织、领导、参加恐怖活动组织，为恐怖活动提供帮助的，依法追究法律责任。

国家不向任何恐怖活动组织和人员作出妥协，不向任何恐怖活动人员提供庇护或者给予难民地位。

第三条 本法所称恐怖主义，是指通过暴力、破坏、恐吓等手段，制造社会恐慌、危害公共安全、侵犯人身财产，或者胁迫国家机关、国际组织，以实现其政治、意识形态等目的的主张和行为。

本法所称恐怖活动，是指恐怖主义性质的下列行为：

（一）组织、策划、准备实施、实施造成或者意图造成人员伤亡、重大财产损失、公共设施损坏、社会秩序混乱等严重社会危害的活动的；

（二）宣扬恐怖主义，煽动实施恐怖活动，或者非法持有宣扬恐怖主义的物品，强制他人在公共场所穿戴宣扬恐怖主义的服饰、标志的；

（三）组织、领导、参加恐怖活动组织的；

（四）为恐怖活动组织、恐怖活动人员、实施恐怖活动或者恐怖活动培训提供信息、资金、物资、劳务、技术、场所等支持、协助、便利的；

（五）其他恐怖活动。

本法所称恐怖活动组织，是指三人以上为实施恐怖活动而组成的犯罪组织。

本法所称恐怖活动人员，是指实施恐怖活动的人和恐怖活动组织的成员。

本法所称恐怖事件，是指正在发生或者已经发生的造成或者可能造成重大社会危害的恐怖活动。

第四条 国家将反恐怖主义纳入国家安全战略，综合施策，标本兼治，加强反恐怖主义的能力建设，运用政治、经济、法律、文化、教育、外交、军事等手段，开展反恐怖主义工作。

国家反对一切形式的以歪曲宗教教义或者其他方法煽动仇恨、煽动歧视、鼓吹暴力等极端主义，消除恐怖主义的思想基础。

第五条 反恐怖主义工作坚持专门工作与群众路线相结合，防范为主、惩防结合和先发制敌、保持主动的原则。

第六条 反恐怖主义工作应当依法进行，尊重和保障人权，维护公民和组织的合法权益。

在反恐怖主义工作中，应当尊重公民的宗教信仰自由和民族风俗习惯，禁止任何基于地域、民族、宗教等理由的歧视性做法。

第七条 国家设立反恐怖主义工作领导机构，统一领导和指挥全国反恐怖主义工作。

设区的市级以上地方人民政府设立反恐怖主义工作领导机构，县级人民政府根据需要设立反恐怖主义工作领导机构，在上级反恐怖主义工作领导机构的领导和指挥下，负责本地区反恐怖主义工作。

第八条 公安机关、国家安全机关和人民检察院、人民法院、司法行政机关以及其他有关国家机关，应当根据分工，实行工作责任制，依法做好反恐怖主义工作。

中国人民解放军、中国人民武装警察部队和民兵组织依照本法和其他有关法律、行政法规、军事法规以及国务院、中央军事委员会的命令，并根据反恐怖主义工作领导机构的部署，防范和处置恐怖活动。

有关部门应当建立联动配合机制，依靠、动员村民委员会、居民委员会、企业事业单位、社会组织，共同开展反恐怖主义工作。

第九条 任何单位和个人都有协助、配合有关部门开展反恐怖主义工作的义务，发现恐怖活动嫌疑或者恐怖活动嫌疑人员的，应当及时向公安机关或者有关部门报告。

第十条 对举报恐怖活动或者协助防范、制止恐怖活动有突出贡献的单位和个人，以及在反恐怖主义工作中作出其他突出贡献的单位和个人，按照国家有关规定给予表彰、奖励。

第十一条 对在中华人民共和国领域外对中华人民共和国国家、公民或者机构实施的恐怖活动犯罪，或者实施的中华人民共和国缔结、参加的国际条约所规定的恐怖活动犯罪，中华人民共和国行使刑事管辖权，依法追究刑事责任。

第二章　恐怖活动组织和人员的认定

第十二条 国家反恐怖主义工作领导机构根据本法第三条的规定，认定恐怖活动组织和人员，由国家反恐怖主义工作领导机构的办事机构予以公告。

第十三条 国务院公安部门、国家安全部门、外交部门和省级反恐怖主义工作领导机构对于需要认定恐怖活动组织和人员的，应当向国家反恐怖主义工作领导机构提出申请。

第十四条 金融机构和特定非金融机构对国家反恐怖主义工作领导机构的办事机构公告的恐怖活动组织和人员的资金或者其他资产，应当立即予以冻结，并按照规定及时向国务院公安部门、国家安全部门和反洗钱行政主管部门报告。

第十五条 被认定的恐怖活动组织和人员对认定不服的，可以通过国家反恐怖主义工作领导机构的办事机构申请复核。国家反恐怖主义工作领导机构应当及时进行复核，作出维持或者撤销认定的决定。复核决定为最终决定。

国家反恐怖主义工作领导机构作出撤销认定的决定的，由国家反恐怖主义工作领导机构的办事机构予以公告；资金、资产已被冻结的，应当解除冻结。

第十六条 根据刑事诉讼法的规定，有管辖权的中级以上人民法院在审判刑事案件的过程中，可以依法认定恐怖活动组织和人员。对于在判决生效后需要由国家反恐怖主义工作领导机构的办事机构予以公告的，适用本章的有关规定。

第三章 安全防范

第十七条 各级人民政府和有关部门应当组织开展反恐怖主义宣传教育，提高公民的反恐怖主义意识。

教育、人力资源行政主管部门和学校、有关职业培训机构应当将恐怖活动预防、应急知识纳入教育、教学、培训的内容。

新闻、广播、电视、文化、宗教、互联网等有关单位，应当有针对性地面向社会进行反恐怖主义宣传教育。

村民委员会、居民委员会应当协助人民政府以及有关部门，加强反恐怖主义宣传教育。

第十八条 电信业务经营者、互联网服务提供者应当为公安机关、国家安全机关依法进行防范、调查恐怖活动提供技术接口和解密等技术支持和协助。

第十九条 电信业务经营者、互联网服务提供者应当依照法律、行政法规规定，落实网络安全、信息内容监督制度和安全技术防范措施，防止含有恐怖主义、极端主义内容的信息传播；发现含有恐怖主义、极端主义内容的信息的，应当立即停止传输，保存相关记录，删除相关信息，并向公安机关或者有关部门报告。

网信、电信、公安、国家安全等主管部门对含有恐怖主义、极端主义内容的信息，应当按照职责分工，及时责令有关单位停止传输、删除相关信息，或者关闭相关网站、关停相关服务。有关单位应当立即执行，并保存相关记录，协助进行调查。对互联网上跨境传输的含有恐怖主义、极端主义内容的信息，电信主管部门应当采取技术措施，阻断传播。

第二十条 铁路、公路、水上、航空的货运和邮政、快递等物流运营单位应当实行安全查验制度，对客户身份进行查验，依照规定对运输、寄递物品进行安全检查或者开封验视。对禁止运输、寄递，存在重大安全隐患，或者客户拒绝安全查验的物品，不得运输、寄递。

前款规定的物流运营单位，应当实行运输、寄递客户身份、物品信息登记制度。

第二十一条 电信、互联网、金融、住宿、长途客运、机动车租赁等业务经营者、服务提供者，应当对客户身份进行查验。对身份不明或者拒绝身份查验的，不得提供服务。

第二十二条 生产和进口单位应当依照规定对枪支等武器、弹药、管制器具、危险化学品、民用爆炸物品、核与放射物品作出电子追踪标识，对民用爆炸物品添加安检示踪标识物。

运输单位应当依照规定对运营中的危险化学品、民用爆炸物品、核与放射物品的运输工具通过定位系统实行监控。

有关单位应当依照规定对传染病病原体等物质实行严格的监督管理，严密防范传染病病原体等物质扩散或者流入非法渠道。

对管制器具、危险化学品、民用爆炸物品，国务院有关主管部门或者省级人民政府根据需要，在特定区域、特定时间，可以决定对生产、进出口、运输、销售、使用、报废实施管制，可以禁止使用现金、实物进行交易或者对交易活动作出其他限制。

第二十三条 发生枪支等武器、弹药、危险化学品、民用爆炸物品、核与放射物品、传染病病原体等物质被盗、被抢、丢失或者其他流失的情形，案发单位应当立即采取必要的控制措施，并立即向公安机关报告，同时依照规定向有关主管部门报告。公安机关接到报告后，应当及时开展调查。有关主管部门应当配合公安机关开展工作。

任何单位和个人不得非法制作、生产、储存、运输、进出口、销售、提供、购买、使用、持有、报废、销毁前款规定的物品。公安机关发现的，应当予以扣押；其他主管部门发现的，应当予以扣押，并立即通报公安机关；其他单位、个人发现的，应当立即向公安机关报告。

第二十四条 国务院反洗钱行政主管部门、国务院有关部门、机构依法对金融机构和特定非金融机构履行反恐怖主义融资义务的情况进行监督管理。

国务院反洗钱行政主管部门发现涉嫌恐怖主义融资的，可以依法进行调查，采取临时冻结措施。

第二十五条 审计、财政、税务等部门在依照法律、行政法规的规定对有关单位实施监督检查的过程中，发现资金流入流出涉嫌恐怖主义融资的，应当及时通报公安机关。

第二十六条 海关在对进出境人员携带现金和无记名有价证券实施监管的过程中，发现涉嫌恐怖主义融资的，应当立即通报国务院反洗钱行政主管部门和有管辖权的公安机关。

第二十七条 地方各级人民政府制定、组织实施城乡规划，应当符合反恐怖主义工作的需要。

地方各级人民政府应当根据需要，组织、督促有关建设单位在主要道路、交通枢纽、城市公共区域的重点部位，配备、安装公共安全视频图像信息系统等防范恐怖袭击的技防、物防设备、设施。

第二十八条 公安机关和有关部门对宣扬极端主义，利用极端主义危害公共安全、扰乱公共秩序、侵犯人身财产、妨害社会管理的，应当及时予以制止，依法追究法律责任。

公安机关发现极端主义活动的，应当责令立即停止，将有关人员强行带离现场并登记身份信息，对有关物品、资料予以收缴，对非法活动场所予以查封。

任何单位和个人发现宣扬极端主义的物品、资料、信息的，应当立即向公安机关报告。

第二十九条 对被教唆、胁迫、引诱参与恐怖活动、极端主义活动，或者参与恐怖活动、极端主义活动情节轻微，尚不构成犯罪的人员，公安机关应当组织有关部门、村民委员会、居民委员会、所在单位、就读学校、家庭和监护人对其进行帮教。

监狱、看守所、社区矫正机构应当加强对服刑的恐怖活动罪犯和极端主义罪犯的管理、教育、矫正等工作。监狱、看守所对恐怖活动罪犯和极端主义罪犯，根据教育改造和维护监管秩序的需要，可以与普通刑事罪犯混合关押，也可以个别关押。

第三十条 对恐怖活动罪犯和极端主义罪犯被判处徒刑以上刑罚的，监狱、看守所应当在刑满释放前根据其犯罪性质、情节和社会危害程度，服刑期间的表现，释放后对所居住社区的影响等进行社会危险性评估。进行社会危险性评估，应当听取有关基层组织和原办案机关的意见。经评估具有社会危险性的，监狱、看守所应当向罪犯服刑地的中级人民法院提出安置教育建议，并将建议书副本抄送同级人民检察院。

罪犯服刑地的中级人民法院对于确有社会危险性的，应当在罪犯刑满释放前作出责令其在刑满释放后接受安置教育的决定。决定书副本应当抄送同级人民检察院。被决定安置教育的人员对决定不服的，可以向上一级人民法院申请复议。

安置教育由省级人民政府组织实施。安置教育机构应当每年对被安置教育人员进行评估，对于确有悔改表现，不致再危害社会的，应当及时提出解除安置教育的意见，报决定安置教育的中级人民法院作出决定。被安置教育人员有权申请解除安置教育。

人民检察院对安置教育的决定和执行实行监督。

第三十一条 公安机关应当会同有关部门，将遭受恐怖袭击的可能性较大以及遭受恐怖袭击可能造成重大的人身伤亡、财产损失或者社会影响的单位、场所、活动、设施等确定为防范恐怖袭击的重点目标，报本级反恐怖主义工作领导机构备案。

第三十二条 重点目标的管理单位应当履行下列职责：

（一）制定防范和应对处置恐怖活动的预案、措施，定期进行培训和演练；

（二）建立反恐怖主义工作专项经费保障制度，配备、更新防范和处置设备、设施；

（三）指定相关机构或者落实责任人员，明确岗位职责；

（四）实行风险评估，实时监测安全威胁，完善内部安全管理；

（五）定期向公安机关和有关部门报告防范措施落实情况。

重点目标的管理单位应当根据城乡规划、相关标准和实际需要，对重点目标同步设计、同步建设、同步运行符合本法第二十七条规定的技防、物防设备、设施。

重点目标的管理单位应当建立公共安全视频图像信息系统值班监看、信息保存使用、运行维护等管理制度，保障相关系统正常运行。采集的视频图像信息保存期限不得少于九十日。

对重点目标以外的涉及公共安全的其他单位、场所、活动、设施，其主管部门和管理单位应当依照法律、行政法规规定，建立健全安全管理制度，落实安全责任。

第三十三条 重点目标的管理单位应当对重要岗位人员进行安全背景审查。对有不适合情形的人员，应当调整工作岗位，并将有关情况通报公安机关。

第三十四条 大型活动承办单位以及重点目标的管理单位应当依照规定，对进入大型活动场所、机场、火车站、码头、城市轨道交通站、公路长途客运站、口岸等重点目标的人员、物品和交通工具进行安全检查。发现违禁品和管制物品，应当予以扣留并立即向公安机关报告；发现涉嫌违法犯罪人员，应当立即向公安机关报告。

第三十五条 对航空器、列车、船舶、城市轨道车辆、公共电汽车等公共交通运输工具，营运单位应当依照规定配备安保人员和相应设备、设施，加强安全检查和保卫工作。

第三十六条 公安机关和有关部门应当掌握重点目标的基础信息和重要动态，指导、监督重点目标的管理单位履行防范恐怖袭击的各项职责。

公安机关、中国人民武装警察部队应当依照有关规定对重点目标进行警戒、巡逻、检查。

第三十七条 飞行管制、民用航空、公安等主管部门应当按照职责分工，加强空域、航空器和飞行活动管理，严密防范针对航空器或者利用飞行活动实施的恐怖活动。

第三十八条 各级人民政府和军事机关应当在重点国（边）境地段和口岸设置拦阻隔离网、视频图像采集和防越境报警设施。

公安机关和中国人民解放军应当严密组织国（边）境巡逻，依照规定对抵离国（边）境前沿、进出国（边）境管理区和国（边）境通道、口岸的人员、交通运输工具、物品，以及沿海沿边地区的船舶进行查验。

第三十九条 出入境证件签发机关、出入境边防检查机关对恐怖活动人员和恐怖活动嫌疑人员，有权决定不准其出境入境、不予签发出境入境证件或者宣布其出境入境证件作废。

第四十条 海关、出入境边防检查机关发现恐怖活动嫌疑人员或者涉嫌恐怖活动物品的，应当依法扣留，并立即移送公安机关或者国家安全机关。

检验检疫机关发现涉嫌恐怖活动物品的，应当依法扣留，并立即移送公安机关或者国家安全机关。

第四十一条 国务院外交、公安、国家安全、发展改革、工业和信息化、商务、旅游等主管部门应当建立境外投资合作、旅游等安全风险评估制度，对中国在境外的公民以及驻外机构、设施、财产加强安全保护，防范和应对恐怖袭击。

第四十二条 驻外机构应当建立健全安全防范制度和应对处置预案，加强对有关人员、设施、财产的安全保护。

第四章　情报信息

第四十三条 国家反恐怖主义工作领导机构建立国家反恐怖主义情报中

心，实行跨部门、跨地区情报信息工作机制，统筹反恐怖主义情报信息工作。

有关部门应当加强反恐怖主义情报信息搜集工作，对搜集的有关线索、人员、行动类情报信息，应当依照规定及时统一归口报送国家反恐怖主义情报中心。

地方反恐怖主义工作领导机构应当建立跨部门情报信息工作机制，组织开展反恐怖主义情报信息工作，对重要的情报信息，应当及时向上级反恐怖主义工作领导机构报告，对涉及其他地方的紧急情报信息，应当及时通报相关地方。

第四十四条 公安机关、国家安全机关和有关部门应当依靠群众，加强基层基础工作，建立基层情报信息工作力量，提高反恐怖主义情报信息工作能力。

第四十五条 公安机关、国家安全机关、军事机关在其职责范围内，因反恐怖主义情报信息工作的需要，根据国家有关规定，经过严格的批准手续，可以采取技术侦察措施。

依照前款规定获取的材料，只能用于反恐怖主义应对处置和对恐怖活动犯罪、极端主义犯罪的侦查、起诉和审判，不得用于其他用途。

第四十六条 有关部门对于在本法第三章规定的安全防范工作中获取的信息，应当根据国家反恐怖主义情报中心的要求，及时提供。

第四十七条 国家反恐怖主义情报中心、地方反恐怖主义工作领导机构以及公安机关等有关部门应当对有关情报信息进行筛查、研判、核查、监控，认为有发生恐怖事件危险，需要采取相应的安全防范、应对处置措施的，应当及时通报有关部门和单位，并可以根据情况发出预警。有关部门和单位应当根据通报做好安全防范、应对处置工作。

第四十八条 反恐怖主义工作领导机构、有关部门和单位、个人应当对履行反恐怖主义工作职责、义务过程中知悉的国家秘密、商业秘密和个人隐私予以保密。

违反规定泄露国家秘密、商业秘密和个人隐私的，依法追究法律责任。

第五章　调　　查

第四十九条 公安机关接到恐怖活动嫌疑的报告或者发现恐怖活动嫌疑，需要调查核实的，应当迅速进行调查。

第五十条 公安机关调查恐怖活动嫌疑，可以依照有关法律规定对嫌疑人员进行盘问、检查、传唤，可以提取或者采集肖像、指纹、虹膜图像等人体生物识别信息和血液、尿液、脱落细胞等生物样本，并留存其签名。

公安机关调查恐怖活动嫌疑，可以通知了解有关情况的人员到公安机关或者其他地点接受询问。

第五十一条 公安机关调查恐怖活动嫌疑，有权向有关单位和个人收集、调取相关信息和材料。有关单位和个人应当如实提供。

第五十二条 公安机关调查恐怖活动嫌疑，经县级以上公安机关负责人批准，可以查询嫌疑人员的存款、汇款、债券、股票、基金份额等财产，可以采取查封、扣押、冻结措施。查封、扣押、冻结的期限不得超过二个月，情况复杂的，可以经上一级公安机关负责人批准延长一个月。

第五十三条 公安机关调查恐怖活动嫌疑，经县级以上公安机关负责人批准，可以根据其危险程度，责令恐怖活动嫌疑人员遵守下列一项或者多项约束措施：

（一）未经公安机关批准不得离开所居住的市、县或者指定的处所；

（二）不得参加大型群众性活动或者从事特定的活动；

（三）未经公安机关批准不得乘坐公共交通工具或者进入特定的场所；

（四）不得与特定的人员会见或者通信；

（五）定期向公安机关报告活动情况；

（六）将护照等出入境证件、身份证件、驾驶证件交公安机关保存。

公安机关可以采取电子监控、不定期检查等方式对其遵守约束措施的情况进行监督。

采取前两款规定的约束措施的期限不得超过三个月。对不需要继续采取约束措施的，应当及时解除。

第五十四条 公安机关经调查，发现犯罪事实或者犯罪嫌疑人的，应当依照刑事诉讼法的规定立案侦查。本章规定的有关期限届满，公安机关未立案侦查的，应当解除有关措施。

第六章 应对处置

第五十五条 国家建立健全恐怖事件应对处置预案体系。

国家反恐怖主义工作领导机构应当针对恐怖事件的规律、特点和可能造成的社会危害，分级、分类制定国家应对处置预案，具体规定恐怖事件应对处置的组织指挥体系和恐怖事件安全防范、应对处置程序以及事后社会秩序恢复等内容。

有关部门、地方反恐怖主义工作领导机构应当制定相应的应对处置预案。

第五十六条 应对处置恐怖事件，各级反恐怖主义工作领导机构应当成立由有关部门参加的指挥机构，实行指挥长负责制。反恐怖主义工作领导机构负责人可以担任指挥长，也可以确定公安机关负责人或者反恐怖主义工作领导机构的其他成员单位负责人担任指挥长。

跨省、自治区、直辖市发生的恐怖事件或者特别重大恐怖事件的应对处置，由国家反恐怖主义工作领导机构负责指挥；在省、自治区、直辖市范围内发生的涉及多个行政区域的恐怖事件或者重大恐怖事件的应对处置，由省级反恐怖主义工作领导机构负责指挥。

第五十七条 恐怖事件发生后，发生地反恐怖主义工作领导机构应当立即启动恐怖事件应对处置预案，确定指挥长。有关部门和中国人民解放军、中国人民武装警察部队、民兵组织，按照反恐怖主义工作领导机构和指挥长的统一领导、指挥，协同开展打击、控制、救援、救护等现场应对处置工作。

上级反恐怖主义工作领导机构可以对应对处置工作进行指导，必要时调动有关反恐怖主义力量进行支援。

需要进入紧急状态的，由全国人民代表大会常务委员会或者国务院依照宪法和其他有关法律规定的权限和程序决定。

第五十八条 发现恐怖事件或者疑似恐怖事件后，公安机关应当立即进行处置，并向反恐怖主义工作领导机构报告；中国人民解放军、中国人民武装警察部队发现正在实施恐怖活动的，应当立即予以控制并将案件及时移交公安机关。

反恐怖主义工作领导机构尚未确定指挥长的，由在场处置的公安机关职级最高的人员担任现场指挥员。公安机关未能到达现场的，由在场处置的中国人民解放军或者中国人民武装警察部队职级最高的人员担任现场指挥员。现场应对处置人员无论是否属于同一单位、系统，均应当服从现场指挥员的指挥。

指挥长确定后，现场指挥员应当向其请示、报告工作或者有关情况。

第五十九条 中华人民共和国在境外的机构、人员、重要设施遭受或者可能遭受恐怖袭击的，国务院外交、公安、国家安全、商务、金融、国有资产监督管理、旅游、交通运输等主管部门应当及时启动应对处置预案。国务院外交部门应当协调有关国家采取相应措施。

中华人民共和国在境外的机构、人员、重要设施遭受严重恐怖袭击后，经与有关国家协商同意，国家反恐怖主义工作领导机构可以组织外交、公安、国家安全等部门派出工作人员赴境外开展应对处置工作。

第六十条 应对处置恐怖事件，应当优先保护直接受到恐怖活动危害、威胁人员的人身安全。

第六十一条 恐怖事件发生后，负责应对处置的反恐怖主义工作领导机构可以决定由有关部门和单位采取下列一项或者多项应对处置措施：

（一）组织营救和救治受害人员，疏散、撤离并妥善安置受到威胁的人员以及采取其他救助措施；

（二）封锁现场和周边道路，查验现场人员的身份证件，在有关场所附近设置临时警戒线；

（三）在特定区域内实施空域、海（水）域管制，对特定区域内的交通运输工具进行检查；

（四）在特定区域内实施互联网、无线电、通讯管制；

（五）在特定区域内或者针对特定人员实施出境入境管制；

（六）禁止或者限制使用有关设备、设施，关闭或者限制使用有关场所，中止人员密集的活动或者可能导致危害扩大的生产经营活动；

（七）抢修被损坏的交通、电信、互联网、广播电视、供水、排水、供电、供气、供热等公共设施；

（八）组织志愿人员参加反恐怖主义救援工作，要求具有特定专长的人员提供服务；

（九）其他必要的应对处置措施。

采取前款第三项至第五项规定的应对处置措施，由省级以上反恐怖主义工作领导机构决定或者批准；采取前款第六项规定的应对处置措施，由设区的市级以上反恐怖主义工作领导机构决定。应对处置措施应当明确适用的时间和空间范围，并向社会公布。

第六十二条 人民警察、人民武装警察以及其他依法配备、携带武器的应对处置人员，对在现场持枪支、刀具等凶器或者使用其他危险方法，正在或者准备实施暴力行为的人员，经警告无效的，可以使用武器；紧急情况下或者警告后可能导致更为严重危害后果的，可以直接使用武器。

第六十三条 恐怖事件发生、发展和应对处置信息，由恐怖事件发生地的省级反恐怖主义工作领导机构统一发布；跨省、自治区、直辖市发生的恐怖事件，由指定的省级反恐怖主义工作领导机构统一发布。

任何单位和个人不得编造、传播虚假恐怖事件信息；不得报道、传播可能引起模仿的恐怖活动的实施细节；不得发布恐怖事件中残忍、不人道的场景；在恐怖事件的应对处置过程中，除新闻媒体经负责发布信息的反恐怖主义工作领导机构批准外，不得报道、传播现场应对处置的工作人员、人质身份信息和应对处置行动情况。

第六十四条 恐怖事件应对处置结束后，各级人民政府应当组织有关部门帮助受影响的单位和个人尽快恢复生活、生产，稳定受影响地区的社会秩序和公众情绪。

第六十五条 当地人民政府应当及时给予恐怖事件受害人员及其近亲属适当的救助，并向失去基本生活条件的受害人员及其近亲属及时提供基本生活保障。卫生、民政等主管部门应当为恐怖事件受害人员及其近亲属提供心理、医疗等方面的援助。

第六十六条 公安机关应当及时对恐怖事件立案侦查，查明事件发生的原因、经过和结果，依法追究恐怖活动组织、人员的刑事责任。

第六十七条 反恐怖主义工作领导机构应当对恐怖事件的发生和应对处置工作进行全面分析、总结评估，提出防范和应对处置改进措施，向上一级反恐怖主义工作领导机构报告。

第七章 国际合作

第六十八条 中华人民共和国根据缔结或者参加的国际条约，或者按照平等互惠原则，与其他国家、地区、国际组织开展反恐怖主义合作。

第六十九条 国务院有关部门根据国务院授权，代表中国政府与外国政府和有关国际组织开展反恐怖主义政策对话、情报信息交流、执法合作和国际资金监管合作。

在不违背我国法律的前提下，边境地区的县级以上地方人民政府及其主管部门，经国务院或者中央有关部门批准，可以与相邻国家或者地区开展反恐怖主义情报信息交流、执法合作和国际资金监管合作。

第七十条 涉及恐怖活动犯罪的刑事司法协助、引渡和被判刑人移管，依照有关法律规定执行。

第七十一条 经与有关国家达成协议，并报国务院批准，国务院公安部门、国家安全部门可以派员出境执行反恐怖主义任务。

中国人民解放军、中国人民武装警察部队派员出境执行反恐怖主义任务，由中央军事委员会批准。

第七十二条 通过反恐怖主义国际合作取得的材料可以在行政处罚、刑事诉讼中作为证据使用，但我方承诺不作为证据使用的除外。

第八章　保障措施

第七十三条　国务院和县级以上地方各级人民政府应当按照事权划分，将反恐怖主义工作经费分别列入同级财政预算。

国家对反恐怖主义重点地区给予必要的经费支持，对应对处置大规模恐怖事件给予经费保障。

第七十四条　公安机关、国家安全机关和有关部门，以及中国人民解放军、中国人民武装警察部队，应当依照法律规定的职责，建立反恐怖主义专业力量，加强专业训练，配备必要的反恐怖主义专业设备、设施。

县级、乡级人民政府根据需要，指导有关单位、村民委员会、居民委员会建立反恐怖主义工作力量、志愿者队伍，协助、配合有关部门开展反恐怖主义工作。

第七十五条　对因履行反恐怖主义工作职责或者协助、配合有关部门开展反恐怖主义工作导致伤残或者死亡的人员，按照国家有关规定给予相应的待遇。

第七十六条　因报告和制止恐怖活动，在恐怖活动犯罪案件中作证，或者从事反恐怖主义工作，本人或者其近亲属的人身安全面临危险的，经本人或者其近亲属提出申请，公安机关、有关部门应当采取下列一项或者多项保护措施：

（一）不公开真实姓名、住址和工作单位等个人信息；

（二）禁止特定的人接触被保护人员；

（三）对人身和住宅采取专门性保护措施；

（四）变更被保护人员的姓名，重新安排住所和工作单位；

（五）其他必要的保护措施。

公安机关、有关部门应当依照前款规定，采取不公开被保护单位的真实名称、地址，禁止特定的人接近被保护单位，对被保护单位办公、经营场所采取专门性保护措施，以及其他必要的保护措施。

第七十七条　国家鼓励、支持反恐怖主义科学研究和技术创新，开发和推广使用先进的反恐怖主义技术、设备。

第七十八条　公安机关、国家安全机关、中国人民解放军、中国人民武装警察部队因履行反恐怖主义职责的紧急需要，根据国家有关规定，可以征用单位和个人的财产。任务完成后应当及时归还或者恢复原状，并依照规定支付相应费用；造成损失的，应当补偿。

因开展反恐怖主义工作对有关单位和个人的合法权益造成损害的，应当依法给予赔偿、补偿。有关单位和个人有权依法请求赔偿、补偿。

第九章　法律责任

第七十九条　组织、策划、准备实施、实施恐怖活动，宣扬恐怖主义，煽动实施恐怖活动，非法持有宣扬恐怖主义的物品，强制他人在公共场所穿戴宣扬恐怖主义的服饰、标志，组织、领导、参加恐怖活动组织，为恐怖活动组织、恐怖活动人员、实施恐怖活动或者恐怖活动培训提供帮助的，依法追究刑事责任。

第八十条　参与下列活动之一，情节轻微，尚不构成犯罪的，由公安机关处十日以上十五日以下拘留，可以并处一万元以下罚款：

（一）宣扬恐怖主义、极端主义或者煽动实施恐怖活动、极端主义活动的；

（二）制作、传播、非法持有宣扬恐怖主义、极端主义的物品的；

（三）强制他人在公共场所穿戴宣扬恐怖主义、极端主义的服饰、标志的；

（四）为宣扬恐怖主义、极端主义或者实施恐怖主义、极端主义活动提供信息、资金、物资、劳务、技术、场所等支持、协助、便利的。

第八十一条　利用极端主义，实施下列行为之一，情节轻微，尚不构成犯罪的，由公安机关处五日以上十五日以下拘留，可以并处一万元以下罚款：

（一）强迫他人参加宗教活动，或者强迫他人向宗教活动场所、宗教教职人员提供财物或者劳务的；

（二）以恐吓、骚扰等方式驱赶其他民族或者有其他信仰的人员离开居住地的；

（三）以恐吓、骚扰等方式干涉他人与其他民族或者有其他信仰的人员交往、共同生活的；

（四）以恐吓、骚扰等方式干涉他人生活习俗、方式和生产经营的；

（五）阻碍国家机关工作人员依法执行职务的；

（六）歪曲、诋毁国家政策、法律、行政法规，煽动、教唆抵制人民政府依法管理的；

（七）煽动、胁迫群众损毁或者故意损毁居民身份证、户口簿等国家法定证件以及人民币的；

（八）煽动、胁迫他人以宗教仪式取代结婚、离婚登记的；

（九）煽动、胁迫未成年人不接受义务教育的；

（十）其他利用极端主义破坏国家法律制度实施的。

第八十二条 明知他人有恐怖活动犯罪、极端主义犯罪行为，窝藏、包庇，情节轻微，尚不构成犯罪的，或者在司法机关向其调查有关情况、收集有关证据时，拒绝提供的，由公安机关处十日以上十五日以下拘留，可以并处一万元以下罚款。

第八十三条 金融机构和特定非金融机构对国家反恐怖主义工作领导机构的办事机构公告的恐怖活动组织及恐怖活动人员的资金或者其他资产，未立即予以冻结的，由公安机关处二十万元以上五十万元以下罚款，并对直接负责的董事、高级管理人员和其他直接责任人员处十万元以下罚款；情节严重的，处五十万元以上罚款，并对直接负责的董事、高级管理人员和其他直接责任人员，处十万元以上五十万元以下罚款，可以并处五日以上十五日以下拘留。

第八十四条 电信业务经营者、互联网服务提供者有下列情形之一的，由主管部门处二十万元以上五十万元以下罚款，并对其直接负责的主管人员和其他直接责任人员处十万元以下罚款；情节严重的，处五十万元以上罚款，并对其直接负责的主管人员和其他直接责任人员，处十万元以上五十万元以下罚款，可以由公安机关对其直接负责的主管人员和其他直接责任人员，处五日以上十五日以下拘留：

（一）未依照规定为公安机关、国家安全机关依法进行防范、调查恐怖活动提供技术接口和解密等技术支持和协助的；

（二）未按照主管部门的要求，停止传输、删除含有恐怖主义、极端主义内容的信息，保存相关记录，关闭相关网站或者关停相关服务的；

（三）未落实网络安全、信息内容监督制度和安全技术防范措施，造成含有恐怖主义、极端主义内容的信息传播，情节严重的。

第八十五条 铁路、公路、水上、航空的货运和邮政、快递等物流运营单位有下列情形之一的，由主管部门处十万元以上五十万元以下罚款，并对其直接负责的主管人员和其他直接责任人员处十万元以下罚款：

（一）未实行安全查验制度，对客户身份进行查验，或者未依照规定对运输、寄递物品进行安全检查或者开封验视的；

（二）对禁止运输、寄递，存在重大安全隐患，或者客户拒绝安全查验的物品予以运输、寄递的；

（三）未实行运输、寄递客户身份、物品信息登记制度的。

第八十六条 电信、互联网、金融业务经营者、服务提供者未按规定对客户身份进行查验，或者对身份不明、拒绝身份查验的客户提供服务的，主管部门应当责令改正；拒不改正的，处二十万元以上五十万元以下罚款，并对其直接负责的主管人员和其他直接责任人员处十万元以下罚款；情节严重的，处五十万元以上罚款，并对其直接负责的主管人员和其他直接责任人员，处十万元以上五十万元以下罚款。

住宿、长途客运、机动车租赁等业务经营者、服务提供者有前款规定情形的，由主管部门处十万元以上五十万元以下罚款，并对其直接负责的主管人员和其他直接责任人员处十万元以下罚款。

第八十七条 违反本法规定，有下列情形之一的，由主管部门给予警告，并责令改正；拒不改正的，处十万元以下罚款，并对其直接负责的主管人员和其他直接责任人员处一万元以下罚款：

（一）未依照规定对枪支等武器、弹药、管制器具、危险化学品、民用爆炸物品、核与放射物品作出电子追踪标识，对民用爆炸物品添加安检示踪标识物的；

（二）未依照规定对运营中的危险化学品、民用爆炸物品、核与放射物品的运输工具通过定位系统实行监控的；

（三）未依照规定对传染病病原体等物质实行严格的监督管理，情节严重的；

（四）违反国务院有关主管部门或者省级人民政府对管制器具、危险化学品、民用爆炸物品决定的管制或者限制交易措施的。

第八十八条 防范恐怖袭击重点目标的管理、营运单位违反本法规定，有下列情形之一的，由公安机关给予警告，并责令改正；拒不改正的，处十万元以下罚款，并对其直接负责的主管人员和其他直接责任人员处一万元以下罚款：

（一）未制定防范和应对处置恐怖活动的预案、措施的；

（二）未建立反恐怖主义工作专项经费保障制度，或者未配备防范和处置设备、设施的；

（三）未落实工作机构或者责任人员的；

（四）未对重要岗位人员进行安全背景审查，或者未将有不适合情形的人员调整工作岗位的；

（五）对公共交通运输工具未依照规定配备安保人员和相应设备、设施的；

（六）未建立公共安全视频图像信息系统值班监看、信息保存使用、运行维护等管理制度的。

大型活动承办单位以及重点目标的管理单位未依照规定对进入大型活动场所、机场、火车站、码头、城市轨道交通站、公路长途客运站、口岸等重点目标的人员、物品和交通工具进行安全检查的，公安机关应当责令改正；拒不改正的，处十万元以下罚款，并对其直接负责的主管人员和其他直接责任人员处一万元以下罚款。

第八十九条 恐怖活动嫌疑人员违反公安机关责令其遵守的约束措施的，由公安机关给予警告，并责令改正；拒不改正的，处五日以上十五日以下拘留。

第九十条 新闻媒体等单位编造、传播虚假恐怖事件信息，报道、传播可能引起模仿的恐怖活动的实施细节，发布恐怖事件中残忍、不人道的场景，或者未经批准，报道、传播现场应对处置的工作人员、人质身份信息和应对处置行动情况的，由公安机关处二十万元以下罚款，并对其直接负责的主管人员和其他直接责任人员，处五日以上十五日以下拘留，可以并处五万元以下罚款。

个人有前款规定行为的，由公安机关处五日以上十五日以下拘留，可以并处一万元以下罚款。

第九十一条 拒不配合有关部门开展反恐怖主义安全防范、情报信息、调查、应对处置工作的，由主管部门处二千元以下罚款；造成严重后果的，处五日以上十五日以下拘留，可以并处一万元以下罚款。

单位有前款规定行为的，由主管部门处五万元以下罚款；造成严重后果的，处十万元以下罚款；并对其直接负责的主管人员和其他直接责任人员依照前款规定处罚。

第九十二条 阻碍有关部门开展反恐怖主义工作的，由公安机关处五日以上十五日以下拘留，可以并处五万元以下罚款。

单位有前款规定行为的，由公安机关处二十万元以下罚款，并对其直接负责的主管人员和其他直接责任人员依照前款规定处罚。

阻碍人民警察、人民解放军、人民武装警察依法执行职务的，从重处罚。

第九十三条 单位违反本法规定，情节严重的，由主管部门责令停止从事相关业务、提供相关服务或者责令停产停业；造成严重后果的，吊销有关证照或者撤销登记。

第九十四条 反恐怖主义工作领导机构、有关部门的工作人员在反恐怖主义工作中滥用职权、玩忽职守、徇私舞弊，或者有违反规定泄露国家秘密、商业秘密和个人隐私等行为，构成犯罪的，依法追究刑事责任；尚不构成犯罪的，依法给予处分。

反恐怖主义工作领导机构、有关部门及其工作人员在反恐怖主义工作中滥用职权、玩忽职守、徇私舞弊或者有其他违法违纪行为的，任何单位和个人有权向有关部门检举、控告。有关部门接到检举、控告后，应当及时处理并回复检举、控告人。

第九十五条 对依照本法规定查封、扣押、冻结、扣留、收缴的物品、资金等，经审查发现与恐怖主义无关的，应当及时解除有关措施，予以退还。

第九十六条 有关单位和个人对依照本法作出的行政处罚和行政强制措施决定不服的，可以依法申请行政复议或者提起行政诉讼。

第十章 附 则

第九十七条 本法自2016年1月1日起施行。2011年10月29日第十一届全国人民代表大会常务委员会第二十三次会议通过的《全国人民代表大会常务委员会关于加强反恐怖工作有关问题的决定》同时废止。

中华人民共和国反家庭暴力法

（2015年12月27日第十二届全国人民代表大会常务委员会第十八次会议通过 2015年12月27日中华人民共和国主席令第三十七号公布 自2016年3月1日起施行）

目 录

第一章 总 则

第一条 为了预防和制止家庭暴力，保护家庭成员的合法权益，维护平等、和睦、文明的家庭关系，促进家庭和谐、社会稳定，制定本法。

第二条 本法所称家庭暴力，是指家庭成员之间以殴打、捆绑、残害、限制人身自由以及经常性谩骂、恐吓等方式实施的身体、精神等侵害行为。

第三条 家庭成员之间应当互相帮助，互相关爱，和睦相处，履行家庭义务。

反家庭暴力是国家、社会和每个家庭的共同责任。

国家禁止任何形式的家庭暴力。

第四条 县级以上人民政府负责妇女儿童工作的机构，负责组织、协调、指导、督促有关部门做好反家庭暴力工作。

县级以上人民政府有关部门、司法机关、人民团体、社会组织、居民委员会、村民委员会、企业事业单位，应当依照本法和有关法律规定，做好反家庭暴力工作。

各级人民政府应当对反家庭暴力工作给予必要的经费保障。

第五条 反家庭暴力工作遵循预防为主，教育、矫治与惩处相结合原则。

反家庭暴力工作应当尊重受害人真实意愿，保护当事人隐私。

未成年人、老年人、残疾人、孕期和哺乳期的妇女、重病患者遭受家庭暴力的，应当给予特殊保护。

第二章 家庭暴力的预防

第六条 国家开展家庭美德宣传教育，普及反家庭暴力知识，增强公民反家庭暴力意识。

工会、共产主义青年团、妇女联合会、残疾人联合会应当在各自工作范围内，组织开展家庭美德和反家庭暴力宣传教育。

广播、电视、报刊、网络等应当开展家庭美德和反家庭暴力宣传。

学校、幼儿园应当开展家庭美德和反家庭暴力教育。

第七条 县级以上人民政府有关部门、司法机关、妇女联合会应当将预防和制止家庭暴力纳入业务培训和统计工作。

医疗机构应当做好家庭暴力受害人的诊疗记录。

第八条 乡镇人民政府、街道办事处应当组织开展家庭暴力预防工作，居民委员会、村民委员会、社会工作服务机构应当予以配合协助。

第九条 各级人民政府应当支持社会工作服务机构等社会组织开展心理健康咨询、家庭关系指导、家庭暴力预防知识教育等服务。

第十条 人民调解组织应当依法调解家庭纠纷，预防和减少家庭暴力的发生。

第十一条 用人单位发现本单位人员有家庭暴力情况的，应当给予批评教育，并做好家庭矛盾的调解、化解工作。

第十二条 未成年人的监护人应当以文明的方式进行家庭教育，依法履行监护和教育职责，不得实施家庭暴力。

第三章 家庭暴力的处置

第十三条 家庭暴力受害人及其法定代理人、近亲属可以向加害人或者受害人所在单位、居民委员会、村民委员会、妇女联合会等单位投诉、反映或者求助。有关单位接到家庭暴力投诉、反映或者求助后，应当给予帮助、处理。

家庭暴力受害人及其法定代理人、近亲属也可以向公安机关报案或者依法向人民法院起诉。

单位、个人发现正在发生的家庭暴力行为，有权及时劝阻。

第十四条 学校、幼儿园、医疗机构、居民委员会、村民委员会、社会工作服务机构、救助管理机构、福利机构及其工作人员在工作中发现无民事行为能力人、限制民事行为能力人遭受或者疑似遭受家庭暴力的，应当及时向公安机关报案。公安机关应当对报案人的信息予以保密。

第十五条 公安机关接到家庭暴力报案后应当及时出警，制止家庭暴力，按照有关规定调查取证，协助受害人就医、鉴定伤情。

无民事行为能力人、限制民事行为能力人因家庭暴力身体受到严重伤害、面临人身安全威胁或者处于无人照料等危险状态的，公安机关应当通知并协助民政部门将其安置到临时庇护场所、救助管理机构或者福利机构。

第十六条 家庭暴力情节较轻，依法不给予治安管理处罚的，由公安机关对加害人给予批评教育或者出具告诫书。

告诫书应当包括加害人的身份信息、家庭暴力的事实陈述、禁止加害人实施家庭暴力等内容。

第十七条 公安机关应当将告诫书送交加害人、受害人，并通知居民委员会、村民委员会。

居民委员会、村民委员会、公安派出所应当对收到告诫书的加害人、受害人进行查访，监督加害人不再实施家庭暴力。

第十八条 县级或者设区的市级人民政府可以单独或者依托救助管理机构设立临时庇护场所，为家庭暴力受害人提供临时生活帮助。

第十九条 法律援助机构应当依法为家庭暴力受害人提供法律援助。

人民法院应当依法对家庭暴力受害人缓收、减收或者免收诉讼费用。

第二十条 人民法院审理涉及家庭暴力的案件，可以根据公安机关出警记录、告诫书、伤情鉴定意见等证据，认定家庭暴力事实。

第二十一条 监护人实施家庭暴力严重侵害被监护人合法权益的，人民法院可以根据被监护人的近亲属、居民委员会、村民委员会、县级人民政府民政部门等有关人员或者单位的申请，依法撤销其监护人资格，另行指定监护人。

被撤销监护人资格的加害人，应当继续负担相应的赡养、扶养、抚养费用。

第二十二条 工会、共产主义青年团、妇女联合会、残疾人联合会、居民委员会、村民委员会等应当对实施家庭暴力的加害人进行法治教育，必要时可以对加害人、受害人进行心理辅导。

第四章 人身安全保护令

第二十三条 当事人因遭受家庭暴力或者面临家庭暴力的现实危险，向人民法院申请人身安全保护令的，人民法院应当受理。

当事人是无民事行为能力人、限制民事行为能力人，或者因受到强制、威吓等原因无法申请人身安全保护令的，其近亲属、公安机关、妇女联合会、居民委员会、村民委员会、救助管理机构可以代为申请。

第二十四条 申请人身安全保护令应当以书面方式提出；书面申请确有困难的，可以口头申请，由人民法院记入笔录。

第二十五条 人身安全保护令案件由申请人或者被申请人居住地、家庭暴力发生地的基层人民法院管辖。

第二十六条 人身安全保护令由人民法院以裁定形式作出。

第二十七条 作出人身安全保护令，应当具备下列条件：

（一）有明确的被申请人；

（二）有具体的请求；

（三）有遭受家庭暴力或者面临家庭暴力现实危险的情形。

第二十八条 人民法院受理申请后，应当在七十二小时内作出人身安全保护令或者驳回申请；情况紧急的，应当在二十四小时内作出。

第二十九条 人身安全保护令可以包括下列措施：

（一）禁止被申请人实施家庭暴力；

（二）禁止被申请人骚扰、跟踪、接触申请人及其相关近亲属；

（三）责令被申请人迁出申请人住所；

（四）保护申请人人身安全的其他措施。

第三十条 人身安全保护令的有效期不超过六个月，自作出之日起生效。人身安全保护令失效前，人民法院可以根据申请人的申请撤销、变更或者延长。

第三十一条 申请人对驳回申请不服或者被申请人对人身安全保护令不服的，可以自裁定生效之日起五日内向作出裁定的人民法院申请复议一次。人民法院依法作出人身安全保护令的，复议期间不停止人身安全保护令的执行。

第三十二条 人民法院作出人身安全保护令后，应当送达申请人、被申请人、公安机关以及居民委员会、村民委员会等有关组织。人身安全保护令由人民法院执行，公安机关以及居民委员会、村民委员会等应当协助执行。

第五章　法律责任

第三十三条 加害人实施家庭暴力，构成违反治安管理行为的，依法给予治安管理处罚；构成犯罪的，依法追究刑事责任。

第三十四条 被申请人违反人身安全保护令，构成犯罪的，依法追究刑事责任；尚不构成犯罪的，人民法院应当给予训诫，可以根据情节轻重处以一千元以下罚款、十五日以下拘留。

第三十五条 学校、幼儿园、医疗机构、居民委员会、村民委员会、社会工作服务机构、救助管理机构、福利机构及其工作人员未依照本法第十四条规定向公安机关报案，造成严重后果的，由上级主管部门或者本单位对直接负责的主管人员和其他直接责任人员依法给予处分。

第三十六条 负有反家庭暴力职责的国家工作人员玩忽职守、滥用职权、徇私舞弊的，依法给予处分；构成犯罪的，依法追究刑事责任。

第六章　附　则

第三十七条　家庭成员以外共同生活的人之间实施的暴力行为，参照本法规定执行。

第三十八条　本法自2016年3月1日起施行。

中华人民共和国国家勋章和国家荣誉称号法

（2015年12月27日第十二届全国人民代表大会常务委员会第十八次会议通过　2015年12月27日中华人民共和国主席令第三十八号公布　自2016年1月1日起施行）

第一条　为了褒奖在中国特色社会主义建设中作出突出贡献的杰出人士，弘扬民族精神和时代精神，激发全国各族人民建设富强、民主、文明、和谐的社会主义现代化国家的积极性，实现中华民族伟大复兴，根据宪法，制定本法。

第二条　国家勋章和国家荣誉称号为国家最高荣誉。

国家勋章和国家荣誉称号的设立和授予，适用本法。

第三条　国家设立“共和国勋章”，授予在中国特色社会主义建设和保卫国家中作出巨大贡献、建立卓越功勋的杰出人士。

国家设立“友谊勋章”，授予在我国社会主义现代化建设和促进中外交流合作、维护世界和平中作出杰出贡献的外国人。

第四条　国家设立国家荣誉称号，授予在经济、社会、国防、外交、教育、科技、文化、卫生、体育等各领域各行业作出重大贡献、享有崇高声誉的杰出人士。

国家荣誉称号的名称冠以“人民”，也可以使用其他名称。国家荣誉称号的具体名称由全国人民代表大会常务委员会在决定授予时确定。

第五条　全国人民代表大会常务委员会委员长会议根据各方面的建议，向全国人民代表大会常务委员会提出授予国家勋章、国家荣誉称号的议案。

国务院、中央军事委员会可以向全国人民代表大会常务委员会提出授予国家勋章、国家荣誉称号的议案。

第六条　全国人民代表大会常务委员会决定授予国家勋章和国家荣誉称号。

第七条 中华人民共和国主席根据全国人民代表大会常务委员会的决定，向国家勋章和国家荣誉称号获得者授予国家勋章、国家荣誉称号奖章，签发证书。

第八条 中华人民共和国主席进行国事活动，可以直接授予外国政要、国际友人等人士“友谊勋章”。

第九条 国家在国庆日或者其他重大节日、纪念日，举行颁授国家勋章、国家荣誉称号的仪式；必要时，也可以在其他时间举行颁授国家勋章、国家荣誉称号的仪式。

第十条 国家设立国家功勋簿，记载国家勋章和国家荣誉称号获得者及其功绩。

第十一条 国家勋章和国家荣誉称号获得者应当受到国家和社会的尊重，享有受邀参加国家庆典和其他重大活动等崇高礼遇和国家规定的待遇。

第十二条 国家和社会通过多种形式，宣传国家勋章和国家荣誉称号获得者的卓越功绩和杰出事迹。

第十三条 国家勋章和国家荣誉称号为其获得者终身享有，但依照本法规定被撤销的除外。

第十四条 国家勋章和国家荣誉称号获得者应当按照规定佩带国家勋章、国家荣誉称号奖章，妥善保管勋章、奖章及证书。

第十五条 国家勋章和国家荣誉称号获得者去世的，其获得的勋章、奖章及证书由其继承人或者指定的人保存；没有继承人或者被指定人的，可以由国家收存。

国家勋章、国家荣誉称号奖章及证书不得出售、出租或者用于从事其他营利性活动。

第十六条 生前作出突出贡献符合本法规定授予国家勋章、国家荣誉称号条件的人士，本法施行后去世的，可以向其追授国家勋章、国家荣誉称号。

第十七条 国家勋章和国家荣誉称号获得者，应当珍视并保持国家给予的荣誉，模范地遵守宪法和法律，努力为人民服务，自觉维护国家勋章和国家荣誉称号的声誉。

第十八条 国家勋章和国家荣誉称号获得者因犯罪被依法判处刑罚或者有其他严重违法、违纪等行为，继续享有国家勋章、国家荣誉称号将会严重损害国家最高荣誉的声誉的，由全国人民代表大会常务委员会决定撤销其国家勋章、国家荣誉称号并予以公告。

第十九条 国家勋章和国家荣誉称号的有关具体事项，由国家功勋荣誉表彰有关工作机构办理。

第二十条 国务院、中央军事委员会可以在各自的职权范围内开展功勋荣誉表彰奖励工作。

第二十一条 本法自2016年1月1日起施行。

全国人民代表大会常务委员会关于修改《中华人民共和国教育法》的决定

（2015年12月27日第十二届全国人民代表大会常务委员会第十八次会议通过 2015年12月27日中华人民共和国主席令第三十九号公布 自2016年6月1日起施行）

第十二届全国人民代表大会常务委员会第十八次会议决定对《中华人民共和国教育法》作如下修改：

一、将第五条修改为："教育必须为社会主义现代化建设服务、为人民服务，必须与生产劳动和社会实践相结合，培养德、智、体、美等方面全面发展的社会主义建设者和接班人。"

二、将第六条修改为："教育应当坚持立德树人，对受教育者加强社会主义核心价值观教育，增强受教育者的社会责任感、创新精神和实践能力。

"国家在受教育者中进行爱国主义、集体主义、中国特色社会主义的教育，进行理想、道德、纪律、法治、国防和民族团结的教育。"

三、将第十一条第一款修改为："国家适应社会主义市场经济发展和社会进步的需要，推进教育改革，推动各级各类教育协调发展、衔接融通，完善现代国民教育体系，健全终身教育体系，提高教育现代化水平。"

增加一款，作为第二款："国家采取措施促进教育公平，推动教育均衡发展。"

四、将第十二条修改为："国家通用语言文字为学校及其他教育机构的基本教育教学语言文字，学校及其他教育机构应当使用国家通用语言文字进行教育教学。

"民族自治地方以少数民族学生为主的学校及其他教育机构，从实际出发，使用国家通用语言文字和本民族或者当地民族通用的语言文字实施双语教育。

"国家采取措施，为少数民族学生为主的学校及其他教育机构实施双语教育提供条件和支持。”

五、增加一条，作为第十八条：“国家制定学前教育标准，加快普及学前教育，构建覆盖城乡，特别是农村的学前教育公共服务体系。

“各级人民政府应当采取措施，为适龄儿童接受学前教育提供条件和支持。”

六、将第十九条改为第二十条，修改为：“国家实行职业教育制度和继续教育制度。

“各级人民政府、有关行政部门和行业组织以及企业事业组织应当采取措施，发展并保障公民接受职业学校教育或者各种形式的职业培训。

“国家鼓励发展多种形式的继续教育，使公民接受适当形式的政治、经济、文化、科学、技术、业务等方面的教育，促进不同类型学习成果的互认和衔接，推动全民终身学习。”

七、将第二十五条改为第二十六条，增加一款，作为第三款：“国家举办学校及其他教育机构，应当坚持勤俭节约的原则。”

将第三款改为第四款，修改为：“以财政性经费、捐赠资产举办或者参与举办的学校及其他教育机构不得设立为营利性组织。”

八、将第六十六条修改为：“国家推进教育信息化，加快教育信息基础设施建设，利用信息技术促进优质教育资源普及共享，提高教育教学水平和教育管理水平。

“县级以上人民政府及其有关部门应当发展教育信息技术和其他现代化教学方式，有关行政部门应当优先安排，给予扶持。

“国家鼓励学校及其他教育机构推广运用现代化教学方式。”

九、将第六十七条第一款修改为：“国家鼓励开展教育对外交流与合作，支持学校及其他教育机构引进优质教育资源，依法开展中外合作办学，发展国际教育服务，培养国际化人才。”

十、将第七十六条修改为：“学校或者其他教育机构违反国家有关规定招收学生的，由教育行政部门或者其他有关行政部门责令退回招收的学生，退还所收费用；对学校、其他教育机构给予警告，可以处违法所得五倍以下罚款；情节严重的，责令停止相关招生资格一年以上三年以下，直至撤销招生资格、吊销办学许可证；对直接负责的主管人员和其他直接责任人员，依法给予处分；构成犯罪的，依法追究刑事责任。”

十一、将第七十九条改为三条，作为第七十九条、第八十条、第八十一条，修改为：

“第七十九条　考生在国家教育考试中有下列行为之一的，由组织考试的教育考试机构工作人员在考试现场采取必要措施予以制止并终止其继续参加考试；组织考试的教育考试机构可以取消其相关考试资格或者考试成绩；情节严重的，由教育行政部门责令停止参加相关国家教育考试一年以上三年以下；构成违反治安管理行为的，由公安机关依法给予治安管理处罚；构成犯罪的，依法追究刑事责任：

"（一）非法获取考试试题或者答案的；

"（二）携带或者使用考试作弊器材、资料的；

"（三）抄袭他人答案的；

"（四）让他人代替自己参加考试的；

"（五）其他以不正当手段获得考试成绩的作弊行为。

"第八十条　任何组织或者个人在国家教育考试中有下列行为之一，有违法所得的，由公安机关没收违法所得，并处违法所得一倍以上五倍以下罚款；情节严重的，处五日以上十五日以下拘留；构成犯罪的，依法追究刑事责任；属于国家机关工作人员的，还应当依法给予处分：

"（一）组织作弊的；

"（二）通过提供考试作弊器材等方式为作弊提供帮助或者便利的；

"（三）代替他人参加考试的；

"（四）在考试结束前泄露、传播考试试题或者答案的；

"（五）其他扰乱考试秩序的行为。

"第八十一条　举办国家教育考试，教育行政部门、教育考试机构疏于管理，造成考场秩序混乱、作弊情况严重的，对直接负责的主管人员和其他直接责任人员，依法给予处分；构成犯罪的，依法追究刑事责任。"

十二、将第八十条改为第八十二条，修改为："学校或者其他教育机构违反本法规定，颁发学位证书、学历证书或者其他学业证书的，由教育行政部门或者其他有关行政部门宣布证书无效，责令收回或者予以没收；有违法所得的，没收违法所得；情节严重的，责令停止相关招生资格一年以上三年以下，直至撤销招生资格、颁发证书资格；对直接负责的主管人员和其他直接责任人员，依法给予处分。

"前款规定以外的任何组织或者个人制造、销售、颁发假冒学位证书、学历证书或者其他学业证书，构成违反治安管理行为的，由公安机关依法给予治安管理处罚；构成犯罪的，依法追究刑事责任。

"以作弊、剽窃、抄袭等欺诈行为或者其他不正当手段获得学位证书、学历证书或者其他学业证书的，由颁发机构撤销相关证书。购买、使用假冒学位证书、学历证书或者其他学业证书，构成违反治安管理行为的，由公安机关依法给予治安管理处罚。”

十三、将第七十一条、第七十四条、第七十五条、第七十七条、第七十八条中的“行政处分”修改为“处分”，将第七十五条、第七十七条、第七十八条中的“教育行政部门”修改为“教育行政部门或者其他有关行政部门”。

本决定自2016年6月1日起施行。

《中华人民共和国教育法》根据本决定作相应修改，重新公布。

中华人民共和国教育法

（1995年3月18日第八届全国人民代表大会第三次会议通过　根据2009年8月27日第十一届全国人民代表大会常务委员会第十次会议《关于修改部分法律的决定》第一次修正　根据2015年12月27日第十二届全国人民代表大会常务委员会第十八次会议《关于修改〈中华人民共和国教育法〉的决定》第二次修正）

目　　录

第一章　总　　则

第一条　为了发展教育事业，提高全民族的素质，促进社会主义物质文明和精神文明建设，根据宪法，制定本法。

第二条 在中华人民共和国境内的各级各类教育，适用本法。

第三条 国家坚持以马克思列宁主义、毛泽东思想和建设有中国特色社会主义理论为指导，遵循宪法确定的基本原则，发展社会主义的教育事业。

第四条 教育是社会主义现代化建设的基础，国家保障教育事业优先发展。

全社会应当关心和支持教育事业的发展。

全社会应当尊重教师。

第五条 教育必须为社会主义现代化建设服务、为人民服务，必须与生产劳动和社会实践相结合，培养德、智、体、美等方面全面发展的社会主义建设者和接班人。

第六条 教育应当坚持立德树人，对受教育者加强社会主义核心价值观教育，增强受教育者的社会责任感、创新精神和实践能力。

国家在受教育者中进行爱国主义、集体主义、中国特色社会主义的教育，进行理想、道德、纪律、法治、国防和民族团结的教育。

第七条 教育应当继承和弘扬中华民族优秀的历史文化传统，吸收人类文明发展的一切优秀成果。

第八条 教育活动必须符合国家和社会公共利益。

国家实行教育与宗教相分离。任何组织和个人不得利用宗教进行妨碍国家教育制度的活动。

第九条 中华人民共和国公民有受教育的权利和义务。

公民不分民族、种族、性别、职业、财产状况、宗教信仰等，依法享有平等的受教育机会。

第十条 国家根据各少数民族的特点和需要，帮助各少数民族地区发展教育事业。

国家扶持边远贫困地区发展教育事业。

国家扶持和发展残疾人教育事业。

第十一条 国家适应社会主义市场经济发展和社会进步的需要，推进教育改革，推动各级各类教育协调发展、衔接融通，完善现代国民教育体系，健全终身教育体系，提高教育现代化水平。

国家采取措施促进教育公平，推动教育均衡发展。

国家支持、鼓励和组织教育科学研究，推广教育科学研究成果，促进教育质量提高。

第十二条 国家通用语言文字为学校及其他教育机构的基本教育教学语言文字，学校及其他教育机构应当使用国家通用语言文字进行教育教学。

民族自治地方以少数民族学生为主的学校及其他教育机构，从实际出发，使用国家通用语言文字和本民族或者当地民族通用的语言文字实施双语教育。

国家采取措施，为少数民族学生为主的学校及其他教育机构实施双语教育提供条件和支持。

第十三条 国家对发展教育事业做出突出贡献的组织和个人，给予奖励。

第十四条 国务院和地方各级人民政府根据分级管理、分工负责的原则，领导和管理教育工作。

中等及中等以下教育在国务院领导下，由地方人民政府管理。

高等教育由国务院和省、自治区、直辖市人民政府管理。

第十五条 国务院教育行政部门主管全国教育工作，统筹规划、协调管理全国的教育事业。

县级以上地方各级人民政府教育行政部门主管本行政区域内的教育工作。

县级以上各级人民政府其他有关部门在各自的职责范围内，负责有关的教育工作。

第十六条 国务院和县级以上地方各级人民政府应当向本级人民代表大会或者其常务委员会报告教育工作和教育经费预算、决算情况，接受监督。

第二章 教育基本制度

第十七条 国家实行学前教育、初等教育、中等教育、高等教育的学校教育制度。

国家建立科学的学制系统。学制系统内的学校和其他教育机构的设置、教育形式、修业年限、招生对象、培养目标等，由国务院或者由国务院授权教育行政部门规定。

第十八条 国家制定学前教育标准，加快普及学前教育，构建覆盖城乡，特别是农村的学前教育公共服务体系。

各级人民政府应当采取措施，为适龄儿童接受学前教育提供条件和支持。

第十九条 国家实行九年制义务教育制度。

各级人民政府采取各种措施保障适龄儿童、少年就学。

适龄儿童、少年的父母或者其他监护人以及有关社会组织和个人有义务使适龄儿童、少年接受并完成规定年限的义务教育。

第二十条 国家实行职业教育制度和继续教育制度。

各级人民政府、有关行政部门和行业组织以及企业事业组织应当采取措施，发展并保障公民接受职业学校教育或者各种形式的职业培训。

国家鼓励发展多种形式的继续教育，使公民接受适当形式的政治、经济、文化、科学、技术、业务等方面的教育，促进不同类型学习成果的互认和衔接，推动全民终身学习。

第二十一条 国家实行国家教育考试制度。

国家教育考试由国务院教育行政部门确定种类，并由国家批准的实施教育考试的机构承办。

第二十二条 国家实行学业证书制度。

经国家批准设立或者认可的学校及其他教育机构按照国家有关规定，颁发学历证书或者其他学业证书。

第二十三条 国家实行学位制度。

学位授予单位依法对达到一定学术水平或者专业技术水平的人员授予相应的学位，颁发学位证书。

第二十四条 各级人民政府、基层群众性自治组织和企业事业组织应当采取各种措施，开展扫除文盲的教育工作。

按照国家规定具有接受扫除文盲教育能力的公民，应当接受扫除文盲的教育。

第二十五条 国家实行教育督导制度和学校及其他教育机构教育评估制度。

第三章 学校及其他教育机构

第二十六条 国家制定教育发展规划，并举办学校及其他教育机构。

国家鼓励企业事业组织、社会团体、其他社会组织及公民个人依法举办学校及其他教育机构。

国家举办学校及其他教育机构，应当坚持勤俭节约的原则。

以财政性经费、捐赠资产举办或者参与举办的学校及其他教育机构不得设立为营利性组织。

第二十七条 设立学校及其他教育机构，必须具备下列基本条件：

（一）有组织机构和章程；

（二）有合格的教师；

（三）有符合规定标准的教学场所及设施、设备等；

（四）有必备的办学资金和稳定的经费来源。

第二十八条 学校及其他教育机构的设立、变更和终止，应当按照国家有关规定办理审核、批准、注册或者备案手续。

第二十九条 学校及其他教育机构行使下列权利：

（一）按照章程自主管理；

（二）组织实施教育教学活动；

（三）招收学生或者其他受教育者；

（四）对受教育者进行学籍管理，实施奖励或者处分；

（五）对受教育者颁发相应的学业证书；

（六）聘任教师及其他职工，实施奖励或者处分；

（七）管理、使用本单位的设施和经费；

（八）拒绝任何组织和个人对教育教学活动的非法干涉；

（九）法律、法规规定的其他权利。

国家保护学校及其他教育机构的合法权益不受侵犯。

第三十条 学校及其他教育机构应当履行下列义务：

（一）遵守法律、法规；

（二）贯彻国家的教育方针，执行国家教育教学标准，保证教育教学质量；

（三）维护受教育者、教师及其他职工的合法权益；

（四）以适当方式为受教育者及其监护人了解受教育者的学业成绩及其他有关情况提供便利；

（五）遵照国家有关规定收取费用并公开收费项目；

（六）依法接受监督。

第三十一条 学校及其他教育机构的举办者按照国家有关规定，确定其所举办的学校或者其他教育机构的管理体制。

学校及其他教育机构的校长或者主要行政负责人必须由具有中华人民共和国国籍、在中国境内定居、并具备国家规定任职条件的公民担任，其任免按照国家有关规定办理。学校的教学及其他行政管理，由校长负责。

学校及其他教育机构应当按照国家有关规定，通过以教师为主体的教职工代表大会等组织形式，保障教职工参与民主管理和监督。

第三十二条 学校及其他教育机构具备法人条件的，自批准设立或者登记注册之日起取得法人资格。

学校及其他教育机构在民事活动中依法享有民事权利，承担民事责任。

学校及其他教育机构中的国有资产属于国家所有。

学校及其他教育机构兴办的校办产业独立承担民事责任。

第四章　教师和其他教育工作者

第三十三条　教师享有法律规定的权利，履行法律规定的义务，忠诚于人民的教育事业。

第三十四条　国家保护教师的合法权益，改善教师的工作条件和生活条件，提高教师的社会地位。

教师的工资报酬、福利待遇，依照法律、法规的规定办理。

第三十五条　国家实行教师资格、职务、聘任制度，通过考核、奖励、培养和培训，提高教师素质，加强教师队伍建设。

第三十六条　学校及其他教育机构中的管理人员，实行教育职员制度。

学校及其他教育机构中的教学辅助人员和其他专业技术人员，实行专业技术职务聘任制度。

第五章　受教育者

第三十七条　受教育者在入学、升学、就业等方面依法享有平等权利。

学校和有关行政部门应当按照国家有关规定，保障女子在入学、升学、就业、授予学位、派出留学等方面享有同男子平等的权利。

第三十八条　国家、社会对符合入学条件、家庭经济困难的儿童、少年、青年，提供各种形式的资助。

第三十九条　国家、社会、学校及其他教育机构应当根据残疾人身心特性和需要实施教育，并为其提供帮助和便利。

第四十条　国家、社会、家庭、学校及其他教育机构应当为有违法犯罪行为的未成年人接受教育创造条件。

第四十一条　从业人员有依法接受职业培训和继续教育的权利和义务。

国家机关、企业事业组织和其他社会组织，应当为本单位职工的学习和培训提供条件和便利。

第四十二条　国家鼓励学校及其他教育机构、社会组织采取措施，为公民接受终身教育创造条件。

第四十三条　受教育者享有下列权利：

（一）参加教育教学计划安排的各种活动，使用教育教学设施、设备、图书资料；

（二）按照国家有关规定获得奖学金、贷学金、助学金；

（三）在学业成绩和品行上获得公正评价，完成规定的学业后获得相应的学业证书、学位证书；

（四）对学校给予的处分不服向有关部门提出申诉，对学校、教师侵犯其人身权、财产权等合法权益，提出申诉或者依法提起诉讼；

（五）法律、法规规定的其他权利。

第四十四条 受教育者应当履行下列义务：

（一）遵守法律、法规；

（二）遵守学生行为规范，尊敬师长，养成良好的思想品德和行为习惯；

（三）努力学习，完成规定的学习任务；

（四）遵守所在学校或者其他教育机构的管理制度。

第四十五条 教育、体育、卫生行政部门和学校及其他教育机构应当完善体育、卫生保健设施，保护学生的身心健康。

第六章 教育与社会

第四十六条 国家机关、军队、企业事业组织、社会团体及其他社会组织和个人，应当依法为儿童、少年、青年学生的身心健康成长创造良好的社会环境。

第四十七条 国家鼓励企业事业组织、社会团体及其他社会组织同高等学校、中等职业学校在教学、科研、技术开发和推广等方面进行多种形式的合作。

企业事业组织、社会团体及其他社会组织和个人，可以通过适当形式，支持学校的建设，参与学校管理。

第四十八条 国家机关、军队、企业事业组织及其他社会组织应当为学校组织的学生实习、社会实践活动提供帮助和便利。

第四十九条 学校及其他教育机构在不影响正常教育教学活动的前提下，应当积极参加当地的社会公益活动。

第五十条 未成年人的父母或者其他监护人应当为其未成年子女或者其他被监护人受教育提供必要条件。

未成年人的父母或者其他监护人应当配合学校及其他教育机构，对其未成年子女或者其他被监护人进行教育。

学校、教师可以对学生家长提供家庭教育指导。

第五十一条 图书馆、博物馆、科技馆、文化馆、美术馆、体育馆（场）等社会公共文化体育设施，以及历史文化古迹和革命纪念馆（地），应当对教师、学生实行优待，为受教育者接受教育提供便利。

广播、电视台（站）应当开设教育节目，促进受教育者思想品德、文化和科学技术素质的提高。

第五十二条 国家、社会建立和发展对未成年人进行校外教育的设施。

学校及其他教育机构应当同基层群众性自治组织、企业事业组织、社会团体相互配合，加强对未成年人的校外教育工作。

第五十三条 国家鼓励社会团体、社会文化机构及其他社会组织和个人开展有益于受教育者身心健康的社会文化教育活动。

第七章 教育投入与条件保障

第五十四条 国家建立以财政拨款为主、其他多种渠道筹措教育经费为辅的体制，逐步增加对教育的投入，保证国家举办的学校教育经费的稳定来源。

企业事业组织、社会团体及其他社会组织和个人依法举办的学校及其他教育机构，办学经费由举办者负责筹措，各级人民政府可以给予适当支持。

第五十五条 国家财政性教育经费支出占国民生产总值的比例应当随着国民经济的发展和财政收入的增长逐步提高。具体比例和实施步骤由国务院规定。

全国各级财政支出总额中教育经费所占比例应当随着国民经济的发展逐步提高。

第五十六条 各级人民政府的教育经费支出，按照事权和财权相统一的原则，在财政预算中单独列项。

各级人民政府教育财政拨款的增长应当高于财政经常性收入的增长，并使按在校学生人数平均的教育费用逐步增长，保证教师工资和学生人均公用经费逐步增长。

第五十七条 国务院及县级以上地方各级人民政府应当设立教育专项资金，重点扶持边远贫困地区、少数民族地区实施义务教育。

第五十八条 税务机关依法足额征收教育费附加，由教育行政部门统筹管理，主要用于实施义务教育。

省、自治区、直辖市人民政府根据国务院的有关规定，可以决定开征用于教育的地方附加费，专款专用。

第五十九条 国家采取优惠措施，鼓励和扶持学校在不影响正常教育教学的前提下开展勤工俭学和社会服务，兴办校办产业。

第六十条 国家鼓励境内、境外社会组织和个人捐资助学。

第六十一条 国家财政性教育经费、社会组织和个人对教育的捐赠，必须用于教育，不得挪用、克扣。

第六十二条 国家鼓励运用金融、信贷手段，支持教育事业的发展。

第六十三条 各级人民政府及其教育行政部门应当加强对学校及其他教育机构教育经费的监督管理，提高教育投资效益。

第六十四条 地方各级人民政府及其有关行政部门必须把学校的基本建设纳入城乡建设规划，统筹安排学校的基本建设用地及所需物资，按照国家有关规定实行优先、优惠政策。

第六十五条 各级人民政府对教科书及教学用图书资料的出版发行，对教学仪器、设备的生产和供应，对用于学校教育教学和科学研究的图书资料、教学仪器、设备的进口，按照国家有关规定实行优先、优惠政策。

第六十六条 国家推进教育信息化，加快教育信息基础设施建设，利用信息技术促进优质教育资源普及共享，提高教育教学水平和教育管理水平。

县级以上人民政府及其有关部门应当发展教育信息技术和其他现代化教学方式，有关行政部门应当优先安排，给予扶持。

国家鼓励学校及其他教育机构推广运用现代化教学方式。

第八章　教育对外交流与合作

第六十七条 国家鼓励开展教育对外交流与合作，支持学校及其他教育机构引进优质教育资源，依法开展中外合作办学，发展国际教育服务，培养国际化人才。

教育对外交流与合作坚持独立自主、平等互利、相互尊重的原则，不得违反中国法律，不得损害国家主权、安全和社会公共利益。

第六十八条 中国境内公民出国留学、研究、进行学术交流或者任教，依照国家有关规定办理。

第六十九条 中国境外个人符合国家规定的条件并办理有关手续后，可以进入中国境内学校及其他教育机构学习、研究、进行学术交流或者任教，其合法权益受国家保护。

第七十条 中国对境外教育机构颁发的学位证书、学历证书及其他学业证书的承认，依照中华人民共和国缔结或者加入的国际条约办理，或者按照国家有关规定办理。

第九章 法律责任

第七十一条 违反国家有关规定，不按照预算核拨教育经费的，由同级人民政府限期核拨；情节严重的，对直接负责的主管人员和其他直接责任人员，依法给予处分。

违反国家财政制度、财务制度，挪用、克扣教育经费的，由上级机关责令限期归还被挪用、克扣的经费，并对直接负责的主管人员和其他直接责任人员，依法给予处分；构成犯罪的，依法追究刑事责任。

第七十二条 结伙斗殴、寻衅滋事，扰乱学校及其他教育机构教育教学秩序或者破坏校舍、场地及其他财产的，由公安机关给予治安管理处罚；构成犯罪的，依法追究刑事责任。

侵占学校及其他教育机构的校舍、场地及其他财产的，依法承担民事责任。

第七十三条 明知校舍或者教育教学设施有危险，而不采取措施，造成人员伤亡或者重大财产损失的，对直接负责的主管人员和其他直接责任人员，依法追究刑事责任。

第七十四条 违反国家有关规定，向学校或者其他教育机构收取费用的，由政府责令退还所收费用；对直接负责的主管人员和其他直接责任人员，依法给予处分。

第七十五条 违反国家有关规定，举办学校或者其他教育机构的，由教育行政部门或者其他有关行政部门予以撤销；有违法所得的，没收违法所得；对直接负责的主管人员和其他直接责任人员，依法给予处分。

第七十六条 学校或者其他教育机构违反国家有关规定招收学生的，由教育行政部门或者其他有关行政部门责令退回招收的学生，退还所收费用；对学校、其他教育机构给予警告，可以处违法所得五倍以下罚款；情节严重的，责令停止相关招生资格一年以上三年以下，直至撤销招生资格、吊销办学许可证；对直接负责的主管人员和其他直接责任人员，依法给予处分；构成犯罪的，依法追究刑事责任。

第七十七条 在招收学生工作中徇私舞弊的，由教育行政部门或者其他有关行政部门责令退回招收的人员；对直接负责的主管人员和其他直接责任人员，依法给予处分；构成犯罪的，依法追究刑事责任。

第七十八条 学校及其他教育机构违反国家有关规定向受教育者收取费用的，由教育行政部门或者其他有关行政部门责令退还所收费用；对直接负责的主管人员和其他直接责任人员，依法给予处分。

第七十九条 考生在国家教育考试中有下列行为之一的，由组织考试的教育考试机构工作人员在考试现场采取必要措施予以制止并终止其继续参加考试；组织考试的教育考试机构可以取消其相关考试资格或者考试成绩；情节严重的，由教育行政部门责令停止参加相关国家教育考试一年以上三年以下；构成违反治安管理行为的，由公安机关依法给予治安管理处罚；构成犯罪的，依法追究刑事责任：

（一）非法获取考试试题或者答案的；

（二）携带或者使用考试作弊器材、资料的；

（三）抄袭他人答案的；

（四）让他人代替自己参加考试的；

（五）其他以不正当手段获得考试成绩的作弊行为。

第八十条 任何组织或者个人在国家教育考试中有下列行为之一，有违法所得的，由公安机关没收违法所得，并处违法所得一倍以上五倍以下罚款；情节严重的，处五日以上十五日以下拘留；构成犯罪的，依法追究刑事责任；属于国家机关工作人员的，还应当依法给予处分：

（一）组织作弊的；

（二）通过提供考试作弊器材等方式为作弊提供帮助或者便利的；

（三）代替他人参加考试的；

（四）在考试结束前泄露、传播考试试题或者答案的；

（五）其他扰乱考试秩序的行为。

第八十一条 举办国家教育考试，教育行政部门、教育考试机构疏于管理，造成考场秩序混乱、作弊情况严重的，对直接负责的主管人员和其他直接责任人员，依法给予处分；构成犯罪的，依法追究刑事责任。

第八十二条 学校或者其他教育机构违反本法规定，颁发学位证书、学历证书或者其他学业证书的，由教育行政部门或者其他有关行政部门宣布证书无效，责令收回或者予以没收；有违法所得的，没收违法所得；情节严重的，责令停止相关招生资格一年以上三年以下，直至撤销招生资格、颁发证书资格；对直接负责的主管人员和其他直接责任人员，依法给予处分。

前款规定以外的任何组织或者个人制造、销售、颁发假冒学位证书、学历证书或者其他学业证书，构成违反治安管理行为的，由公安机关依法给予治安管理处罚；构成犯罪的，依法追究刑事责任。

以作弊、剽窃、抄袭等欺诈行为或者其他不正当手段获得学位证书、学历证书或者其他学业证书的，由颁发机构撤销相关证书。购买、使用假冒学位证书、学历证书或者其他学业证书，构成违反治安管理行为的，由公安机关依法给予治安管理处罚。

第八十三条 违反本法规定，侵犯教师、受教育者、学校或者其他教育机构的合法权益，造成损失、损害的，应当依法承担民事责任。

第十章 附 则

第八十四条 军事学校教育由中央军事委员会根据本法的原则规定。

宗教学校教育由国务院另行规定。

第八十五条 境外的组织和个人在中国境内办学和合作办学的办法，由国务院规定。

第八十六条 本法自 1995 年 9 月 1 日起施行。

全国人民代表大会常务委员会关于修改《中华人民共和国高等教育法》的决定

（2015 年 12 月 27 日第十二届全国人民代表大会常务委员会第十八次会议通过 2015 年 12 月 27 日中华人民共和国主席令第四十号公布 自 2016 年 6 月 1 日起施行）

第十二届全国人民代表大会常务委员会第十八次会议决定对《中华人民共和国高等教育法》作如下修改：

一、将第四条修改为："高等教育必须贯彻国家的教育方针，为社会主义现代化建设服务、为人民服务，与生产劳动和社会实践相结合，使受教育者成为德、智、体、美等方面全面发展的社会主义建设者和接班人。"

二、将第五条修改为："高等教育的任务是培养具有社会责任感、创新精神和实践能力的高级专门人才，发展科学技术文化，促进社会主义现代化建设。"

三、将第二十四条修改为："设立高等学校，应当符合国家高等教育发展规划，符合国家利益和社会公共利益。"

四、将第二十九条修改为："设立实施本科及以上教育的高等学校，由国务院教育行政部门审批；设立实施专科教育的高等学校，由省、自治区、直辖市人民政府审批，报国务院教育行政部门备案；设立其他高等教育机构，由省、自治区、直辖市人民政府教育行政部门审批。审批设立高等学校和其他高等教育机构应当遵守国家有关规定。

“审批设立高等学校，应当委托由专家组成的评议机构评议。

“高等学校和其他高等教育机构分立、合并、终止，变更名称、类别和其他重要事项，由本条第一款规定的审批机关审批；修改章程，应当根据管理权限，报国务院教育行政部门或者省、自治区、直辖市人民政府教育行政部门核准。”

五、将第四十二条修改为：“高等学校设立学术委员会，履行下列职责：

“（一）审议学科建设、专业设置，教学、科学研究计划方案；

“（二）评定教学、科学研究成果；

“（三）调查、处理学术纠纷；

“（四）调查、认定学术不端行为；

“（五）按照章程审议、决定有关学术发展、学术评价、学术规范的其他事项。”

六、将第四十四条修改为：“高等学校应当建立本学校办学水平、教育质量的评价制度，及时公开相关信息，接受社会监督。

“教育行政部门负责组织专家或者委托第三方专业机构对高等学校的办学水平、效益和教育质量进行评估。评估结果应当向社会公开。”

七、将第六十条第一款修改为：“高等教育实行以举办者投入为主、受教育者合理分担培养成本、高等学校多种渠道筹措经费的机制。”

将第二款中的“教育法第五十五条”修改为“教育法第五十六条”。

本决定自2016年6月1日起施行。

《中华人民共和国高等教育法》根据本决定作相应修改，重新公布。

中华人民共和国高等教育法

（1998 年 8 月 29 日第九届全国人民代表大会常务委员会第四次会议通过　根据 2015 年 12 月 27 日第十二届全国人民代表大会常务委员会第十八次会议《关于修改〈中华人民共和国高等教育法〉的决定》修正）

目　录

第一章　总　　则

第一条　为了发展高等教育事业，实施科教兴国战略，促进社会主义物质文明和精神文明建设，根据宪法和教育法，制定本法。

第二条　在中华人民共和国境内从事高等教育活动，适用本法。

本法所称高等教育，是指在完成高级中等教育基础上实施的教育。

第三条　国家坚持以马克思列宁主义、毛泽东思想、邓小平理论为指导，遵循宪法确定的基本原则，发展社会主义的高等教育事业。

第四条　高等教育必须贯彻国家的教育方针，为社会主义现代化建设服务、为人民服务，与生产劳动和社会实践相结合，使受教育者成为德、智、体、美等方面全面发展的社会主义建设者和接班人。

第五条　高等教育的任务是培养具有社会责任感、创新精神和实践能力的高级专门人才，发展科学技术文化，促进社会主义现代化建设。

第六条　国家根据经济建设和社会发展的需要，制定高等教育发展规划，举办高等学校，并采取多种形式积极发展高等教育事业。

国家鼓励企业事业组织、社会团体及其他社会组织和公民等社会力量依法举办高等学校，参与和支持高等教育事业的改革和发展。

第七条 国家按照社会主义现代化建设和发展社会主义市场经济的需要，根据不同类型、不同层次高等学校的实际，推进高等教育体制改革和高等教育教学改革，优化高等教育结构和资源配置，提高高等教育的质量和效益。

第八条 国家根据少数民族的特点和需要，帮助和支持少数民族地区发展高等教育事业，为少数民族培养高级专门人才。

第九条 公民依法享有接受高等教育的权利。

国家采取措施，帮助少数民族学生和经济困难的学生接受高等教育。

高等学校必须招收符合国家规定的录取标准的残疾学生入学，不得因其残疾而拒绝招收。

第十条 国家依法保障高等学校中的科学研究，文学艺术创作和其他文化活动的自由。

在高等学校中从事科学研究、文学艺术创作和其他文化活动，应当遵守法律。

第十一条 高等学校应当面向社会，依法自主办学，实行民主管理。

第十二条 国家鼓励高等学校之间、高等学校与科学研究机构以及企业事业组织之间开展协作，实行优势互补，提高教育资源的使用效益。

国家鼓励和支持高等教育事业的国际交流与合作。

第十三条 国务院统一领导和管理全国高等教育事业。

省、自治区、直辖市人民政府统筹协调本行政区域内的高等教育事业，管理主要为地方培养人才和国务院授权管理的高等学校。

第十四条 国务院教育行政部门主管全国高等教育工作，管理由国务院确定的主要为全国培养人才的高等学校。国务院其他有关部门在国务院规定的职责范围内，负责有关的高等教育工作。

第二章 高等教育基本制度

第十五条 高等教育包括学历教育和非学历教育。

高等教育采用全日制和非全日制教育形式。

国家支持采用广播、电视、函授及其他远程教育方式实施高等教育。

第十六条 高等学历教育分为专科教育、本科教育和研究生教育。

高等学历教育应当符合下列学业标准：

（一）专科教育应当使学生掌握本专业必备的基础理论、专门知识，具有从事本专业实际工作的基本技能和初步能力；

（二）本科教育应当使学生比较系统地掌握本学科、专业必需的基础理论、基本知识，掌握本专业必要的基本技能、方法和相关知识，具有从事本专业实际工作和研究工作的初步能力；

（三）硕士研究生教育应当使学生掌握本学科坚实的基础理论、系统的专业知识，掌握相应的技能、方法和相关知识，具有从事本专业实际工作和科学研究工作的能力。博士研究生教育应当使学生掌握本学科坚实宽广的基础理论、系统深入的专业知识、相应的技能和方法，具有独立从事本学科创造性科学研究工作和实际工作的能力。

第十七条 专科教育的基本修业年限为二至三年，本科教育的基本修业年限为四至五年，硕士研究生教育的基本修业年限为二至三年，博士研究生教育的基本修业年限为三至四年。非全日制高等学历教育的修业年限应当适当延长。高等学校根据实际需要，报主管的教育行政部门批准，可以对本学校的修业年限作出调整。

第十八条 高等教育由高等学校和其他高等教育机构实施。

大学、独立设置的学院主要实施本科及本科以上教育。高等专科学校实施专科教育。经国务院教育行政部门批准，科学研究机构可以承担研究生教育的任务。

其他高等教育机构实施非学历高等教育。

第十九条 高级中等教育毕业或者具有同等学力的，经考试合格，由实施相应学历教育的高等学校录取，取得专科生或者本科生入学资格。

本科毕业或者具有同等学力的，经考试合格，由实施相应学历教育的高等学校或者经批准承担研究生教育任务的科学研究机构录取，取得硕士研究生入学资格。

硕士研究生毕业或者具有同等学力的，经考试合格，由实施相应学历教育的高等学校或者经批准承担研究生教育任务的科学研究机构录取，取得博士研究生入学资格。

允许特定学科和专业的本科毕业生直接取得博士研究生入学资格，具体办法由国务院教育行政部门规定。

第二十条 接受高等学历教育的学生，由所在高等学校或者经批准承担研究生教育任务的科学研究机构根据其修业年限、学业成绩等，按照国家有关规定，发给相应的学历证书或者其他学业证书。

接受非学历高等教育的学生，由所在高等学校或者其他高等教育机构发给相应的结业证书。结业证书应当载明修业年限和学业内容。

第二十一条 国家实行高等教育自学考试制度，经考试合格的，发给相应的学历证书或者其他学业证书。

第二十二条 国家实行学位制度。学位分为学士、硕士和博士。

公民通过接受高等教育或者自学，其学业水平达到国家规定的学位标准，可以向学位授予单位申请授予相应的学位。

第二十三条 高等学校和其他高等教育机构应当根据社会需要和自身办学条件，承担实施继续教育的工作。

第三章 高等学校的设立

第二十四条 设立高等学校，应当符合国家高等教育发展规划，符合国家利益和社会公共利益。

第二十五条 设立高等学校，应当具备教育法规定的基本条件。

大学或者独立设置的学院还应当具有较强的教学、科学研究力量，较高的教学、科学研究水平和相应规模，能够实施本科及本科以上教育。大学还必须设有三个以上国家规定的学科门类为主要学科。设立高等学校的具体标准由国务院制定。

设立其他高等教育机构的具体标准，由国务院授权的有关部门或者省、自治区、直辖市人民政府根据国务院规定的原则制定。

第二十六条 设立高等学校，应当根据其层次、类型、所设学科类别、规模、教学和科学研究水平，使用相应的名称。

第二十七条 申请设立高等学校的，应当向审批机关提交下列材料：

（一）申办报告；

（二）可行性论证材料；

（三）章程；

（四）审批机关依照本法规定要求提供的其他材料。

第二十八条 高等学校的章程应当规定以下事项：

（一）学校名称、校址；

（二）办学宗旨；

（三）办学规模；

（四）学科门类的设置；

（五）教育形式；

（六）内部管理体制；

（七）经费来源、财产和财务制度；

（八）举办者与学校之间的权利、义务；

（九）章程修改程序；

（十）其他必须由章程规定的事项。

第二十九条 设立实施本科及以上教育的高等学校，由国务院教育行政部门审批；设立实施专科教育的高等学校，由省、自治区、直辖市人民政府审批，报国务院教育行政部门备案；设立其他高等教育机构，由省、自治区、直辖市人民政府教育行政部门审批。审批设立高等学校和其他高等教育机构应当遵守国家有关规定。

审批设立高等学校，应当委托由专家组成的评议机构评议。

高等学校和其他高等教育机构分立、合并、终止，变更名称、类别和其他重要事项，由本条第一款规定的审批机关审批；修改章程，应当根据管理权限，报国务院教育行政部门或者省、自治区、直辖市人民政府教育行政部门核准。

第四章 高等学校的组织和活动

第三十条 高等学校自批准设立之日起取得法人资格。高等学校的校长为高等学校的法定代表人。

高等学校在民事活动中依法享有民事权利，承担民事责任。

第三十一条 高等学校应当以培养人才为中心，开展教学、科学研究和社会服务，保证教育教学质量达到国家规定的标准。

第三十二条 高等学校根据社会需求、办学条件和国家核定的办学规模，制定招生方案，自主调节系科招生比例。

第三十三条 高等学校依法自主设置和调整学科、专业。

第三十四条 高等学校根据教学需要，自主制定教学计划、选编教材、组织实施教学活动。

第三十五条 高等学校根据自身条件，自主开展科学研究、技术开发和社会服务。

国家鼓励高等学校同企业事业组织、社会团体及其他社会组织在科学研究、技术开发和推广等方面进行多种形式的合作。

国家支持具备条件的高等学校成为国家科学研究基地。

第三十六条 高等学校按照国家有关规定，自主开展与境外高等学校之间的科学技术文化交流与合作。

第三十七条 高等学校根据实际需要和精简、效能的原则，自主确定教学、科学研究、行政职能部门等内部组织机构的设置和人员配备；按照国家有关规定，评聘教师和其他专业技术人员的职务，调整津贴及工资分配。

第三十八条 高等学校对举办者提供的财产、国家财政性资助、受捐赠财产依法自主管理和使用。

高等学校不得将用于教学和科学研究活动的财产挪作他用。

第三十九条 国家举办的高等学校实行中国共产党高等学校基层委员会领导下的校长负责制。中国共产党高等学校基层委员会按照中国共产党章程和有关规定，统一领导学校工作，支持校长独立负责地行使职权，其领导职责主要是：执行中国共产党的路线、方针、政策，坚持社会主义办学方向，领导学校的思想政治工作和德育工作，讨论决定学校内部组织机构的设置和内部组织机构负责人的人选，讨论决定学校的改革、发展和基本管理制度等重大事项，保证以培养人才为中心的各项任务的完成。

社会力量举办的高等学校的内部管理体制按照国家有关社会力量办学的规定确定。

第四十条 高等学校的校长，由符合教育法规定的任职条件的公民担任。高等学校的校长、副校长按照国家有关规定任免。

第四十一条 高等学校的校长全面负责本学校的教学、科学研究和其他行政管理工作，行使下列职权：

（一）拟订发展规划，制定具体规章制度和年度工作计划并组织实施；

（二）组织教学活动、科学研究和思想品德教育；

（三）拟订内部组织机构的设置方案，推荐副校长人选，任免内部组织机构的负责人；

（四）聘任与解聘教师以及内部其他工作人员，对学生进行学籍管理并实施奖励或者处分；

（五）拟订和执行年度经费预算方案，保护和管理校产，维护学校的合法权益；

（六）章程规定的其他职权。

高等学校的校长主持校长办公会议或者校务会议，处理前款规定的有关事项。

第四十二条 高等学校设立学术委员会，履行下列职责：

（一）审议学科建设、专业设置，教学、科学研究计划方案；

（二）评定教学、科学研究成果；

（三）调查、处理学术纠纷；

（四）调查、认定学术不端行为；

（五）按照章程审议、决定有关学术发展、学术评价、学术规范的其他事项。

第四十三条 高等学校通过以教师为主体的教职工代表大会等组织形式，依法保障教职工参与民主管理和监督，维护教职工合法权益。

第四十四条 高等学校应当建立本学校办学水平、教育质量的评价制度，及时公开相关信息，接受社会监督。

教育行政部门负责组织专家或者委托第三方专业机构对高等学校的办学水平、效益和教育质量进行评估。评估结果应当向社会公开。

第五章 高等学校教师和其他教育工作者

第四十五条 高等学校的教师及其他教育工作者享有法律规定的权利，履行法律规定的义务，忠诚于人民的教育事业。

第四十六条 高等学校实行教师资格制度。中国公民凡遵守宪法和法律，热爱教育事业，具有良好的思想品德，具备研究生或者大学本科毕业学历，有相应的教育教学能力，经认定合格，可以取得高等学校教师资格。不具备研究生或者大学本科毕业学历的公民，学有所长，通过国家教师资格考试，经认定合格，也可以取得高等学校教师资格。

第四十七条 高等学校实行教师职务制度。高等学校教师职务根据学校所承担的教学、科学研究等任务的需要设置。教师职务设助教、讲师、副教授、教授。

高等学校的教师取得前款规定的职务应当具备下列基本条件：

（一）取得高等学校教师资格；

（二）系统地掌握本学科的基础理论；

（三）具备相应职务的教育教学能力和科学研究能力；

（四）承担相应职务的课程和规定课时的教学任务。

教授、副教授除应当具备以上基本任职条件外，还应当对本学科具有系统而坚实的基础理论和比较丰富的教学、科学研究经验，教学成绩显著，论文或者著作达到较高水平或者有突出的教学、科学研究成果。

高等学校教师职务的具体任职条件由国务院规定。

第四十八条 高等学校实行教师聘任制。教师经评定具备任职条件的，由高等学校按照教师职务的职责、条件和任期聘任。

高等学校的教师的聘任，应当遵循双方平等自愿的原则，由高等学校校长与受聘教师签订聘任合同。

第四十九条 高等学校的管理人员，实行教育职员制度。高等学校的教学辅助人员及其他专业技术人员，实行专业技术职务聘任制度。

第五十条 国家保护高等学校教师及其他教育工作者的合法权益，采取措施改善高等学校教师及其他教育工作者的工作条件和生活条件。

第五十一条 高等学校应当为教师参加培训、开展科学研究和进行学术交流提供便利条件。

高等学校应当对教师、管理人员和教学辅助人员及其他专业技术人员的思想政治表现、职业道德、业务水平和工作实绩进行考核，考核结果作为聘任或者解聘、晋升、奖励或者处分的依据。

第五十二条 高等学校的教师、管理人员和教学辅助人员及其他专业技术人员，应当以教学和培养人才为中心做好本职工作。

第六章 高等学校的学生

第五十三条 高等学校的学生应当遵守法律、法规，遵守学生行为规范和学校的各项管理制度，尊敬师长，刻苦学习，增强体质，树立爱国主义、集体主义和社会主义思想，努力学习马克思列宁主义、毛泽东思想、邓小平理论，具有良好的思想品德，掌握较高的科学文化知识和专业技能。

高等学校学生的合法权益，受法律保护。

第五十四条 高等学校的学生应当按照国家规定缴纳学费。

家庭经济困难的学生，可以申请补助或者减免学费。

第五十五条 国家设立奖学金，并鼓励高等学校、企业事业组织、社会团体以及其他社会组织和个人按照国家有关规定设立各种形式的奖学金，对品学兼优的学生、国家规定的专业的学生以及到国家规定的地区工作的学生给予奖励。

国家设立高等学校学生勤工助学基金和贷学金，并鼓励高等学校、企业事业组织、社会团体以及其他社会组织和个人设立各种形式的助学金，对家庭经济困难的学生提供帮助。

获得贷学金及助学金的学生，应当履行相应的义务。

第五十六条 高等学校的学生在课余时间可以参加社会服务和勤工助学活动，但不得影响学业任务的完成。

高等学校应当对学生的社会服务和勤工助学活动给予鼓励和支持，并进行引导和管理。

第五十七条 高等学校的学生，可以在校内组织学生团体。学生团体在法律、法规规定的范围内活动，服从学校的领导和管理。

第五十八条 高等学校的学生思想品德合格，在规定的修业年限内学完规定的课程，成绩合格或者修满相应的学分，准予毕业。

第五十九条 高等学校应当为毕业生、结业生提供就业指导和服务。

国家鼓励高等学校毕业生到边远、艰苦地区工作。

第七章 高等教育投入和条件保障

第六十条 高等教育实行以举办者投入为主、受教育者合理分担培养成本、高等学校多种渠道筹措经费的机制。

国务院和省、自治区、直辖市人民政府依照教育法第五十六条的规定，保证国家举办的高等教育的经费逐步增长。

国家鼓励企业事业组织、社会团体及其他社会组织和个人向高等教育投入。

第六十一条 高等学校的举办者应当保证稳定的办学经费来源，不得抽回其投入的办学资金。

第六十二条 国务院教育行政部门会同国务院其他有关部门根据在校学生年人均教育成本，规定高等学校年经费开支标准和筹措的基本原则；省、自治区、直辖市人民政府教育行政部门会同有关部门制订本行政区域内高等学校年经费开支标准和筹措办法，作为举办者和高等学校筹措办学经费的基本依据。

第六十三条 国家对高等学校进口图书资料、教学科研设备以及校办产业实行优惠政策。高等学校所办产业或者转让知识产权以及其他科学技术成果获得的收益，用于高等学校办学。

第六十四条 高等学校收取的学费应当按照国家有关规定管理和使用，其他任何组织和个人不得挪用。

第六十五条 高等学校应当依法建立、健全财务管理制度，合理使用、严格管理教育经费，提高教育投资效益。

高等学校的财务活动应当依法接受监督。

第八章 附 则

第六十六条 对高等教育活动中违反教育法规定的，依照教育法的有关规定给予处罚。

第六十七条 中国境外个人符合国家规定的条件并办理有关手续后，可以进入中国境内高等学校学习、研究、进行学术交流或者任教，其合法权益受国家保护。

第六十八条 本法所称高等学校是指大学、独立设置的学院和高等专科学校，其中包括高等职业学校和成人高等学校。

本法所称其他高等教育机构是指除高等学校和经批准承担研究生教育任务的科学研究机构以外的从事高等教育活动的组织。

本法有关高等学校的规定适用于其他高等教育机构和经批准承担研究生教育任务的科学研究机构，但是对高等学校专门适用的规定除外。

第六十九条 本法自 1999 年 1 月 1 日起施行。

全国人民代表大会常务委员会关于修改《中华人民共和国人口与计划生育法》的决定

（2015 年 12 月 27 日第十二届全国人民代表大会常务委员会第十八次会议通过 2015 年 12 月 27 日中华人民共和国主席令第四十一号公布 自 2016 年 1 月 1 日起施行）

第十二届全国人民代表大会常务委员会第十八次会议决定对《中华人民共和国人口与计划生育法》作如下修改：

一、将第十八条第一款分为两款，作为第一款、第二款，修改为："国家提倡一对夫妻生育两个子女。

"符合法律、法规规定条件的，可以要求安排再生育子女。具体办法由省、自治区、直辖市人民代表大会或者其常务委员会规定。"

增加一款，作为第四款："夫妻双方户籍所在地的省、自治区、直辖市之间关于再生育子女的规定不一致的，按照有利于当事人的原则适用。"

二、将第二十条修改为："育龄夫妻自主选择计划生育避孕节育措施，预防和减少非意愿妊娠。"

三、将第二十五条修改为："符合法律、法规规定生育子女的夫妻，可以获得延长生育假的奖励或者其他福利待遇。"

四、将第二十七条修改为："在国家提倡一对夫妻生育一个子女期间，自愿终身只生育一个子女的夫妻，国家发给《独生子女父母光荣证》。

“获得《独生子女父母光荣证》的夫妻，按照国家和省、自治区、直辖市有关规定享受独生子女父母奖励。

“法律、法规或者规章规定给予获得《独生子女父母光荣证》的夫妻奖励的措施中由其所在单位落实的，有关单位应当执行。

“获得《独生子女父母光荣证》的夫妻，独生子女发生意外伤残、死亡的，按照规定获得扶助。

“在国家提倡一对夫妻生育一个子女期间，按照规定应当享受计划生育家庭老年人奖励扶助的，继续享受相关奖励扶助。”

五、删去第三十六条第三项中的“实施假节育手术”。

本决定自2016年1月1日起施行。

《中华人民共和国人口与计划生育法》根据本决定作相应修改，重新公布。

中华人民共和国人口与计划生育法

（2001年12月29日第九届全国人民代表大会常务委员会第二十五次会议通过　根据2015年12月27日第十二届全国人民代表大会常务委员会第十八次会议《关于修改〈中华人民共和国人口与计划生育法〉的决定》修正）

目　录

第一章　总　　则

第一条　为了实现人口与经济、社会、资源、环境的协调发展，推行计划生育，维护公民的合法权益，促进家庭幸福、民族繁荣与社会进步，根据宪法，制定本法。

第二条 我国是人口众多的国家，实行计划生育是国家的基本国策。

国家采取综合措施，控制人口数量，提高人口素质。

国家依靠宣传教育、科学技术进步、综合服务、建立健全奖励和社会保障制度，开展人口与计划生育工作。

第三条 开展人口与计划生育工作，应当与增加妇女受教育和就业机会、增进妇女健康、提高妇女地位相结合。

第四条 各级人民政府及其工作人员在推行计划生育工作中应当严格依法行政，文明执法，不得侵犯公民的合法权益。

计划生育行政部门及其工作人员依法执行公务受法律保护。

第五条 国务院领导全国的人口与计划生育工作。

地方各级人民政府领导本行政区域内的人口与计划生育工作。

第六条 国务院计划生育行政部门负责全国计划生育工作和与计划生育有关的人口工作。

县级以上地方各级人民政府计划生育行政部门负责本行政区域内的计划生育工作和与计划生育有关的人口工作。

县级以上各级人民政府其他有关部门在各自的职责范围内，负责有关的人口与计划生育工作。

第七条 工会、共产主义青年团、妇女联合会及计划生育协会等社会团体、企业事业组织和公民应当协助人民政府开展人口与计划生育工作。

第八条 国家对在人口与计划生育工作中作出显著成绩的组织和个人，给予奖励。

第二章　人口发展规划的制定与实施

第九条 国务院编制人口发展规划，并将其纳入国民经济和社会发展计划。

县级以上地方各级人民政府根据全国人口发展规划以及上一级人民政府人口发展规划，结合当地实际情况编制本行政区域的人口发展规划，并将其纳入国民经济和社会发展计划。

第十条 县级以上各级人民政府根据人口发展规划，制定人口与计划生育实施方案并组织实施。

县级以上各级人民政府计划生育行政部门负责实施人口与计划生育实施

方案的日常工作。

乡、民族乡、镇的人民政府和城市街道办事处负责本管辖区域内的人口与计划生育工作，贯彻落实人口与计划生育实施方案。

第十一条 人口与计划生育实施方案应当规定控制人口数量，加强母婴保健，提高人口素质的措施。

第十二条 村民委员会、居民委员会应当依法做好计划生育工作。

机关、部队、社会团体、企业事业组织应当做好本单位的计划生育工作。

第十三条 计划生育、教育、科技、文化、卫生、民政、新闻出版、广播电视等部门应当组织开展人口与计划生育宣传教育。

大众传媒负有开展人口与计划生育的社会公益性宣传的义务。

学校应当在学生中，以符合受教育者特征的适当方式，有计划地开展生理卫生教育、青春期教育或者性健康教育。

第十四条 流动人口的计划生育工作由其户籍所在地和现居住地的人民政府共同负责管理，以现居住地为主。

第十五条 国家根据国民经济和社会发展状况逐步提高人口与计划生育经费投入的总体水平。各级人民政府应当保障人口与计划生育工作必要的经费。

各级人民政府应当对贫困地区、少数民族地区开展人口与计划生育工作给予重点扶持。

国家鼓励社会团体、企业事业组织和个人为人口与计划生育工作提供捐助。

任何单位和个人不得截留、克扣、挪用人口与计划生育工作费用。

第十六条 国家鼓励开展人口与计划生育领域的科学研究和对外交流与合作。

第三章 生育调节

第十七条 公民有生育的权利，也有依法实行计划生育的义务，夫妻双方在实行计划生育中负有共同的责任。

第十八条 国家提倡一对夫妻生育两个子女。

符合法律、法规规定条件的，可以要求安排再生育子女。具体办法由省、自治区、直辖市人民代表大会或者其常务委员会规定。

少数民族也要实行计划生育，具体办法由省、自治区、直辖市人民代表大会或者其常务委员会规定。

夫妻双方户籍所在地的省、自治区、直辖市之间关于再生育子女的规定不一致的，按照有利于当事人的原则适用。

第十九条 实行计划生育，以避孕为主。

国家创造条件，保障公民知情选择安全、有效、适宜的避孕节育措施。实施避孕节育手术，应当保证受术者的安全。

第二十条 育龄夫妻自主选择计划生育避孕节育措施，预防和减少非意愿妊娠。

第二十一条 实行计划生育的育龄夫妻免费享受国家规定的基本项目的计划生育技术服务。

前款规定所需经费，按照国家有关规定列入财政预算或者由社会保险予以保障。

第二十二条 禁止歧视、虐待生育女婴的妇女和不育的妇女。

禁止歧视、虐待、遗弃女婴。

第四章 奖励与社会保障

第二十三条 国家对实行计划生育的夫妻，按照规定给予奖励。

第二十四条 国家建立、健全基本养老保险、基本医疗保险、生育保险和社会福利等社会保障制度，促进计划生育。

国家鼓励保险公司举办有利于计划生育的保险项目。

有条件的地方可以根据政府引导、农民自愿的原则，在农村实行多种形式的养老保障办法。

第二十五条 符合法律、法规规定生育子女的夫妻，可以获得延长生育假的奖励或者其他福利待遇。

第二十六条 妇女怀孕、生育和哺乳期间，按照国家有关规定享受特殊劳动保护并可以获得帮助和补偿。

公民实行计划生育手术，享受国家规定的休假；地方人民政府可以给予奖励。

第二十七条 在国家提倡一对夫妻生育一个子女期间，自愿终身只生育一个子女的夫妻，国家发给《独生子女父母光荣证》。

获得《独生子女父母光荣证》的夫妻，按照国家和省、自治区、直辖市有关规定享受独生子女父母奖励。

法律、法规或者规章规定给予获得《独生子女父母光荣证》的夫妻奖励的措施中由其所在单位落实的，有关单位应当执行。

获得《独生子女父母光荣证》的夫妻，独生子女发生意外伤残、死亡的，按照规定获得扶助。

在国家提倡一对夫妻生育一个子女期间，按照规定应当享受计划生育家庭老年人奖励扶助的，继续享受相关奖励扶助。

第二十八条 地方各级人民政府对农村实行计划生育的家庭发展经济，给予资金、技术、培训等方面的支持、优惠；对实行计划生育的贫困家庭，在扶贫贷款、以工代赈、扶贫项目和社会救济等方面给予优先照顾。

第二十九条 本章规定的奖励措施，省、自治区、直辖市和较大的市的人民代表大会及其常务委员会或者人民政府可以依据本法和有关法律、行政法规的规定，结合当地实际情况，制定具体实施办法。

第五章 计划生育技术服务

第三十条 国家建立婚前保健、孕产期保健制度，防止或者减少出生缺陷，提高出生婴儿健康水平。

第三十一条 各级人民政府应当采取措施，保障公民享有计划生育技术服务，提高公民的生殖健康水平。

第三十二条 地方各级人民政府应当合理配置、综合利用卫生资源，建立、健全由计划生育技术服务机构和从事计划生育技术服务的医疗、保健机构组成的计划生育技术服务网络，改善技术服务设施和条件，提高技术服务水平。

第三十三条 计划生育技术服务机构和从事计划生育技术服务的医疗、保健机构应当在各自的职责范围内，针对育龄人群开展人口与计划生育基础知识宣传教育，对已婚育龄妇女开展孕情检查、随访服务工作，承担计划生育、生殖保健的咨询、指导和技术服务。

第三十四条 计划生育技术服务人员应当指导实行计划生育的公民选择安全、有效、适宜的避孕措施。

对已生育子女的夫妻，提倡选择长效避孕措施。

国家鼓励计划生育新技术、新药具的研究、应用和推广。

第三十五条 严禁利用超声技术和其他技术手段进行非医学需要的胎儿性别鉴定；严禁非医学需要的选择性别的人工终止妊娠。

第六章 法律责任

第三十六条 违反本法规定，有下列行为之一的，由计划生育行政部门或者卫生行政部门依据职权责令改正，给予警告，没收违法所得；违法所得一万元以上的，处违法所得二倍以上六倍以下的罚款；没有违法所得或者违法所得不足一万元的，处一万元以上三万元以下的罚款；情节严重的，由原发证机关吊销执业证书；构成犯罪的，依法追究刑事责任：

（一）非法为他人施行计划生育手术的；

（二）利用超声技术和其他技术手段为他人进行非医学需要的胎儿性别鉴定或者选择性别的人工终止妊娠的；

（三）进行假医学鉴定、出具假计划生育证明的。

第三十七条 伪造、变造、买卖计划生育证明，由计划生育行政部门没收违法所得，违法所得五千元以上的，处违法所得二倍以上十倍以下的罚款；没有违法所得或者违法所得不足五千元的，处五千元以上二万元以下的罚款；构成犯罪的，依法追究刑事责任。

以不正当手段取得计划生育证明的，由计划生育行政部门取消其计划生育证明；出具证明的单位有过错的，对直接负责的主管人员和其他直接责任人员依法给予行政处分。

第三十八条 计划生育技术服务人员违章操作或者延误抢救、诊治，造成严重后果的，依照有关法律、行政法规的规定承担相应的法律责任。

第三十九条 国家机关工作人员在计划生育工作中，有下列行为之一，构成犯罪的，依法追究刑事责任；尚不构成犯罪的，依法给予行政处分；有违法所得的，没收违法所得：

（一）侵犯公民人身权、财产权和其他合法权益的；

（二）滥用职权、玩忽职守、徇私舞弊的；

（三）索取、收受贿赂的；

（四）截留、克扣、挪用、贪污计划生育经费或者社会抚养费的；

（五）虚报、瞒报、伪造、篡改或者拒报人口与计划生育统计数据的。

第四十条 违反本法规定，不履行协助计划生育管理义务的，由有关地方人民政府责令改正，并给予通报批评；对直接负责的主管人员和其他直接责任人员依法给予行政处分。

第四十一条 不符合本法第十八条规定生育子女的公民，应当依法缴纳社会抚养费。

未在规定的期限内足额缴纳应当缴纳的社会抚养费的，自欠缴之日起，按照国家有关规定加收滞纳金；仍不缴纳的，由作出征收决定的计划生育行政部门依法向人民法院申请强制执行。

第四十二条 按照本法第四十一条规定缴纳社会抚养费的人员，是国家工作人员的，还应当依法给予行政处分；其他人员还应当由其所在单位或者组织给予纪律处分。

第四十三条 拒绝、阻碍计划生育行政部门及其工作人员依法执行公务的，由计划生育行政部门给予批评教育并予以制止；构成违反治安管理行为的，依法给予治安管理处罚；构成犯罪的，依法追究刑事责任。

第四十四条 公民、法人或者其他组织认为行政机关在实施计划生育管理过程中侵犯其合法权益，可以依法申请行政复议或者提起行政诉讼。

第七章　附　　则

第四十五条 流动人口计划生育工作的具体管理办法、计划生育技术服务的具体管理办法和社会抚养费的征收管理办法，由国务院制定。

第四十六条 中国人民解放军执行本法的具体办法，由中央军事委员会依据本法制定。

第四十七条 本法自2002年9月1日起施行。

有关法律问题的决定

全国人民代表大会常务委员会关于授权国务院在北京市大兴区等232个试点县（市、区）、天津市蓟县等59个试点县（市、区）行政区域分别暂时调整实施有关法律规定的决定

（2015年12月27日第十二届全国人民代表大会常务委员会第十八次会议通过）

为了落实农村土地的用益物权，赋予农民更多财产权利，深化农村金融改革创新，有效盘活农村资源、资金、资产，为稳步推进农村土地制度改革提供经验和模式，第十二届全国人民代表大会常务委员会第十八次会议决定：授权国务院在北京市大兴区等232个试点县（市、区）行政区域，暂时调整实施《中华人民共和国物权法》、《中华人民共和国担保法》关于集体所有的耕地使用权不得抵押的规定；在天津市蓟县等59个试点县（市、区）行政区域暂时调整实施《中华人民共和国物权法》、《中华人民共和国担保法》关于集体所有的宅基地使用权不得抵押的规定。上述调整在2017年12月31日前试行。暂时调整实施有关法律规定，必须坚守土地公有制性质不改变、耕地红线不突破、农民利益不受损的底线，坚持从实际出发，因地制宜。国务院及其有关部门要完善配套制度，加强对试点工作的整体指导和统筹协调、监督管理，按程序、分步骤审慎稳妥推进，防范各种风险，及时总结试点工作经验，并就暂时调整实施有关法律规定的情况向全国人民代表大会常务委员会作出报告。

试点县（市、区）名单和暂时调整实施有关法律规定目录附后。

本决定自2015年12月28日起施行。

农村承包土地的经营权抵押贷款试点县（市、区）名单（232个）

所在省（市、区）	试点县（市、区）
北京市	大兴区、平谷区
天津市	宝坻区、武清区
河北省	玉田县、邱县、张北县、平乡县、威县、饶阳县
山西省	运城市盐湖区、新绛县、潞城市、太谷县、定襄县、曲沃县
内蒙古自治区	呼伦贝尔市阿荣旗、兴安盟扎赉特旗、开鲁县、锡林郭勒盟镶黄旗、鄂尔多斯市达拉特旗、巴彦淖尔市临河区、赤峰市克什克腾旗、包头市土默特右旗
辽宁省	海城市、东港市、辽阳县、盘山县、昌图县、瓦房店市、沈阳市于洪区
吉林省	榆树市、农安县、永吉县、敦化市、梨树县、柳河县、洮南市、东辽县、前郭尔罗斯蒙古族自治县、抚松县、梅河口市、公主岭市、珲春市、龙井市、延吉市
黑龙江省	克山县、方正县、讷河市、延寿县、五常市、哈尔滨市呼兰区、桦川县、克东县、富锦市、汤原县、兰西县、庆安县、密山市、绥滨县、宝清县
江苏省	东海县、泗洪县、沛县、金湖县、泰州市姜堰区、太仓市、如皋市、东台市、无锡市惠山区、南京市高淳区
浙江省	龙泉市、长兴县、海盐县、慈溪市、温岭市、衢州市衢江区、缙云县、嵊州市、嘉善县、德清县
安徽省	宿州市埇桥区、金寨县、铜陵县、庐江县、阜阳市颍泉区、黄山市黄山区、定远县、涡阳县、宿松县、凤台县
福建省	漳浦县、建瓯市、沙县、仙游县、福清市、武平县、永春县、屏南县、邵武市、古田县
江西省	安义县、乐平市、铜鼓县、修水县、金溪县、新干县、信丰县、吉安县、贵溪市、赣县
山东省	东营市河口区、吉州市、平度市、沂南县、武城县、枣庄市台儿庄区、沂源县、寿光市、莘县、乐陵市
河南省	长垣县、安阳县、宝丰县、邓州市、济源市、长葛市、遂平县、固始县、浚县

续表

所在省（市、区）	试点县（市、区）
湖北省	钟祥市、武汉市黄陂区、宜昌市夷陵区、鄂州市梁子湖区、随县、南漳县、大冶市、公安县、武穴市、云梦县
湖南省	汉寿县、岳阳县、新田县、桃江县、洞口县、沅陵县、慈利县、双峰县
广东省	蕉岭县、阳山县、德庆县、郁南县、康江市、罗定市、英德市
广西壮族自治区	田阳县、田东县、玉林市玉州区、象州县、南宁市武鸣区、东兴市、北流市、兴业县
海南省	东方市、屯昌县、文昌市
重庆市	永川区、梁平县、潼南区、荣昌区、忠县、铜梁区、南川区、巴南区、武隆县、秀山土家族苗族自治县
四川省	成都市温江区、崇州市、眉山市彭山区、内江市市中区、蓬溪区、西充县、巴中市巴州区、武胜县、井研县、苍溪县
贵州省	榕江县、水城县、湄潭县、兴仁县、盘县、普定县、安龙县、开阳县、六盘水市六枝特区
云南省	开远市、砚山县、剑川县、鲁甸县、景谷傣族彝族自治县、富民县
西藏自治区	曲水县、米林县
陕西省	杨陵区、平利县、西安市高陵区、富平县、千阳县、南郑县、宜川县、铜川市耀州区
甘肃省	西和县、金昌市金川区、武威市凉州区、陇西县、临夏县、金塔县
青海省	大通回族土族自治县、互助土族自治县、门源回族自治县、海晏县、海东市乐都区
宁夏回族自治区	平罗县、中卫市沙坡头区、同心县、永宁县、贺兰县
新疆维吾尔自治区	呼图壁县、沙湾县、博乐市、阿克苏市、克拉玛依市克拉玛依区

农民住房财产权抵押贷款试点县（市、区）名单（59个）

所在省（市、区）	试点县（市、区）
天津市	蓟县
山西省	晋中市榆次区
内蒙古自治区	和林格尔县、乌兰浩特市
辽宁省	铁岭县、开原市
吉林省	长春市九台区
黑龙江省	林甸县、方正县、杜尔伯特蒙古族自治县
江苏省	常州市武进区、仪征市、泗洪县
浙江省	乐清市、青田县、义乌市、瑞安市
安徽省	金寨县、宣城市宣州区
福建省	晋江市、古田县、上杭县、石狮市
江西省	余江县、会昌县、婺源县
山东省	肥城市、滕州市、汶上县
河南省	滑县、兰考县
湖北省	宜城市、武汉市江夏区
湖南省	浏阳市、耒阳市、麻阳苗族自治县
广东省	五华县、连州市
广西壮族自治区	田阳县
海南省	文昌市、琼中黎族苗族自治县
重庆市	江津区、开县、酉阳土家族苗族自治县
四川省	泸县、郫县、眉山市彭山区
贵州省	金沙县、湄潭县
云南省	大理市、丘北县、武定县
西藏自治区	曲水县
陕西省	平利县、西安市高陵区
甘肃省	陇西县

续表

所在省（市、区）	试点县（市、区）
青海省	湟源县
宁夏回族自治区	平罗县
新疆维吾尔自治区	伊宁市

授权国务院在北京市大兴区等232个试点县（市、区）、天津市蓟县等59个试点县（市、区）行政区域分别暂时调整实施有关法律规定目录

法律规定	内　　容
《中华人民共和国物权法》第一百八十四条："下列财产不得抵押： （一）土地所有权； （二）耕地、宅基地、自留地、自留山等集体所有的土地使用权，但法律规定可以抵押的除外； （三）学校、幼儿园、医院等以公益为目的的事业单位、社会团体的教育设施、医疗卫生设施和其他社会公益设施； （四）所有权、使用权不明或者有争议的财产； （五）依法被查封、扣押、监管的财产； （六）法律、行政法规规定不得抵押的其他财产。" 《中华人民共和国担保法》第三十七条："下列财产不得抵押： （一）土地所有权； （二）耕地、宅基地、自留地、自留山等集体所有的土地使用权，但本法第三十四条第（五）项、第三十六条第三款规定的除外； （三）学校、幼儿园、医院等以公益为目的的事业单位、社会团体的教育设施、医疗卫生设施和其他社会公益设施； （四）所有权、使用权不明或者有争议的财产； （五）依法被查封、扣押、监管的财产； （六）依法不得抵押的其他财产。"	暂时调整实施集体所有的耕地使用权、宅基地使用权不得抵押的规定。在防范风险、遵守有关法律法规和农村土地制度改革等政策的基础上，赋予农村承包土地（指耕地）的经营权和农民住房财产权（含宅基地使用权）抵押融资功能，在农村承包土地的经营权抵押贷款试点地区，允许以农村承包土地的经营权抵押贷款；在农民住房财产权抵押贷款试点地区，允许以农民住房财产权抵押贷款。

全国人民代表大会常务委员会关于授权国务院在实施股票发行注册制改革中调整适用《中华人民共和国证券法》有关规定的决定

（2015年12月27日第十二届全国人民代表大会常务委员会第十八次会议通过）

为了实施股票发行注册制改革，进一步发挥资本市场服务实体经济的基础功能，第十二届全国人民代表大会常务委员会第十八次会议决定：授权国务院对拟在上海证券交易所、深圳证券交易所上市交易的股票的公开发行，调整适用《中华人民共和国证券法》关于股票公开发行核准制度的有关规定，实行注册制度，具体实施方案由国务院作出规定，报全国人民代表大会常务委员会备案。

本决定的实施期限为二年。国务院要加强对股票发行注册制改革工作的组织领导，并就本决定实施情况向全国人民代表大会常务委员会作出中期报告。国务院证券监督管理机构要会同有关部门加强事中事后监管，防范和化解风险，切实保护投资者合法权益。

本决定自2016年3月1日起施行。

全国人民代表大会常务委员会关于授权国务院在广东省暂时调整部分法律规定的行政审批试行期届满后有关问题的决定

（2015年12月27日第十二届全国人民代表大会常务委员会第十八次会议通过）

为进一步积累经验，深化行政审批制度改革，第十二届全国人民代表大会常务委员会第十八次会议决定：《全国人民代表大会常务委员会关于授权国务院在广东省暂时调整部分法律规定的行政审批的决定》中调整的行政审批，尚未修改有关法律规定的，在广东省继续试行。对实践证明可行的，由国务院提出修改有关法律的议案。2018 年 1 月 1 日前未提出修改有关法律的议案的，恢复施行有关法律规定。

本决定自 2015 年 12 月 28 日起施行。

行政法规

居住证暂行条例

（2015年10月21日国务院第109次常务会议通过　2015年11月26日中华人民共和国国务院令第663号公布　自2016年1月1日起施行）

第一条　为了促进新型城镇化的健康发展，推进城镇基本公共服务和便利常住人口全覆盖，保障公民合法权益，促进社会公平正义，制定本条例。

第二条　公民离开常住户口所在地，到其他城市居住半年以上，符合有合法稳定就业、合法稳定住所、连续就读条件之一的，可以依照本条例的规定申领居住证。

第三条　居住证是持证人在居住地居住、作为常住人口享受基本公共服务和便利、申请登记常住户口的证明。

第四条　居住证登载的内容包括：姓名、性别、民族、出生日期、公民身份号码、本人相片、常住户口所在地住址、居住地住址、证件的签发机关和签发日期。

第五条　县级以上人民政府应当建立健全为居住证持有人提供基本公共服务和便利的机制。县级以上人民政府发展改革、教育、公安、民政、司法行政、人力资源社会保障、住房城乡建设、卫生计生等有关部门应当根据各自职责，做好居住证持有人的权益保障、服务和管理工作。

第六条　县级以上人民政府应当将为居住证持有人提供基本公共服务和便利的工作纳入国民经济和社会发展规划，完善财政转移支付制度，将提供基本公共服务和便利所需费用纳入财政预算。

第七条　县级以上人民政府有关部门应当建立和完善人口信息库，分类完善劳动就业、教育、社会保障、房产、信用、卫生计生、婚姻等信息系统以及居住证持有人信息的采集、登记工作，加强部门之间、地区之间居住证持有人信息的共享，为推进社会保险、住房公积金等转移接续制度，实现基本公共服务常住人口全覆盖提供信息支持，为居住证持有人在居住地居住提供便利。

第八条 公安机关负责居住证的申领受理、制作、发放、签注等证件管理工作。

居民委员会、村民委员会、用人单位、就读学校以及房屋出租人应当协助做好居住证的申领受理、发放等工作。

第九条 申领居住证，应当向居住地公安派出所或者受公安机关委托的社区服务机构提交本人居民身份证、本人相片以及居住地住址、就业、就读等证明材料。

居住地住址证明包括房屋租赁合同、房屋产权证明文件、购房合同或者房屋出租人、用人单位、就读学校出具的住宿证明等；就业证明包括工商营业执照、劳动合同、用人单位出具的劳动关系证明或者其他能够证明有合法稳定就业的材料等；就读证明包括学生证、就读学校出具的其他能够证明连续就读的材料等。

未满 16 周岁的未成年人和行动不便的老年人、残疾人等，可以由其监护人、近亲属代为申领居住证。监护人、近亲属代为办理的，应当提供委托人、代办人的合法有效身份证件。

申请人及相关证明材料出具人应当对本条规定的证明材料的真实性、合法性负责。

对申请材料不全的，公安派出所或者受公安机关委托的社区服务机构应当一次性告知申领人需要补充的材料。

对符合居住证办理条件的，公安机关应当自受理之日起 15 日内制作发放居住证；在偏远地区、交通不便的地区或者因特殊情况，不能按期制作发放居住证的，设区的市级以上地方人民政府在实施办法中可以对制作发放时限作出延长规定，但延长后最长不得超过 30 日。

第十条 居住证由县级人民政府公安机关签发，每年签注 1 次。

居住证持有人在居住地连续居住的，应当在居住每满 1 年之日前 1 个月内，到居住地公安派出所或者受公安机关委托的社区服务机构办理签注手续。

逾期未办理签注手续的，居住证使用功能中止；补办签注手续的，居住证的使用功能恢复，居住证持有人在居住地的居住年限自补办签注手续之日起连续计算。

第十一条 居住证损坏难以辨认或者丢失的，居住证持有人应当到居住地公安派出所或者受公安机关委托的社区服务机构办理换领、补领手续。

居住证持有人换领新证时，应当交回原证。

第十二条 居住证持有人在居住地依法享受劳动就业，参加社会保险，缴存、提取和使用住房公积金的权利。县级以上人民政府及其有关部门应当为居住证持有人提供下列基本公共服务：

（一）义务教育；

（二）基本公共就业服务；

（三）基本公共卫生服务和计划生育服务；

（四）公共文化体育服务；

（五）法律援助和其他法律服务；

（六）国家规定的其他基本公共服务。

第十三条 居住证持有人在居住地享受下列便利：

（一）按照国家有关规定办理出入境证件；

（二）按照国家有关规定换领、补领居民身份证；

（三）机动车登记；

（四）申领机动车驾驶证；

（五）报名参加职业资格考试、申请授予职业资格；

（六）办理生育服务登记和其他计划生育证明材料；

（七）国家规定的其他便利。

第十四条 国务院有关部门、地方各级人民政府及其有关部门应当积极创造条件，逐步扩大为居住证持有人提供公共服务和便利的范围，提高服务标准，并定期向社会公布居住证持有人享受的公共服务和便利的范围。

第十五条 居住证持有人符合居住地人民政府规定的落户条件的，可以根据本人意愿，将常住户口由原户口所在地迁入居住地。

第十六条 居住地人民政府应当根据下列规定确定落户条件：

（一）建制镇和城区人口50万以下的小城市的落户条件为在城市市区、县人民政府驻地镇或者其他建制镇有合法稳定住所。

（二）城区人口50万至100万的中等城市的落户条件为在城市有合法稳定就业并有合法稳定住所，同时按照国家规定参加城镇社会保险达到一定年限。其中，城市综合承载能力压力小的地方，可以参照建制镇和小城市标准，全面放开落户限制；城市综合承载能力压力大的地方，可以对合法稳定就业的范围、年限和合法稳定住所的范围、条件等作出规定，但对合法稳定住所不得设置住房面积、金额等要求，对参加城镇社会保险年限的要求不得超过3年。

（三）城区人口100万至500万的大城市的落户条件为在城市有合法稳定就业达到一定年限并有合法稳定住所，同时按照国家规定参加城镇社会保险达到一定年限，但对参加城镇社会保险年限的要求不得超过5年。其中，城区人口300万至500万的大城市可以对合法稳定就业的范围、年限和合法稳定住所的范围、条件等作出规定，也可结合本地实际，建立积分落户制度。

（四）城区人口500万以上的特大城市和超大城市应当根据城市综合承载能力和经济社会发展需要，以具有合法稳定就业和合法稳定住所、参加城镇社会保险年限、连续居住年限等为主要指标，建立完善积分落户制度。

第十七条 国家机关及其工作人员对在工作过程中知悉的居住证持有人个人信息，应当予以保密。

第十八条 有下列行为之一的，由公安机关给予警告、责令改正，处200元以下罚款，有违法所得的，没收违法所得：

（一）使用虚假证明材料骗领居住证；

（二）出租、出借、转让居住证；

（三）非法扣押他人居住证。

第十九条 有下列行为之一的，由公安机关处200元以上1000元以下罚款，有违法所得的，没收违法所得：

（一）冒用他人居住证或者使用骗领的居住证；

（二）购买、出售、使用伪造、变造的居住证。

伪造、变造的居住证和骗领的居住证，由公安机关予以收缴。

第二十条 国家机关及其工作人员有下列行为之一的，依法给予处分；构成犯罪的，依法追究刑事责任：

（一）符合居住证申领条件但拒绝受理、发放；

（二）违反有关规定收取费用；

（三）利用制作、发放居住证的便利，收受他人财物或者谋取其他利益；

（四）将在工作中知悉的居住证持有人个人信息出售或者非法提供给他人；

（五）篡改居住证信息。

第二十一条 首次申领居住证，免收证件工本费。换领、补领居住证，应当缴纳证件工本费。办理签注手续不得收取费用。

具体收费办法由国务院财政部门、价格主管部门制定。

第二十二条 设区的市级以上地方人民政府应当结合本行政区域经济社会发展需要及落户条件等因素，根据本条例制定实施办法。

第二十三条 本条例自2016年1月1日起施行。本条例施行前各地已发放的居住证，在有效期内继续有效。

地图管理条例

（2015年11月11日国务院第111次常务会议通过　2015年11月26日中华人民共和国国务院令第664号公布　自2016年1月1日起施行）

第一章　总　　则

第一条　为了加强地图管理，维护国家主权、安全和利益，促进地理信息产业健康发展，为经济建设、社会发展和人民生活服务，根据《中华人民共和国测绘法》，制定本条例。

第二条　在中华人民共和国境内从事向社会公开的地图的编制、审核、出版和互联网地图服务以及监督检查活动，应当遵守本条例。

第三条　地图工作应当遵循维护国家主权、保障地理信息安全、方便群众生活的原则。

地图的编制、审核、出版和互联网地图服务应当遵守有关保密法律、法规的规定。

第四条　国务院测绘地理信息行政主管部门负责全国地图工作的统一监督管理。国务院其他有关部门按照国务院规定的职责分工，负责有关的地图工作。

县级以上地方人民政府负责管理测绘地理信息工作的行政部门（以下称测绘地理信息行政主管部门）负责本行政区域地图工作的统一监督管理。县级以上地方人民政府其他有关部门按照本级人民政府规定的职责分工，负责有关的地图工作。

第五条　各级人民政府及其有关部门、新闻媒体应当加强国家版图宣传教育，增强公民的国家版图意识。

国家版图意识教育应当纳入中小学教学内容。

公民、法人和其他组织应当使用正确表示国家版图的地图。

第六条　国家鼓励编制和出版符合标准和规定的各类地图产品，支持地理信息科学技术创新和产业发展，加快地理信息产业结构调整和优化升级，促进地理信息深层次应用。

县级以上人民政府应当建立健全政府部门间地理信息资源共建共享机制。

县级以上人民政府测绘地理信息行政主管部门应当采取有效措施，及时获取、处理、更新基础地理信息数据，通过地理信息公共服务平台向社会提供地理信息公共服务，实现地理信息数据开放共享。

第二章　地图编制

第七条　从事地图编制活动的单位应当依法取得相应的测绘资质证书，并在资质等级许可的范围内开展地图编制工作。

第八条　编制地图，应当执行国家有关地图编制标准，遵守国家有关地图内容表示的规定。

地图上不得表示下列内容：

（一）危害国家统一、主权和领土完整的；

（二）危害国家安全、损害国家荣誉和利益的；

（三）属于国家秘密的；

（四）影响民族团结、侵害民族风俗习惯的；

（五）法律、法规规定不得表示的其他内容。

第九条　编制地图，应当选用最新的地图资料并及时补充或者更新，正确反映各要素的地理位置、形态、名称及相互关系，且内容符合地图使用目的。

编制涉及中华人民共和国国界的世界地图、全国地图，应当完整表示中华人民共和国疆域。

第十条　在地图上绘制中华人民共和国国界、中国历史疆界、世界各国间边界、世界各国间历史疆界，应当遵守下列规定：

（一）中华人民共和国国界，按照中国国界线画法标准样图绘制；

（二）中国历史疆界，依据有关历史资料，按照实际历史疆界绘制；

（三）世界各国间边界，按照世界各国国界线画法参考样图绘制；

（四）世界各国间历史疆界，依据有关历史资料，按照实际历史疆界绘制。

中国国界线画法标准样图、世界各国国界线画法参考样图，由外交部和国务院测绘地理信息行政主管部门拟订，报国务院批准后公布。

第十一条　在地图上绘制我国县级以上行政区域界线或者范围，应当符合行政区域界线标准画法图、国务院批准公布的特别行政区行政区域图和国家其他有关规定。

行政区域界线标准画法图由国务院民政部门和国务院测绘地理信息行政主管部门拟订，报国务院批准后公布。

第十二条 在地图上表示重要地理信息数据，应当使用依法公布的重要地理信息数据。

第十三条 利用涉及国家秘密的测绘成果编制地图的，应当依法使用经国务院测绘地理信息行政主管部门或者省、自治区、直辖市人民政府测绘地理信息行政主管部门进行保密技术处理的测绘成果。

第十四条 县级以上人民政府测绘地理信息行政主管部门应当向社会公布公益性地图，供无偿使用。

县级以上人民政府测绘地理信息行政主管部门应当及时组织收集与地图内容相关的行政区划、地名、交通、水系、植被、公共设施、居民点等的变更情况，用于定期更新公益性地图。有关部门和单位应当及时提供相关更新资料。

第三章 地图审核

第十五条 国家实行地图审核制度。

向社会公开的地图，应当报送有审核权的测绘地理信息行政主管部门审核。但是，景区图、街区图、地铁线路图等内容简单的地图除外。

地图审核不得收取费用。

第十六条 出版地图的，由出版单位送审；展示或者登载不属于出版物的地图的，由展示者或者登载者送审；进口不属于出版物的地图或者附着地图图形的产品的，由进口者送审；进口属于出版物的地图，依照《出版管理条例》的有关规定执行；出口不属于出版物的地图或者附着地图图形的产品的，由出口者送审；生产附着地图图形的产品的，由生产者送审。

送审应当提交以下材料：

（一）地图审核申请表；

（二）需要审核的地图样图或者样品；

（三）地图编制单位的测绘资质证书。

进口不属于出版物的地图和附着地图图形的产品的，仅需提交前款第一项、第二项规定的材料。利用涉及国家秘密的测绘成果编制地图的，还应当提交保密技术处理证明。

第十七条 国务院测绘地理信息行政主管部门负责下列地图的审核：

（一）全国地图以及主要表现地为两个以上省、自治区、直辖市行政区域的地图；

（二）香港特别行政区地图、澳门特别行政区地图以及台湾地区地图；

（三）世界地图以及主要表现地为国外的地图；

（四）历史地图。

第十八条 省、自治区、直辖市人民政府测绘地理信息行政主管部门负责审核主要表现地在本行政区域范围内的地图。其中，主要表现地在设区的市行政区域范围内不涉及国界线的地图，由设区的市级人民政府测绘地理信息行政主管部门负责审核。

第十九条 有审核权的测绘地理信息行政主管部门应当自受理地图审核申请之日起20个工作日内，作出审核决定。

时事宣传地图、时效性要求较高的图书和报刊等插附地图的，应当自受理地图审核申请之日起7个工作日内，作出审核决定。

应急保障等特殊情况需要使用地图的，应当即送即审。

第二十条 涉及专业内容的地图，应当依照国务院测绘地理信息行政主管部门会同有关部门制定的审核依据进行审核。没有明确审核依据的，由有审核权的测绘地理信息行政主管部门征求有关部门的意见，有关部门应当自收到征求意见材料之日起20个工作日内提出意见。征求意见时间不计算在地图审核的期限内。

世界地图、历史地图、时事宣传地图没有明确审核依据的，由国务院测绘地理信息行政主管部门商外交部进行审核。

第二十一条 送审地图符合下列规定的，由有审核权的测绘地理信息行政主管部门核发地图审核批准文件，并注明审图号：

（一）符合国家有关地图编制标准，完整表示中华人民共和国疆域；

（二）国界、边界、历史疆界、行政区域界线或者范围、重要地理信息数据、地名等符合国家有关地图内容表示的规定；

（三）不含有地图上不得表示的内容。

地图审核批准文件和审图号应当在有审核权的测绘地理信息行政主管部门网站或者其他新闻媒体上及时公告。

第二十二条 经审核批准的地图，应当在地图或者附着地图图形的产品的适当位置显著标注审图号。其中，属于出版物的，应当在版权页标注审图号。

第二十三条 全国性中小学教学地图，由国务院教育行政部门会同国务院测绘地理信息行政主管部门、外交部组织审定；地方性中小学教学地图，由省、自治区、直辖市人民政府教育行政部门会同省、自治区、直辖市人民政府测绘地理信息行政主管部门组织审定。

第二十四条 任何单位和个人不得出版、展示、登载、销售、进口、出口不符合国家有关标准和规定的地图，不得携带、寄递不符合国家有关标准和规定的地图进出境。

进口、出口地图的，应当向海关提交地图审核批准文件和审图号。

第二十五条 经审核批准的地图，送审者应当按照有关规定向有审核权的测绘地理信息行政主管部门免费送交样本。

第四章 地图出版

第二十六条 县级以上人民政府出版行政主管部门应当加强对地图出版活动的监督管理，依法对地图出版违法行为进行查处。

第二十七条 出版单位从事地图出版活动的，应当具有国务院出版行政主管部门审核批准的地图出版业务范围，并依照《出版管理条例》的有关规定办理审批手续。

第二十八条 出版单位根据需要，可以在出版物中插附经审核批准的地图。

第二十九条 任何出版单位不得出版未经审定的中小学教学地图。

第三十条 出版单位出版地图，应当按照国家有关规定向国家图书馆、中国版本图书馆和国务院出版行政主管部门免费送交样本。

第三十一条 地图著作权的保护，依照有关著作权法律、法规的规定执行。

第五章 互联网地图服务

第三十二条 国家鼓励和支持互联网地图服务单位开展地理信息开发利用和增值服务。

县级以上人民政府应当加强对互联网地图服务行业的政策扶持和监督管理。

第三十三条 互联网地图服务单位向公众提供地理位置定位、地理信息上传标注和地图数据库开发等服务的，应当依法取得相应的测绘资质证书。

互联网地图服务单位从事互联网地图出版活动的，应当经国务院出版行政主管部门依法审核批准。

第三十四条 互联网地图服务单位应当将存放地图数据的服务器设在中华人民共和国境内，并制定互联网地图数据安全管理制度和保障措施。

县级以上人民政府测绘地理信息行政主管部门应当会同有关部门加强对互联网地图数据安全的监督管理。

第三十五条 互联网地图服务单位收集、使用用户个人信息的，应当明示收集、使用信息的目的、方式和范围，并经用户同意。

互联网地图服务单位需要收集、使用用户个人信息的，应当公开收集、使用规则，不得泄露、篡改、出售或者非法向他人提供用户的个人信息。

互联网地图服务单位应当采取技术措施和其他必要措施，防止用户的个人信息泄露、丢失。

第三十六条 互联网地图服务单位用于提供服务的地图数据库及其他数据库不得存储、记录含有按照国家有关规定在地图上不得表示的内容。互联网地图服务单位发现其网站传输的地图信息含有不得表示的内容的，应当立即停止传输，保存有关记录，并向县级以上人民政府测绘地理信息行政主管部门、出版行政主管部门、网络安全和信息化主管部门等有关部门报告。

第三十七条 任何单位和个人不得通过互联网上传标注含有按照国家有关规定在地图上不得表示的内容。

第三十八条 互联网地图服务单位应当使用经依法审核批准的地图，加强对互联网地图新增内容的核查校对，并按照国家有关规定向国务院测绘地理信息行政主管部门或者省、自治区、直辖市测绘地理信息行政主管部门备案。

第三十九条 互联网地图服务单位对在工作中获取的涉及国家秘密、商业秘密的信息，应当保密。

第四十条 互联网地图服务单位应当加强行业自律，推进行业信用体系建设，提高服务水平。

第四十一条 从事互联网地图服务活动，适用本章的规定；本章没有规定的，适用本条例其他有关规定。

第六章 监督检查

第四十二条 县级以上人民政府及其有关部门应当依法加强对地图编制、出版、展示、登载、生产、销售、进口、出口等活动的监督检查。

第四十三条 县级以上人民政府测绘地理信息行政主管部门、出版行政主管部门和其他有关部门依法进行监督检查时，有权采取下列措施：

（一）进入涉嫌地图违法行为的场所实施现场检查；

（二）查阅、复制有关合同、票据、账簿等资料；

（三）查封、扣押涉嫌违法的地图、附着地图图形的产品以及用于实施地图违法行为的设备、工具、原材料等。

第四十四条 国务院测绘地理信息行政主管部门、国务院出版行政主管部门应当建立健全地图监督管理信息系统，实现信息资源共享，方便公众查询。

第四十五条 县级以上人民政府测绘地理信息行政主管部门应当根据国家有关标准和技术规范，加强地图质量监督管理。

地图编制、出版、展示、登载、生产、销售、进口、出口单位应当建立健全地图质量责任制度，采取有效措施，保证地图质量。

第四十六条 任何单位和个人对地图违法行为有权进行举报。

接到举报的人民政府或者有关部门应当及时依法调查处理，并为举报人保密。

第七章 法律责任

第四十七条 县级以上人民政府及其有关部门违反本条例规定，有下列行为之一的，由主管机关或者监察机关责令改正；情节严重的，对直接负责的主管人员和其他直接责任人员依法给予处分；直接负责的主管人员和其他直接责任人员的行为构成犯罪的，依法追究刑事责任：

（一）不依法作出行政许可决定或者办理批准文件的；

（二）发现违法行为或者接到对违法行为的举报不予查处的；

（三）其他未依照本条例规定履行职责的行为。

第四十八条 违反本条例规定，未取得测绘资质证书或者超越测绘资质等级许可的范围从事地图编制活动或者互联网地图服务活动的，依照《中华人民共和国测绘法》的有关规定进行处罚。

第四十九条 违反本条例规定，应当送审而未送审的，责令改正，给予警告，没收违法地图或者附着地图图形的产品，可以处10万元以下的罚款；有违法所得的，没收违法所得；构成犯罪的，依法追究刑事责任。

第五十条 违反本条例规定，不需要送审的地图不符合国家有关标准和规定的，责令改正，给予警告，没收违法地图或者附着地图图形的产品，可以处10万元以下的罚款；有违法所得的，没收违法所得；情节严重的，可以向社会通报；构成犯罪的，依法追究刑事责任。

第五十一条 违反本条例规定，经审核不符合国家有关标准和规定的地图未按照审核要求修改即向社会公开的，责令改正，给予警告，没收违法地图或者附着地图图形的产品，可以处10万元以下的罚款；有违法所得的，没收违法所得；情节严重的，责令停业整顿，降低资质等级或者吊销测绘资质证书，可以向社会通报；构成犯罪的，依法追究刑事责任。

第五十二条 违反本条例规定，弄虚作假、伪造申请材料骗取地图审核批准文件，或者伪造、冒用地图审核批准文件和审图号的，责令停止违法行为，给予警告，没收违法地图和附着地图图形的产品，并处10万元以上20万元以下的罚款；有违法所得的，没收违法所得；情节严重的，责令停业整顿，降低资质等级或者吊销测绘资质证书；构成犯罪的，依法追究刑事责任。

第五十三条 违反本条例规定，未在地图的适当位置显著标注审图号，或者未按照有关规定送交样本的，责令改正，给予警告；情节严重的，责令停业整顿，降低资质等级或者吊销测绘资质证书。

第五十四条 违反本条例规定，互联网地图服务单位使用未经依法审核批准的地图提供服务，或者未对互联网地图新增内容进行核查校对的，责令改正，给予警告，可以处20万元以下的罚款；有违法所得的，没收违法所得；情节严重的，责令停业整顿，降低资质等级或者吊销测绘资质证书；构成犯罪的，依法追究刑事责任。

第五十五条 违反本条例规定，通过互联网上传标注了含有按照国家有关规定在地图上不得表示的内容的，责令改正，给予警告，可以处10万元以下的罚款；构成犯罪的，依法追究刑事责任。

第五十六条 本条例规定的降低资质等级、吊销测绘资质证书的行政处罚，由颁发资质证书的部门决定；其他行政处罚由县级以上人民政府测绘地理信息行政主管部门决定。

第八章　附　　则

第五十七条 军队单位编制的地图的管理以及海图的管理，按照国务院、中央军事委员会的规定执行。

第五十八条 本条例自2016年1月1日起施行。国务院1995年7月10日发布的《中华人民共和国地图编制出版管理条例》同时废止。

中华人民共和国国务院令第665号

（2015年12月16日国务院第116次常务会议通过　2015年12月20日公布　自2015年12月20日起施行）

根据1993年3月31日第八届全国人民代表大会第一次会议通过的《全国人民代表大会关于设立中华人民共和国澳门特别行政区的决定》，《中华人民共和国澳门特别行政区行政区域图》已经2015年12月16日国务院第116次常务会议通过，现予公布，自2015年12月20日起施行。1999年12月20日国务院公布的《中华人民共和国澳门特别行政区行政区域图》同时废止。

附：中华人民共和国澳门特别行政区行政区域界线文字说明

中华人民共和国
澳门特别行政区行政区域图

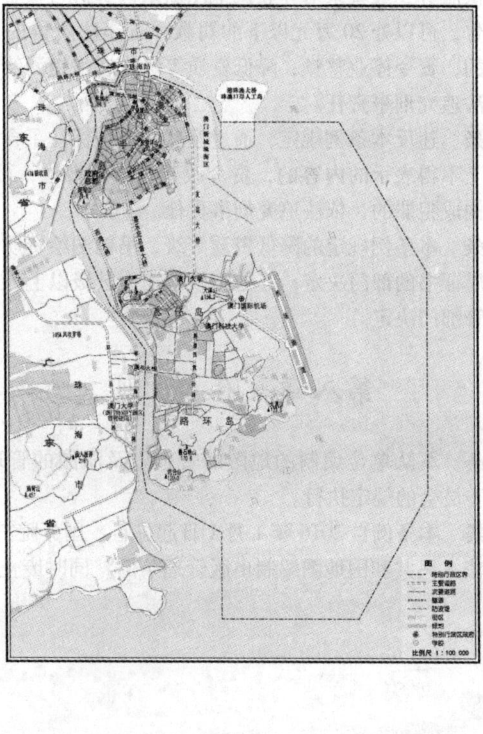

中华人民共和国澳门特别行政区
行政区域界线文字说明

为支持澳门特别行政区经济社会持续稳定发展，中央人民政府决定将澳门特别行政区海域面积明确为85平方公里。同时，将澳门特别行政区与广东省珠海市边界之间的关闸澳门边检大楼段，即澳门特别行政区关闸以北至珠海边防检查站原旗楼之间用于兴建澳门特别行政区新边检大楼配套设施的地段，划归澳门特别行政区管辖。行政区域调整后，澳门特别行政区的行政区域界线包括陆地和海上两部分。

一、陆地部分

陆地部分由关闸澳门边检大楼段和鸭涌河段两段组成。

（一）关闸澳门边检大楼段。

1. 由关闸广场与马场北大马路交界处以北围墙北侧1号点（北纬22°12′55.53″，东经113°33′03.33″）起，向西北沿弧状围墙北侧，经2号点（北纬22°12′55.88″，东经113°33′02.80″）至3号点（北纬22°12′56.39″，东经113°33′02.60″），再向北沿围墙东侧直线延伸至关闸澳门边检大楼附属楼顶东北角的地面正射投影点4号点（北纬22°13′01.33″，东经113°33′03.05″）；

2. 由4号点沿直线至关闸澳门边检大楼东北出入通道北端5号点（北纬22°13′00.96″，东经113°33′00.01″）；

3. 由5号点沿关闸澳门边检大楼弧状北墙的平行线，依次经6号点（北纬22°13′00.24″，东经113°32′58.75″）、7号点（北纬22°12′59.81″，东经113°32′57.12″）、8号点（北纬22°12′59.82″，东经113°32′55.51″）至关闸澳门边检大楼西北出入通道北端9号点（北纬22°13′00.24″，东经113°32′54.01″）；

4. 由9号点沿直线至关闸澳门边检大楼西侧围墙北端10号点（北纬22°12′59.97″，东经113°32′51.78″）；

5. 由10号点沿关闸澳门边检大楼西侧围墙至与鸭涌河南岸交点11号点（北纬22°12′59.61″，东经113°32′51.46″）。

（二）鸭涌河段。

1. 由11号点起，向西至鸭涌河南岸堤脚12号点（北纬22°13′00.41″，东经 113°32′49.34″)；

2. 由 12 号点沿鸭涌河南岸堤脚，依次直线连接 13 号点（北纬 22°13′00.42″，东经 113°32′47.64″)、14 号点（北纬 22°13′00.47″，东经 113°32′47.42″)、15 号点（北纬 22°13′00.52″，东经 113°32′43.72″)、16 号点（北纬 22°13′00.92″，东经 113°32′42.68″)、17 号点（北纬 22°13′01.03″，东经 113°32′39.68″)、18 号点（北纬 22°12′58.73″，东经 113°32′36.21″)、19 号点（北纬 22°12′51.96″，东经 113°32′32.87″)、20 号点（北纬 22°12′51.43″，东经 113°32′32.67″)、21 号点（北纬 22°12′49.30″，东经 113°32′31.25″)、22 号点（北纬 22°12′49.22″，东经 113°32′31.04″）至澳门批发市场西侧 23 号点（北纬 22°12′47.64″，东经 113°32′30.18″)；

3. 由 23 号点沿直线至鸭涌河中心线上 24 号点（北纬 22°12′47.97″，东经 113°32′29.52″)；

4. 由 24 号点依次直线连接鸭涌河中心线上 25 号点（北纬 22°12′47.11″，东经 113°32′28.79″)、26 号点（北纬 22°12′46.88″，东经 113°32′28.25″)、27 号点（北纬 22°12′46.92″，东经 113°32′27.24″)、28 号点（北纬 22°12′49.11″，东经 113°32′17.31″)、29 号点（北纬 22°12′49.09″，东经 113°32′10.80″)、30 号点（北纬 22°12′48.81″，东经 113°32′08.54″)、31 号点（北纬 22°12′48.51″，东经 113°32′07.58″)、32 号点（北纬 22°12′48.57″，东经 113°32′07.05″)、33 号点（北纬 22°12′48.69″，东经 113°32′05.80″)、34 号点（北纬 22°12′44.30″，东经 113°31′59.10″)、35 号点（北纬 22°12′34.72″，东经 113°32′02.29″）至筷子基北湾河口处 36 号点（北纬 22°12′26.52″，东经 113°32′04.75″)。

二、海上部分

海上部分由内港段、路氹航道段、澳门南部海域段、澳门东部海域段、人工岛段和澳门北部海域段六段组成。

（一）内港段。

由鸭涌河陆地边界点 36 号点沿内港航道向南，与以下 10 个点依次直线连接：

1. 内港锚地西北侧端点 37 号点（北纬 22°12′24.1″，东经 113°32′07.4″)；

2. 内港第 31a 号码头西南角向西约 136 米的内港锚地西边界点 38 号点（北纬 22°12′08.3″，东经 113°32′08.3″)；

3. 内港第 10 号码头西北角向西约 152 米的内港锚地西边界点 39 号点（北纬 22°11′40.2″，东经 113°32′01.0″)；

4. 内港锚地西南侧端点 40 号点（北纬 22°11′18.7″，东经 113°31′45.2″）；

5. 内港锚地南边界向东延伸至与内港航道东边界的交点 41 号点（北纬 22°11′16.5″，东经 113°31′48.7″）；

6. 航海学校西南侧海岸线最突出部向西南约 162 米的内港航道东边界点 42 号点（北纬 22°11′11.6″，东经 113°31′45.0″）；

7. 妈阁总站西侧海岸线最突出部向西约 43 米的内港航道东边界点 43 号点（北纬 22°11′04.2″，东经 113°31′42.1″）；

8. 妈阁总站西侧海岸线最突出部向西南约 256 米的内港航道东边界点 44 号点（北纬 22°10′55.8″，东经 113°31′41.4″）；

9. 融和门堤岸最南端向西南约 353 米的内港航道东边界点 45 号点（北纬 22°10′37.2″，东经 113°31′45.9″）；

10. 融和门堤岸最南端向西南约 448 米的内港航道东边界点 46 号点（北纬 22°10′31.6″，东经 113°31′50.1″）。

（二）路氹航道段。

由 46 号点沿路氹航道（规划）东边界，与以下 8 个点依次直线连接：

1. 往内港航道与路氹航道的交点 47 号点（北纬 22°10′23.9″，东经 113°31′55.1″）；

2. 西湾大桥西侧与往内港航道南边界交点向西南约 419 米的路氹航道东边界点 48 号点（北纬 22°10′19.5″，东经 113°31′55.7″）；

3. 海滨公园近岸氹仔海滨休憩区拓宽处西南角堤岸向西约 162 米的路氹航道东边界点 49 号点（北纬 22°09′25.2″，东经 113°32′22.3″）；

4. 氹仔海滨休憩区最南端堤岸向西南约 158 米的路氹航道东边界点 50 号点（北纬 22°09′02.8″，东经 113°32′42.9″）；

5. 路氹城生态保护区二区西北角向西北约 132 米的路氹航道东边界点 51 号点（北纬 22°08′43.3″，东经 113°32′58.4″）；

6. 路环岛西南角海岸西侧最突出部向西北约 219 米的路氹航道东边界点 52 号点（北纬 22°06′56.1″，东经 113°32′53.9″）；

7. 路环岛西南角海岸西侧最突出部向南约 548 米的路氹航道东边界点 53 号点（北纬 22°06′31.9″，东经 113°32′58.7″）；

8. 路氹航道最南端东边界点 54 号点（北纬 22°05′55.8″，东经 113°34′15.5″）。

（三）澳门南部海域段。

由 54 号点起，与以下 2 个点依次直线连接：

1. 路氹航道最南端东边界点经线与横琴大窝山最南端北纬 22°04′36. 0″纬线的交点 55 号点（北纬 22°04′36. 0″，东经 113°34′15. 5″）；

2. 横琴大窝山最南端北纬 22°04′36. 0″纬线与崖 13-1 天然气管道西侧 100 米平行线的交点 56 号点（北纬 22°04′36. 0″，东经 113°36′36. 8″）。

（四）澳门东部海域段。

由 56 号点起，与以下 3 个点依次直线连接：

1. 崖 13-1 天然气管道西侧 100 米平行线与东经 113°37′48. 5″经线的交点 57 号点（北纬 22°06′31. 9″，东经 113°37′48. 5″）；

2. 东经 113°37′48. 5″经线与九洲港航道西侧 100 米平行线的交点 58 号点（北纬 22°09′56. 3″，东经 113°37′48. 5″）；

3. 口岸人工岛澳门口岸管理区北边界向东延伸与九洲港航道西侧 100 米平行线的交点 59 号点（北纬 22°12′14. 8″，东经 113°36′18. 9″）。

（五）人工岛段。

由 59 号点起，直线连接口岸人工岛澳门口岸管理区西北边界点 60 号点（北纬 22°12′14. 5″，东经 113°34′15. 8″）。

港珠澳大桥珠澳口岸人工岛段陆地界线，自该段工程竣工并交付使用之日起，以 2015 年 1 月《国家海洋局关于港珠澳大桥项目用海的批复》（国海管字〔2015〕16 号）确定的港珠澳大桥珠澳口岸人工岛分界线为区域界线。

（六）澳门北部海域段。

由 60 号点起，与以下 3 个点依次直线连接，至陆地边界起点 1 号点：

1. 口岸人工岛西北突出部与澳门新城填海 A 区最近距离的中间点 61 号点（北纬 22°12′32. 7″，东经 113°34′08. 3″）；

2. 澳门新城填海 A 区北侧连接桥与港珠澳大桥珠海连接线最近距离的中间点 62 号点（北纬 22°12′44. 0″，东经 113°33′44. 2″）；

3. 1 号点东北方约 135 米与澳门海岸至港珠澳大桥珠海连接线间水域中间线的交点 63 号点（北纬 22°12′57. 6″，东经 113°33′07. 3″）。

注：上述坐标值采用 WGS84 坐标系。

法规性文件

中共中央、国务院关于打赢脱贫攻坚战的决定

（2015年11月29日）

确保到2020年农村贫困人口实现脱贫，是全面建成小康社会最艰巨的任务。现就打赢脱贫攻坚战作出如下决定。

一、增强打赢脱贫攻坚战的使命感紧迫感

消除贫困、改善民生、逐步实现共同富裕，是社会主义的本质要求，是我们党的重要使命。改革开放以来，我们实施大规模扶贫开发，使7亿农村贫困人口摆脱贫困，取得了举世瞩目的伟大成就，谱写了人类反贫困历史上的辉煌篇章。党的十八大以来，我们把扶贫开发工作纳入“四个全面”战略布局，作为实现第一个百年奋斗目标的重点工作，摆在更加突出的位置，大力实施精准扶贫，不断丰富和拓展中国特色扶贫开发道路，不断开创扶贫开发事业新局面。

我国扶贫开发已进入啃硬骨头、攻坚拔寨的冲刺期。中西部一些省（自治区、直辖市）贫困人口规模依然较大，剩下的贫困人口贫困程度较深，减贫成本更高，脱贫难度更大。实现到2020年让7000多万农村贫困人口摆脱贫困的既定目标，时间十分紧迫、任务相当繁重。必须在现有基础上不断创新扶贫开发思路和办法，坚决打赢这场攻坚战。

扶贫开发事关全面建成小康社会，事关人民福祉，事关巩固党的执政基础，事关国家长治久安，事关我国国际形象。打赢脱贫攻坚战，是促进全体人民共享改革发展成果、实现共同富裕的重大举措，是体现中国特色社会主义制度优越性的重要标志，也是经济发展新常态下扩大国内需求、促进经济增长的重要途径。各级党委和政府必须把扶贫开发工作作为重大政治任务来抓，切实增强责任感、使命感和紧迫感，切实解决好思想认识不到位、体制机制不健全、工作措施不落实等突出问题，不辱使命、勇于担当，只争朝夕、真抓实干，加快补齐全面建成小康社会中的这块突出短板，决不让一个

地区、一个民族掉队，实现《中共中央关于制定国民经济和社会发展第十三个五年规划的建议》确定的脱贫攻坚目标。

二、打赢脱贫攻坚战的总体要求

（一）指导思想

全面贯彻落实党的十八大和十八届二中、三中、四中、五中全会精神，以邓小平理论、“三个代表”重要思想、科学发展观为指导，深入贯彻习近平总书记系列重要讲话精神，围绕“四个全面”战略布局，牢固树立并切实贯彻创新、协调、绿色、开放、共享的发展理念，充分发挥政治优势和制度优势，把精准扶贫、精准脱贫作为基本方略，坚持扶贫开发与经济社会发展相互促进，坚持精准帮扶与集中连片特殊困难地区开发紧密结合，坚持扶贫开发与生态保护并重，坚持扶贫开发与社会保障有效衔接，咬定青山不放松，采取超常规举措，拿出过硬办法，举全党全社会之力，坚决打赢脱贫攻坚战。

（二）总体目标

到2020年，稳定实现农村贫困人口不愁吃、不愁穿，义务教育、基本医疗和住房安全有保障。实现贫困地区农民人均可支配收入增长幅度高于全国平均水平，基本公共服务主要领域指标接近全国平均水平。确保我国现行标准下农村贫困人口实现脱贫，贫困县全部摘帽，解决区域性整体贫困。

（三）基本原则

——坚持党的领导，夯实组织基础。充分发挥各级党委总揽全局、协调各方的领导核心作用，严格执行脱贫攻坚一把手负责制，省市县乡村五级书记一起抓。切实加强贫困地区农村基层党组织建设，使其成为带领群众脱贫致富的坚强战斗堡垒。

——坚持政府主导，增强社会合力。强化政府责任，引领市场、社会协同发力，鼓励先富帮后富，构建专项扶贫、行业扶贫、社会扶贫互为补充的大扶贫格局。

——坚持精准扶贫，提高扶贫成效。扶贫开发贵在精准，重在精准，必须解决好扶持谁、谁来扶、怎么扶的问题，做到扶真贫、真扶贫、真脱贫，切实提高扶贫成果可持续性，让贫困人口有更多的获得感。

——坚持保护生态，实现绿色发展。牢固树立绿水青山就是金山银山的理念，把生态保护放在优先位置，扶贫开发不能以牺牲生态为代价，探索生态脱贫新路子，让贫困人口从生态建设与修复中得到更多实惠。

——坚持群众主体，激发内生动力。继续推进开发式扶贫，处理好国家、社会帮扶和自身努力的关系，发扬自力更生、艰苦奋斗、勤劳致富精神，充分调动贫困地区干部群众积极性和创造性，注重扶贫先扶智，增强贫困人口自我发展能力。

——坚持因地制宜，创新体制机制。突出问题导向，创新扶贫开发路径，由“大水漫灌”向“精准滴灌”转变；创新扶贫资源使用方式，由多头分散向统筹集中转变；创新扶贫开发模式，由偏重“输血”向注重“造血”转变；创新扶贫考评体系，由侧重考核地区生产总值向主要考核脱贫成效转变。

三、实施精准扶贫方略，加快贫困人口精准脱贫

（四）健全精准扶贫工作机制。抓好精准识别、建档立卡这个关键环节，为打赢脱贫攻坚战打好基础，为推进城乡发展一体化、逐步实现基本公共服务均等化创造条件。按照扶持对象精准、项目安排精准、资金使用精准、措施到户精准、因村派人精准、脱贫成效精准的要求，使建档立卡贫困人口中有5000万人左右通过产业扶持、转移就业、易地搬迁、教育支持、医疗救助等措施实现脱贫，其余完全或部分丧失劳动能力的贫困人口实行社保政策兜底脱贫。对建档立卡贫困村、贫困户和贫困人口定期进行全面核查，建立精准扶贫台账，实行有进有出的动态管理。根据致贫原因和脱贫需求，对贫困人口实行分类扶持。建立贫困户脱贫认定机制，对已经脱贫的农户，在一定时期内让其继续享受扶贫相关政策，避免出现边脱贫、边返贫现象，切实做到应进则进、应扶则扶。抓紧制定严格、规范、透明的国家扶贫开发工作重点县退出标准、程序、核查办法。重点县退出，由县提出申请，市（地）初审，省级审定，报国务院扶贫开发领导小组备案。重点县退出后，在攻坚期内国家原有扶贫政策保持不变，抓紧制定攻坚期后国家帮扶政策。加强对扶贫工作绩效的社会监督，开展贫困地区群众扶贫满意度调查，建立对扶贫政策落实情况和扶贫成效的第三方评估机制。评价精准扶贫成效，既要看减贫数量，更要看脱贫质量，不提不切实际的指标，对弄虚作假搞“数字脱贫”的，要严肃追究责任。

（五）发展特色产业脱贫。制定贫困地区特色产业发展规划。出台专项政策，统筹使用涉农资金，重点支持贫困村、贫困户因地制宜发展种养业和传统手工业等。实施贫困村“一村一品”产业推进行动，扶持建设一批贫困人口参与度高的特色农业基地。加强贫困地区农民合作社和龙头企业培育，发挥其对贫困人口的组织和带动作用，强化其与贫困户的利益联结机制。支持贫困地区发展农产品加工业，加快一二三产业融合发展，让贫困户更多分享农业全产业链和价值链增值收益。加大对贫困地区农产品品牌推介营销支持力度。依托贫困地区特有的自然人文资源，深入实施乡村旅游扶贫工程。科学合理有序开发贫困地区水电、煤炭、油气等资源，调整完善资源开发收益分配政策。探索水电利益共享机制，将从发电中提取的资金优先用于水库移民和库区后续发展。引导中央企业、民营企业分别设立贫困地区产业投资基金，采取市场化运作方式，主要用于吸引企业到贫困地区从事资源开发、产业园区建设、新型城镇化发展等。

（六）引导劳务输出脱贫。加大劳务输出培训投入，统筹使用各类培训资源，以就业为导向，提高培训的针对性和有效性。加大职业技能提升计划和贫困户教育培训工程实施力度，引导企业扶贫与职业教育相结合，鼓励职业院校和技工学校招收贫困家庭子女，确保贫困家庭劳动力至少掌握一门致富技能，实现靠技能脱贫。进一步加大就业专项资金向贫困地区转移支付力度。支持贫困地区建设县乡基层劳动就业和社会保障服务平台，引导和支持用人企业在贫困地区建立劳务培训基地，开展好订单定向培训，建立和完善输出地与输入地劳务对接机制。鼓励地方对跨省务工的农村贫困人口给予交通补助。大力支持家政服务、物流配送、养老服务等产业发展，拓展贫困地区劳动力外出就业空间。加大对贫困地区农民工返乡创业政策扶持力度。对在城镇工作生活一年以上的农村贫困人口，输入地政府要承担相应的帮扶责任，并优先提供基本公共服务，促进有能力在城镇稳定就业和生活的农村贫困人口有序实现市民化。

（七）实施易地搬迁脱贫。对居住在生存条件恶劣、生态环境脆弱、自然灾害频发等地区的农村贫困人口，加快实施易地扶贫搬迁工程。坚持群众自愿、积极稳妥的原则，因地制宜选择搬迁安置方式，合理确定住房建设标准，完善搬迁后续扶持政策，确保搬迁对象有业可就、稳定脱贫，做到搬得出、稳得住、能致富。要紧密结合推进新型城镇化，编制实施易地扶贫搬迁规划，支持有条件的地方依托小城镇、工业园区安置搬迁群众，帮助其尽快实现转移就业，享有与当地群众同等的基本公共服务。加大中央预算内投资和地方各级政府投入力度，创新投融资机制，拓宽资金来源渠道，提高补助标准。积极整合交通建设、农田水利、土地整治、地质灾害防治、林业生态等支农资金和社会资金，支持安置区配套公共设施建设和迁出区生态修复。利用城乡建设用地增减挂钩政策支持易地扶贫搬迁。为符合条件的搬迁户提供建房、生产、创业贴息贷款支持。支持搬迁安置点发展物业经济，增加搬迁户财产性收入。探索利用农民进城落户后自愿有偿退出的农村空置房屋和土地安置易地搬迁农户。

（八）结合生态保护脱贫。国家实施的退耕还林还草、天然林保护、防护林建设、石漠化治理、防沙治沙、湿地保护与恢复、坡耕地综合整治、退牧还草、水生态治理等重大生态工程，在项目和资金安排上进一步向贫困地区倾斜，提高贫困人口参与度和受益水平。加大贫困地区生态保护修复力度，增加重点生态功能区转移支付。结合建立国家公园体制，创新生态资金使用方式，利用生态补偿和生态保护工程资金使当地有劳动能力的部分贫困人口转为护林员等生态保护人员。合理调整贫困地区基本农田保有指标，加大贫困地区新一轮退耕还林还草力度。开展贫困地区生态综合补偿试点，健全公益林补偿标准动态调整机制，完善草原生态保护补助奖励政策，推动地区间建立横向生态补偿制度。

（九）*着力加强教育脱贫*。加快实施教育扶贫工程，让贫困家庭子女都能接受公平有质量的教育，阻断贫困代际传递。国家教育经费向贫困地区、基础教育倾斜。健全学前教育资助制度，帮助农村贫困家庭幼儿接受学前教育。稳步推进贫困地区农村义务教育阶段学生营养改善计划。加大对乡村教师队伍建设的支持力度，特岗计划、国培计划向贫困地区基层倾斜，为贫困地区乡村学校定向培养留得下、稳得住的一专多能教师，制定符合基层实际的教师招聘引进办法，建立省级统筹乡村教师补充机制，推动城乡教师合理流动和对口支援。全面落实连片特困地区乡村教师生活补助政策，建立乡村教师荣誉制度。合理布局贫困地区农村中小学校，改善基本办学条件，加快标准化建设，加强寄宿制学校建设，提高义务教育巩固率。普及高中阶段教育，率先从建档立卡的家庭经济困难学生实施普通高中免除学杂费、中等职业教育免除学杂费，让未升入普通高中的初中毕业生都能接受中等职业教育。加强有专业特色并适应市场需求的中等职业学校建设，提高中等职业教育国家助学金资助标准。努力办好贫困地区特殊教育和远程教育。建立保障农村和贫困地区学生上重点高校的长效机制，加大对贫困家庭大学生的救助力度。对贫困家庭离校未就业的高校毕业生提供就业支持。实施教育扶贫结对帮扶行动计划。

（十）*开展医疗保险和医疗救助脱贫*。实施健康扶贫工程，保障贫困人口享有基本医疗卫生服务，努力防止因病致贫、因病返贫。对贫困人口参加新型农村合作医疗个人缴费部分由财政给予补贴。新型农村合作医疗和大病保险制度对贫困人口实行政策倾斜，门诊统筹率先覆盖所有贫困地区，降低贫困人口大病费用实际支出，对新型农村合作医疗和大病保险支付后自负费用仍有困难的，加大医疗救助、临时救助、慈善救助等帮扶力度，将贫困人口全部纳入重特大疾病救助范围，使贫困人口大病医治得到有效保障。加大农村贫困残疾人康复服务和医疗救助力度，扩大纳入基本医疗保险范围的残疾人医疗康复项目。建立贫困人口健康卡。对贫困人口大病实行分类救治和先诊疗后付费的结算机制。建立全国三级医院（含军队和武警部队医院）与连片特困地区县和国家扶贫开发工作重点县县级医院稳定持续的一对一帮扶关系。完成贫困地区县乡村三级医疗卫生服务网络标准化建设，积极促进远程医疗诊治和保健咨询服务向贫困地区延伸。为贫困地区县乡医疗卫生机构订单定向免费培养医学类本专科学生，支持贫困地区实施全科医生和专科医生特设岗位计划，制定符合基层实际的人才招聘引进办法。支持和引导符合条件的贫困地区乡村医生按规定参加城镇职工基本养老保险。采取针对性措施，加强贫困地区传染病、地方病、慢性病等防治工作。全面实施贫困地区儿童营养改善、新生儿疾病免费筛查、妇女“两癌”免费筛查、孕前优生健康免费检查等重大公共卫生项目。加强贫困地区计划生育服务管理工作。

（十一）实行农村最低生活保障制度兜底脱贫。完善农村最低生活保障制度，对无法依靠产业扶持和就业帮助脱贫的家庭实行政策性保障兜底。加大农村低保省级统筹力度，低保标准较低的地区要逐步达到国家扶贫标准。尽快制定农村最低生活保障制度与扶贫开发政策有效衔接的实施方案。进一步加强农村低保申请家庭经济状况核查工作，将所有符合条件的贫困家庭纳入低保范围，做到应保尽保。加大临时救助制度在贫困地区落实力度。提高农村特困人员供养水平，改善供养条件。抓紧建立农村低保和扶贫开发的数据互通、资源共享信息平台，实现动态监测管理、工作机制有效衔接。加快完善城乡居民基本养老保险制度，适时提高基础养老金标准，引导农村贫困人口积极参保续保，逐步提高保障水平。有条件、有需求地区可以实施“以粮济贫”。

（十二）探索资产收益扶贫。在不改变用途的情况下，财政专项扶贫资金和其他涉农资金投入设施农业、养殖、光伏、水电、乡村旅游等项目形成的资产，具备条件的可折股量化给贫困村和贫困户，尤其是丧失劳动能力的贫困户。资产可由村集体、合作社或其他经营主体统一经营。要强化监督管理，明确资产运营方对财政资金形成资产的保值增值责任，建立健全收益分配机制，确保资产收益及时回馈持股贫困户。支持农民合作社和其他经营主体通过土地托管、牲畜托养和吸收农民土地经营权入股等方式，带动贫困户增收。贫困地区水电、矿产等资源开发，赋予土地被占用的村集体股权，让贫困人口分享资源开发收益。

（十三）健全留守儿童、留守妇女、留守老人和残疾人关爱服务体系。对农村“三留守”人员和残疾人进行全面摸底排查，建立详实完备、动态更新的信息管理系统。加强儿童福利院、救助保护机构、特困人员供养机构、残疾人康复托养机构、社区儿童之家等服务设施和队伍建设，不断提高管理服务水平。建立家庭、学校、基层组织、政府和社会力量相衔接的留守儿童关爱服务网络。加强对未成年人的监护。健全孤儿、事实无人抚养儿童、低收入家庭重病重残等困境儿童的福利保障体系。健全发现报告、应急处置、帮扶干预机制，帮助特殊贫困家庭解决实际困难。加大贫困残疾人康复工程、特殊教育、技能培训、托养服务实施力度。针对残疾人的特殊困难，全面建立困难残疾人生活补贴和重度残疾人护理补贴制度。对低保家庭中的老年人、未成年人、重度残疾人等重点救助对象，提高救助水平，确保基本生活。引导和鼓励社会力量参与特殊群体关爱服务工作。

四、加强贫困地区基础设施建设，加快破除发展瓶颈制约

（十四）加快交通、水利、电力建设。推动国家铁路网、国家高速公路网连接贫困地区的重大交通项目建设，提高国道省道技术标准，构建贫困地区外通内联的交通运输通道。大幅度增加中央投资投入中西部地区和贫困地区的铁路、公路建设，继续实施车购税对农村公路建设的专项转移政策，提高贫困地区农村公路建设补助标准，加快完成具备条件的乡镇和建制村通硬化路的建设任务，加强农村公路安全防护和危桥改造，推动一定人口规模的自然村通公路。加强贫困地区重大水利工程、病险水库水闸除险加固、灌区续建配套与节水改造等水利项目建设。实施农村饮水安全巩固提升工程，全面解决贫困人口饮水安全问题。小型农田水利、“五小水利”工程等建设向贫困村倾斜。对贫困地区农村公益性基础设施管理养护给予支持。加大对贫困地区抗旱水源建设、中小河流治理、水土流失综合治理力度。加强山洪和地质灾害防治体系建设。大力扶持贫困地区农村水电开发。加强贫困地区农村气象为农服务体系和灾害防御体系建设。加快推进贫困地区农网改造升级，全面提升农网供电能力和供电质量，制定贫困村通动力电规划，提升贫困地区电力普遍服务水平。增加贫困地区年度发电指标。提高贫困地区水电工程留存电量比例。加快推进光伏扶贫工程，支持光伏发电设施接入电网运行，发展光伏农业。

（十五）加大“互联网＋”扶贫力度。完善电信普遍服务补偿机制，加快推进宽带网络覆盖贫困村。实施电商扶贫工程。加快贫困地区物流配送体系建设，支持邮政、供销合作等系统在贫困乡村建立服务网点。支持电商企业拓展农村业务，加强贫困地区农产品网上销售平台建设。加强贫困地区农村电商人才培训。对贫困家庭开设网店给予网络资费补助、小额信贷等支持。开展互联网为农便民服务，提升贫困地区农村互联网金融服务水平，扩大信息进村入户覆盖面。

（十六）加快农村危房改造和人居环境整治。加快推进贫困地区农村危房改造，统筹开展农房抗震改造，把建档立卡贫困户放在优先位置，提高补助标准，探索采用贷款贴息、建设集体公租房等多种方式，切实保障贫困户基本住房安全。加大贫困村生活垃圾处理、污水治理、改厕和村庄绿化美化力度。加大贫困地区传统村落保护力度。继续推进贫困地区农村环境连片整治。加大贫困地区以工代赈投入力度，支持农村山水田林路建设和小流域综合治理。财政支持的微小型建设项目，涉及贫困村的，允许按照一事一议方式直接委托村级组织自建自管。以整村推进为平台，加快改善贫困村生产生活条件，扎实推进美丽宜居乡村建设。

（十七）重点支持革命老区、民族地区、边疆地区、连片特困地区脱贫攻坚。出台加大脱贫攻坚力度支持革命老区开发建设指导意见，加快实施重点贫困革命老区振兴发展规划，扩大革命老区财政转移支付规模。加快推进民族地区重大基础设施项目和民生工程建设，实施少数民族特困地区和特困群体综合扶贫工程，出台人口较少民族整体脱贫的特殊政策措施。改善边疆民族地区义务教育阶段基本办学条件，建立健全双语教学体系，加大教育对口支援力度，积极发展符合民族地区实际的职业教育，加强民族地区师资培训。加强少数民族特色村镇保护与发展。大力推进兴边富民行动，加大边境地区转移支付力度，完善边民补贴机制，充分考虑边境地区特殊需要，集中改善边民生产生活条件，扶持发展边境贸易和特色经济，使边民能够安心生产生活、安心守边固边。完善片区联系协调机制，加快实施集中连片特殊困难地区区域发展与脱贫攻坚规划。加大中央投入力度，采取特殊扶持政策，推进西藏、四省藏区和新疆南疆四地州脱贫攻坚。

五、强化政策保障，健全脱贫攻坚支撑体系

（十八）加大财政扶贫投入力度。发挥政府投入在扶贫开发中的主体和主导作用，积极开辟扶贫开发新的资金渠道，确保政府扶贫投入力度与脱贫攻坚任务相适应。中央财政继续加大对贫困地区的转移支付力度，中央财政专项扶贫资金规模实现较大幅度增长，一般性转移支付资金、各类涉及民生的专项转移支付资金和中央预算内投资进一步向贫困地区和贫困人口倾斜。加大中央集中彩票公益金对扶贫的支持力度。农业综合开发、农村综合改革转移支付等涉农资金要明确一定比例用于贫困村。各部门安排的各项惠民政策、项目和工程，要最大限度地向贫困地区、贫困村、贫困人口倾斜。各省（自治区、直辖市）要根据本地脱贫攻坚需要，积极调整省级财政支出结构，切实加大扶贫资金投入。从2016年起通过扩大中央和地方财政支出规模，增加对贫困地区水电路气网等基础设施建设和提高基本公共服务水平的

投入。建立健全脱贫攻坚多规划衔接、多部门协调长效机制，整合目标相近、方向类同的涉农资金。按照权责一致原则，支持连片特困地区县和国家扶贫开发工作重点县围绕本县突出问题，以扶贫规划为引领，以重点扶贫项目为平台，把专项扶贫资金、相关涉农资金和社会帮扶资金捆绑集中使用。严格落实国家在贫困地区安排的公益性建设项目取消县级和西部连片特困地区地市级配套资金的政策，并加大中央和省级财政投资补助比重。在扶贫开发中推广政府与社会资本合作、政府购买服务等模式。加强财政监督检查和审计、稽查等工作，建立扶贫资金违规使用责任追究制度。纪检监察机关对扶贫领域虚报冒领、截留私分、贪污挪用、挥霍浪费等违法违规问题，坚决从严惩处。推进扶贫开发领域反腐倡廉建设，集中整治和加强预防扶贫领域职务犯罪工作。贫困地区要建立扶贫公告公示制度，强化社会监督，保障资金在阳光下运行。

（十九）*加大金融扶贫力度*。鼓励和引导商业性、政策性、开发性、合作性等各类金融机构加大对扶贫开发的金融支持。运用多种货币政策工具，向金融机构提供长期、低成本的资金，用于支持扶贫开发。设立扶贫再贷款，实行比支农再贷款更优惠的利率，重点支持贫困地区发展特色产业和贫困人口就业创业。运用适当的政策安排，动用财政贴息资金及部分金融机构的富余资金，对接政策性、开发性金融机构的资金需求，拓宽扶贫资金来源渠道。由国家开发银行和中国农业发展银行发行政策性金融债，按照微利或保本的原则发放长期贷款，中央财政给予90%的贷款贴息，专项用于易地扶贫搬迁。国家开发银行、中国农业发展银行分别设立“扶贫金融事业部”，依法享受税收优惠。中国农业银行、邮政储蓄银行、农村信用社等金融机构要延伸服务网络，创新金融产品，增加贫困地区信贷投放。对有稳定还款来源的扶贫项目，允许采用过桥贷款方式，撬动信贷资金投入。按照省（自治区、直辖市）负总责的要求，建立和完善省级扶贫开发投融资主体。支持农村信用社、村镇银行等金融机构为贫困户提供免抵押、免担保扶贫小额信贷，由财政按基础利率贴息。加大创业担保贷款、助学贷款、妇女小额贷款、康复扶贫贷款实施力度。优先支持在贫困地区设立村镇银行、小额贷款公司等机构。支持贫困地区培育发展农民资金互助组织，开展农民合作社信用合作试点。支持贫困地区设立扶贫贷款风险补偿基金。支持贫困地区设立政府出资的融资担保机构，重点开展扶贫担保业务。积极发展扶贫小额贷款保证保险，对贫困户保证保险保费予以补助。扩大农业保险覆盖面，通过中央财政以奖代补等支持贫困地区特色农产品保险发展。加强贫困地区金融服务基础设施建设，优化金融生态环境。支持贫困地区开展特色农产品价格保险，有条件的地方可给予一定保费补贴。有效拓展贫困地区抵押物担保范围。

（二十）完善扶贫开发用地政策。支持贫困地区根据第二次全国土地调查及最新年度变更调查成果，调整完善土地利用总体规划。新增建设用地计划指标优先保障扶贫开发用地需要，专项安排国家扶贫开发工作重点县年度新增建设用地计划指标。中央和省级在安排土地整治工程和项目、分配下达高标准基本农田建设计划和补助资金时，要向贫困地区倾斜。在连片特困地区和国家扶贫开发工作重点县开展易地扶贫搬迁，允许将城乡建设用地增减挂钩指标在省域范围内使用。在有条件的贫困地区，优先安排国土资源管理制度改革试点，支持开展历史遗留工矿废弃地复垦利用、城镇低效用地再开发和低丘缓坡荒滩等未利用地开发利用试点。

（二十一）发挥科技、人才支撑作用。加大科技扶贫力度，解决贫困地区特色产业发展和生态建设中的关键技术问题。加大技术创新引导专项（基金）对科技扶贫的支持，加快先进适用技术成果在贫困地区的转化。深入推行科技特派员制度，支持科技特派员开展创业式扶贫服务。强化贫困地区基层农技推广体系建设，加强新型职业农民培训。加大政策激励力度，鼓励各类人才扎根贫困地区基层建功立业，对表现优秀的人员在职称评聘等方面给予倾斜。大力实施边远贫困地区、边疆民族地区和革命老区人才支持计划，贫困地区本土人才培养计划。积极推进贫困村创业致富带头人培训工程。

六、广泛动员全社会力量，合力推进脱贫攻坚

（二十二）健全东西部扶贫协作机制。加大东西部扶贫协作力度，建立精准对接机制，使帮扶资金主要用于贫困村、贫困户。东部地区要根据财力增长情况，逐步增加对口帮扶财政投入，并列入年度预算。强化以企业合作为载体的扶贫协作，鼓励东西部按照当地主体功能定位共建产业园区，推动东部人才、资金、技术向贫困地区流动。启动实施经济强县（市）与国家扶贫开发工作重点县“携手奔小康”行动，东部各省（直辖市）在努力做好本区域内扶贫开发工作的同时，更多发挥县（市）作用，与扶贫协作省份的国家扶贫开发工作重点县开展结对帮扶。建立东西部扶贫协作考核评价机制。

（二十三）健全定点扶贫机制。进一步加强和改进定点扶贫工作，建立考核评价机制，确保各单位落实扶贫责任。深入推进中央企业定点帮扶贫困革命老区县“百县万村”活动。完善定点扶贫牵头联系机制，各牵头部门要按照分工督促指导各单位做好定点扶贫工作。

（二十四）健全社会力量参与机制。鼓励支持民营企业、社会组织、个人参与扶贫开发，实现社会帮扶资源和精准扶贫有效对接。引导社会扶贫重心下移，自愿包村包户，做到贫困户都有党员干部或爱心人士结对帮扶。吸纳农村贫困人口就业的企业，按规定享受税收优惠、职业培训补贴等就业支持政策。落实企业和个人公益扶贫捐赠所得税税前扣除政策。充分发挥各民主党派、无党派人士在人才和智力扶贫上的优势和作用。工商联系统组织民营企业开展“万企帮万村”精准扶贫行动。通过政府购买服务等方式，鼓励各类社会组织开展到村到户精准扶贫。完善扶贫龙头企业认定制度，增强企业辐射带动贫困户增收的能力。鼓励有条件的企业设立扶贫公益基金和开展扶贫公益信托。发挥好“10·17”全国扶贫日社会动员作用。实施扶贫志愿者行动计划和社会工作专业人才服务贫困地区计划。着力打造扶贫公益品牌，全面及时公开扶贫捐赠信息，提高社会扶贫公信力和美誉度。构建社会扶贫信息服务网络，探索发展公益众筹扶贫。

七、大力营造良好氛围，为脱贫攻坚提供强大精神动力

（二十五）创新中国特色扶贫开发理论。深刻领会习近平总书记关于新时期扶贫开发的重要战略思想，系统总结我们党和政府领导亿万人民摆脱贫困的历史经验，提炼升华精准扶贫的实践成果，不断丰富完善中国特色扶贫开发理论，为脱贫攻坚注入强大思想动力。

（二十六）加强贫困地区乡风文明建设。培育和践行社会主义核心价值观，大力弘扬中华民族自强不息、扶贫济困传统美德，振奋贫困地区广大干部群众精神，坚定改变贫困落后面貌的信心和决心，凝聚全党全社会扶贫开发强大合力。倡导现代文明理念和生活方式，改变落后风俗习惯，善于发挥乡规民约在扶贫济困中的积极作用，激发贫困群众奋发脱贫的热情。推动文化投入向贫困地区倾斜，集中实施一批文化惠民扶贫项目，普遍建立村级文化中心。深化贫困地区文明村镇和文明家庭创建。推动贫困地区县级公共文化体育设施达到国家标准。支持贫困地区挖掘保护和开发利用红色、民族、民间文化资源。鼓励文化单位、文艺工作者和其他社会力量为贫困地区提供文化产品和服务。

（二十七）扎实做好脱贫攻坚宣传工作。坚持正确舆论导向，全面宣传我国扶贫事业取得的重大成就，准确解读党和政府扶贫开发的决策部署、政策举措，生动报道各地区各部门精准扶贫、精准脱贫丰富实践和先进典型。建立国家扶贫荣誉制度，表彰对扶贫开发作出杰出贡献的组织和个人。加强对外宣传，讲好减贫的中国故事，传播好减贫的中国声音，阐述好减贫的中国理念。

（二十八）加强国际减贫领域交流合作。通过对外援助、项目合作、技术扩散、智库交流等多种形式，加强与发展中国家和国际机构在减贫领域的交流合作。积极借鉴国际先进减贫理念与经验。履行减贫国际责任，积极落实联合国2030年可持续发展议程，对全球减贫事业作出更大贡献。

八、切实加强党的领导，为脱贫攻坚提供坚强政治保障

（二十九）强化脱贫攻坚领导责任制。实行中央统筹、省（自治区、直辖市）负总责、市（地）县抓落实的工作机制，坚持片区为重点、精准到村到户。党中央、国务院主要负责统筹制定扶贫开发大政方针，出台重大政策举措，规划重大工程项目。省（自治区、直辖市）党委和政府对扶贫开发工作负总责，抓好目标确定、项目下达、资金投放、组织动员、监督考核等工作。市（地）党委和政府要做好上下衔接、域内协调、督促检查工作，把精力集中在贫困县如期摘帽上。县级党委和政府承担主体责任，书记和县长是第一责任人，做好进度安排、项目落地、资金使用、人力调配、推进实施等工作。要层层签订脱贫攻坚责任书，扶贫开发任务重的省（自治区、直辖市）党政主要领导要向中央签署脱贫责任书，每年要向中央作扶贫脱贫进展情况的报告。省（自治区、直辖市）党委和政府要向市（地）、县（市）、乡镇提出要求，层层落实责任制。中央和国家机关各部门要按照部门职责落实扶贫开发责任，实现部门专项规划与脱贫攻坚规划有效衔接，充分运用行业资源做好扶贫开发工作。军队和武警部队要发挥优势，积极参与地方扶贫开发。改进县级干部选拔任用机制，统筹省（自治区、直辖市）内优秀干部，选好配强扶贫任务重的县党政主要领导，把扶贫开发工作实绩作为选拔使用干部的重要依据。脱贫攻坚期内贫困县县级领导班子要保持稳定，对表现优秀、符合条件的可以就地提级。加大选派优秀年轻干部特别是后备干部到贫困地区工作的力度，有计划地安排省部级后备干部到贫困县挂职任职，各省（自治区、直辖市）党委和政府也要选派厅局级后备干部到贫困县挂职任职。各级领导干部要自觉践行党的群众路线，切实转变作风，把严的要求、实的作风贯穿于脱贫攻坚始终。

（三十）发挥基层党组织战斗堡垒作用。加强贫困乡镇领导班子建设，有针对性地选配政治素质高、工作能力强、熟悉“三农”工作的干部担任贫困乡镇党政主要领导。抓好以村党组织为领导核心的村级组织配套建设，集中整顿软弱涣散村党组织，提高贫困村党组织的创造力、凝聚力、战斗力，发挥好工会、共青团、妇联等群团组织的作用。选好配强村级领导班子，突出抓好村党组织带头人队伍建设，充分发挥党员先锋模范作用。完善村级组织运转经费保障机制，将村干部报酬、村办公经费和其他必要支出作为保障重点。注重选派思想好、作风正、能力强的优秀年轻干部到贫困地区驻村，选聘高校毕业生到贫困村工作。根据贫困村的实际需求，精准选配第一书记，精准选派驻村工作队，提高县以上机关派出干部比例。加大驻村干部考核力度，不稳定脱贫不撤队伍。对在基层一线干出成绩、群众欢迎的驻村干部，要重点培养使用。加快推进贫困村村务监督委员会建设，继续落实好“四议两公开”、村务联席会等制度，健全党组织领导的村民自治机制。在有实际需要的地区，探索在村民小组或自然村开展村民自治，通过议事协商，组织群众自觉广泛参与扶贫开发。

（三十一）*严格扶贫考核督查问责*。抓紧出台中央对省（自治区、直辖市）党委和政府扶贫开发工作成效考核办法。建立年度扶贫开发工作逐级督查制度，选择重点部门、重点地区进行联合督查，对落实不力的部门和地区，国务院扶贫开发领导小组要向党中央、国务院报告并提出责任追究建议，对未完成年度减贫任务的省份要对党政主要领导进行约谈。各省（自治区、直辖市）党委和政府要加快出台对贫困县扶贫绩效考核办法，大幅度提高减贫指标在贫困县经济社会发展实绩考核指标中的权重，建立扶贫工作责任清单。加快落实对限制开发区域和生态脆弱的贫困县取消地区生产总值考核的要求。落实贫困县约束机制，严禁铺张浪费，厉行勤俭节约，严格控制“三公”经费，坚决刹住穷县“富衙”、“戴帽”炫富之风，杜绝不切实际的形象工程。建立重大涉贫事件的处置、反馈机制，在处置典型事件中发现问题，不断提高扶贫工作水平。加强农村贫困统计监测体系建设，提高监测能力和数据质量，实现数据共享。

（三十二）*加强扶贫开发队伍建设*。稳定和强化各级扶贫开发领导小组和工作机构。扶贫开发任务重的省（自治区、直辖市）、市（地）、县（市）扶贫开发领导小组组长由党政主要负责同志担任，强化各级扶贫开发领导小组决策部署、统筹协调、督促落实、检查考核的职能。加强与精准扶贫工作要求相适应的扶贫开发队伍和机构建设，完善各级扶贫开发机构的设置和职能，充实配强各级扶贫开发工作力度。扶贫任务重的乡镇要有专门干部负责扶贫开发工作。加强贫困地区县级领导干部和扶贫干部思想作风建设，加大培训力度，全面提升扶贫干部队伍能力水平。

（三十三）*推进扶贫开发法治建设*。各级党委和政府要切实履行责任，善于运用法治思维和法治方式推进扶贫开发工作，在规划编制、项目安排、资金使用、监督管理等方面，提高规范化、制度化、法治化水平。强化贫困地区社会治安防控体系建设和基层执法队伍建设。健全贫困地区公共法律服务制度，切实保障贫困人口合法权益。完善扶贫开发法律法规，抓紧制定扶贫开发条例。

让我们更加紧密地团结在以习近平同志为总书记的党中央周围，凝心聚力，精准发力，苦干实干，坚决打赢脱贫攻坚战，为全面建成小康社会、实现中华民族伟大复兴的中国梦而努力奋斗。

国务院办公厅转发公安部交通运输部关于推进机动车驾驶人培训考试制度改革意见的通知

（2015 年 11 月 30 日　国办发〔2015〕88 号）

公安部、交通运输部《关于推进机动车驾驶人培训考试制度改革的意见》已经国务院领导同志同意，现转发给你们，请认真贯彻执行。

关于推进机动车驾驶人培训考试制度改革的意见

为进一步适应我国经济社会发展和人民群众迅速增长的驾驶培训和考试需求，提高机动车驾驶人培训考试工作服务管理水平，推进驾驶人培训考试制度改革，现提出以下意见。

一、总体要求

（一）指导思想。全面贯彻落实党的十八大和十八届二中、三中、四中、五中全会精神，推进简政放权、放管结合、优化服务，坚持以问题为导向、以改革为动力，促进驾驶培训市场开放竞争、驾驶考试公平公正、服务管理便捷高效，不断满足人民群众驾驶培训考试需求，不断提高驾驶培训考试质量，着力维护道路交通安全、文明、有序。

（二）基本原则。

——坚持安全第一。严格培训质量，严把考试关口，严守考试标准，强化新驾驶人安全意识养成，提升安全驾驶技能，增强安全文明素养，切实保障道路交通安全。

——坚持便民利民。提供多样化培训服务，优化培训考试程序，尊重群众意愿，推行自主选择，简化手续，提高办事效率，方便广大群众考领驾驶证。

——坚持开放竞争。进一步开放驾驶培训市场，完善公平竞争机制，激发培训市场活力，利用社会考试资源，实现供给与需求有效对接，提高培训考试服务管理水平。

——坚持公正廉洁。实现培训、预约考试、考试、驾驶证发放全过程公开透明、严密规范，健全内外部监督机制，严格违规问责，坚决查处违法腐败行为，不断提高政府公信力和群众满意度。

（三）工作目标。2016 年上半年，部署驾驶人培训考试制度改革工作，明确各项任务推进步骤，启动重大改革事项试点；2017 年，总结试点经验，深入推进改革实施；到 2018 年，完成改革重点工作任务，基本建立开放有序、公平竞争、服务优质、管理规范的驾驶培训市场体系，基本建立公开透明、权责清晰、运转高效、公正廉洁的驾驶考试管理体制，基本解决培训考试中的不便利、不规范、不经济等问题。

二、主要任务

（一）创新培训方式，建立开放有序培训新格局。

1. 实行驾驶人分类教育培训。推行大型客货车专业化驾驶培训，试点开展大型客货车驾驶人职业教育，将先进的驾驶理念和驾驶技能纳入教育培训内容，加强守法文明驾驶意识培养，提升大型客货车驾驶人专业技能和职业素养；引导建立大型客货车驾驶人培训基地，开展集中式教育培训。优化小型汽车驾驶人培训方式，在完成规定培训学时要求的基础上，学员可根据自身情况增加培训学时和内容，满足个性化、差异化培训需求。（交通运输部、教育部、公安部、人力资源社会保障部负责）

2. 实行计时培训计时收费。改变驾驶培训机构一次性预收全部培训费用的模式，推行计时培训计时收费、先培训后付费的服务措施。实行学员自主预约培训时段、自主选择教练员、自主选择缴费方式。试点学员分科目、跨驾驶培训机构参加培训。（交通运输部负责）

3. 试点小型汽车驾驶人自学直考。在有条件的地方，试点非经营性的小型汽车驾驶人自学直考。允许个人使用加装安全辅助装置的自备车辆，在具备安全驾驶经历等条件的随车人员指导下，按照指定的路线、时间学习驾驶，并直接申请考试。自学驾驶所用自备车辆，不得用于经营性的驾驶学习活动。自学人员上道路学习驾驶前应到公安机关免费领取学车专用标识和学习驾驶证明。自学人员在学习驾驶中有道路交通安全违法行为或者造成交通事故的，由随车指导人员依法承担责任。按照严格管理、保障安全的要求，制定实施用于自学驾驶的车辆条件、随车指导人员条件以及训练路线时间划定、交通违法处理、事故责任认定、保险理赔等管理制度。（公安部、交通运输部、保监会负责）

（二）加强培训管理，促进驾驶培训行业健康发展。

4. 进一步开放驾驶培训市场。严格按照国家相关法律法规实施驾驶培训机构准入许可制度。对符合法定条件的申请人，道路运输管理机构不得以任何理由拖延或者禁止准入，不得增设任何额外条件。定期发布驾驶培训市场供求信息，引导社会资金理性进入，推动市场良性发展。（交通运输部负责）

5. 强化驾驶培训机构培训责任。驾驶培训机构应严格按照国家标准和规定配备教练车、教练员和教学设施，严格按照培训大纲规定的学时和内容进行培训，确保培训质量。培训结业的，驾驶培训机构应当向学员颁发结业证书。主管部门要强化监督管理，加强检查，规范市场秩序，保证驾驶培训机构依法依规开展经营服务活动。（交通运输部负责）

6. 着力提升驾驶培训专业化水平。完善驾驶培训考试内容和标准，强化交通安全意识和文明交通理念培训，编制统一的机动车安全文明驾驶操作规范，建立安全、文明、有序的驾驶规则体系。改进理论知识培训内容，采取远程网络教学、多媒体教学、交通事故案例教学、交通安全体验等多种方式，促进理论知识培训与实际操作训练交叉融合，提高驾驶培训专业化、系统化水平。（交通运输部、公安部负责）

7. 建立健全驾驶培训行业诚信体系。健全驾驶培训机构培训质量考核机制，建立健全信用档案和违法违规信息披露制度。推进公安、交通运输部门监管信息共享和公开。向社会公布驾驶培训机构培训质量情况以及考试合格率、学员投诉率、学员取得驾驶证后三年内的交通违法率和交通肇事率等信息，引导学员选择质量高、服务好的驾驶培训机构进行学习。推动驾驶培训机构专业化、品牌化发展，不断创新服务模式，提升服务质量。（交通运输部、公安部负责）

8. 加强教练员队伍管理。驾驶培训机构应当选用驾驶和教学经验丰富、安全文明驾驶素质高的驾驶人担任教练员；不得聘用有交通违法记分满分记录、发生交通死亡责任事故、组织或参与考试舞弊、收受或索取学员财物的人员担任教练员。严格教学活动监督管理，对学员投诉多、培训质量和职业道德差的教练员，严格考核和退出机制。试点开展教练员职业教育，完善教练员继续教育制度，提高教练员队伍素质和教学水平。（交通运输部、教育

部等负责）

（三）利用社会资源，提高考试供给能力。

9. 鼓励建设使用社会考场。驾驶人考试场地布局、数量应当满足本地考试需求。考场的场地建设、设备配置、系统维护应当符合相关标准和规定。有序引导社会力量投资建设考场，积极推行以政府购买服务等方式使用社会考场。公安机关要坚持公平竞争、公开择优的原则，依法通过公开招标等程序选定社会考场，不得无偿使用。（公安部、财政部、国土资源部等负责）

10. 拓宽考试员选用渠道。建立多元化、多层次的考试员队伍，实行多渠道的考试员选用机制。各地应根据实际需求，在公安民警和文职人员中选拔专兼职考试员；试行聘用运输企业驾驶人、警风警纪监督员等人员承担考试辅助评判和监督职责。实行考试员资格管理、定期培训、考核淘汰制度，提升考试员队伍专业化、职业化水平。（公安部负责）

11. 优化考点布局。大力推进驾驶人考试业务向县级下放、延伸。积极推行市（地）级公安机关向县级公安机关派驻考试员开展考试工作，委托有条件的县级公安机关承担小型汽车驾驶证考试工作，方便群众就近考试。对报考单项科目出现排队积压的考生，允许其选择省（区、市）内其他考场参加考试。（公安部负责）

（四）改进考试组织，保障考试公开公平公正。

12. 实行自主报考。建立统一的考试预约服务平台，提供互联网、电话、窗口等多种报考方式，考生完成培训后可按规定自主选择考试时间和考试场地，改变完全由驾驶培训机构包办报考的做法，保障考生选择权。公安机关按照报考或约考时间先后顺序，公平合理安排考生考试。考试费在约考确定后收取，提供网上支付、银行代收等多种支付方式，考生可分科目或一次性全部缴纳考试费。（公安部、财政部、人民银行负责）

13. 严格执行考试评判规定。按照法律、法规和规章要求，严格落实考试内容、考试程序，严明考试纪律，严守评判标准，不得减少考试项目、缩短考试里程、降低评判标准，切实保障考试质量，保证新驾驶人的驾驶技能和安全文明素养。道路交通安全法律法规、场地驾驶技能和安全文明驾驶常识考试应当使用计算机评判系统，道路驾驶技能考试推行人工随车评判和计算机评判相结合的方式，确保考试严格公正。（公安部负责）

14. 实行考试随机安排。严密考试组织形式，由计算机系统当日随机选配考试员，随机安排考生分组，随机选取考试路线，实现考试员和考生信息、驾驶培训机构信息相互屏蔽，杜绝人为操作。（公安部负责）

15. 实行考务公开。公开考试信息，通过互联网向社会公开考试计划、考试场地、考试员和约考结果。公开考试过程，当场公布考试成绩，在考场、办事大厅等场所向群众直播考试视频，考生有权查询自己的考试视频资料。实行考场开放，公布场地设施布局、考试流程和路线，允许考生考前免费进入考场熟悉环境。（公安部负责）

16. 优化考试程序。逐步推行场地驾驶技能考试和道路驾驶技能考试一次性预约、连续考试，减少考生往返次数。调整小型汽车夜间考试方式，可在日间采用模拟夜间灯光考试形式进行。道路驾驶技能考试合格后，考生要求当天参加安全文明驾驶常识考试的，应当予以安排。所有科目考试合格并按规定履行必要的手续后，应当在当日向考生发放机动车驾驶证。推行考试过程档案电子化，提高考试工作效率。（公安部负责）

（五）严格监督问责，保证培训考试规范廉洁。

17. 健全驾驶培训监督机制。推广使用全国统一标准的计算机计时培训管理系统，建立省级驾驶培训机构监管平台，强化对培训过程动态监管，督促落实培训内容和学时，确保培训信息真实有效。推进驾驶培训机构监管平台与考试系统联网对接，实现驾驶培训与考试信息共享，确保培训与考试有效衔接。建立学员监督和评价机制，健全驾驶培训投诉处理制度，畅通电话、网络等投诉渠道，及时调查、处理并公布结果。（交通运输部、公安部负责）

18. 完善考试监督机制。推广使用全国统一的考试评判和监管系统，完善考试音视频、指纹认证、人像识别、卫星定位系统等监管手段，推行考试全程使用执法记录仪，实现对考试过程、考试数据实时监控和事后倒查。建立考试监督评价机制，全面推行考试回访调查、音视频档案抽查、举报投诉核查反馈制度。聘请社会监督员，对考试工作进行监督。（公安部负责）

19. 严格违规培训责任追究。建立违规培训责任追究和退出机制。发现驾驶培训机构减少培训项目和学时、伪造或篡改培训系统数据、违规发放培训结业证书的，依法严肃查处，直至吊销经营许可。对驾驶培训机构及教练员组织或参与考试舞弊、以各种名目向学员索取财物的，依法从重处罚。对未经许可擅自从事驾驶培训经营活动的，依法严肃查处。（交通运输部负责）

20. 严格违规考试责任追究。凡是驾驶人取得驾驶证后三年内发生交通死亡事故并负主要以上责任的，倒查考试发证过程，发现考试员有参与伪造考试成绩、降低考试标准等违规问题的，取消其考试员资格，终身不得参与驾驶考试工作；构成犯罪的，依法追究刑事责任。依法依规查处收受或索取考生财物的违法行为。严格考场和考试设备生产销售企业监管，发现组织或参与考试舞弊、伪造或篡改考试系统数据的，不得继续使用涉事考场或采购涉事企业考试设备，并依法追究法律责任。（公安部等负责）

21. 严格执行政府机构不准经办驾驶培训机构的规定。严格执行国家法律和有关规定，任何国家机关以及驾驶培训和考试主管部门一律不得举办或参与举办驾驶培训机构；各地要组织开展集中清理，一旦发现有举办或参与举办的，要立即要求停办或退出，确保彻底脱钩。公安机关交通管理部门、道路运输管理机构工作人员及其配偶、子女不得以任何形式经营或参与经营驾驶培训机构。（交通运输部、公安部等负责）

（六）提升服务水平，便利群众学驾领证。

22. 保护学员合法权益。推行驾驶培训服务标准化合同文本，明确学员和驾驶培训机构双方权利义务，保护学员合法权益。驾驶培训费用实行市场调节价。驾驶培训机构应在服务场所、互联网等公开费用项目和标准，不得额外收取培训信息卡费、结业证书费等其他费用。公安机关应按规定收取驾驶许可考试费，严格执行财政、价格主管部门核定的考试收费项目和收费标准，严禁增加收费项目，严禁提高收费标准，严禁附加收取其他任何费用。（交通运输部、公安部、财政部、发展改革委负责）

23. 完善驾驶人体检制度。建立驾驶人分类体检制度，根据准驾车型设定不同的体检标准，提高大中型客货车驾驶人身体条件要求，简化、优化小型汽车驾驶人身体检查项目和方法。进一步规范医疗机构的驾驶人体检工作。改进老龄驾驶人体检规定，将每年进行一次身体检查的起始年龄由60周岁调整为70周岁。对未提交体检证明被注销驾驶证的驾驶人，按规定体检合格后可以恢复驾驶资格。（公安部、卫生计生委负责）

24. 实施驾驶证异地申领和审验。放开大中型客货车驾驶证异地申领限制，考生可以在户籍所在地或居住地学习培训、报名考试、领取驾驶证，满足流动人口申领驾驶证需求。允许在全国范围内异地补换领驾驶证、参加驾驶证审验、提交体检证明。（公安部负责）

25. 允许重新申领驾驶证直接考试。驾驶证被注销等有驾驶经历的人员，年龄、身体条件等符合重新申领驾驶证法定条件的，可以不经学习直接申请考试，各科目考试合格后予以核发驾驶证，但驾驶证被吊销或被撤销的除外。（公安部负责）

26. 逐步放宽残疾人驾车条件。研究制定单眼视力障碍人员驾车视力检测标准、上肢残疾人驾车加装辅助装置等规定，适时放宽单眼视力障碍群体、上肢残疾人申请小型汽车驾驶证的条件。制定残疾人驾驶培训大纲和培训教材，鼓励有条件的驾驶培训机构开展残疾人驾驶培训。（中国残联、公安部、交通运输部、工业和信息化部、卫生计生委、工商总局、质检总局分别负责）

27. 提高驾驶证国际认可度。积极推进与其他国家和地区开展驾驶证互认换领工作，逐步扩大驾驶证互认换领范围，提高我国驾驶证国际认知认可度，满足我国公民出境驾车需求。（公安部、外交部等负责）

三、加强组织领导

（一）落实改革保障配套政策。县级以上地方各级人民政府要将驾驶人培训考试制度改革作为一项重要民生工程，紧密结合本地实际，制定具体实施方案，落实经费和人员保障，周密部署实施。公安机关交通管理工作所需经费由同级财政全额保障；公安机关交通管理部门的行政事业性收费应全部上缴财政，不得截留挪用。公安部、交通运输部、发展改革委、财政部、卫生计生委、保监会、中国残联等部门和单位要按照职能分工，密切配合，抓紧制定配套政策，及时修改完善相关法规规章和制度。拖拉机驾驶培训考试工作，由农业（农业机械）主管部门按照道路交通安全法及其实施条例等规定开展。（各有关部门和单位分别负责）

（二）稳步有序推进改革。各地要加强工作统筹，做到培训与考试相衔接、培训考试需求与供给相平衡、政府服务与管理相融合，既为改革创造条件、积极推进，又立足实际、稳步实施。对小型汽车驾驶人自学直考等试点事项，要细化方案、完善措施，取得经验后再逐步推开；对其他实施条件成熟的事项要立行立改，有序推进。要做好宣传引导，准确解读改革措施，主动通报改革进展，及时回应社会关切，营造良好社会氛围。公安部、交通运输部等部门要加强跟踪评估和督查指导。（公安部、交通运输部、中央宣传部等负责）

（三）维护良好交通秩序。各地要进一步加强道路交通安全管理工作，严格源头把关，实施综合治理，强化检查执法，严厉打击和整治违反道路交通信号通行、违法占用应急车道、酒后驾驶、超速行驶等各类交通违法行为，切实维护道路交通秩序。深入开展交通安全宣传教育，加强文明交通志愿服务引导，深化公益广告宣传，传递文明交通理念，提升广大交通参与者的安全意识和文明素养，着力营造安全、文明、有序的道路交通环境。（公安部、交通运输部、安全监管总局、中央宣传部、中央文明办等负责）

国务院关于加快实施自由贸易区战略的若干意见

（2015年12月6日　国发〔2015〕69号）

加快实施自由贸易区战略是我国新一轮对外开放的重要内容。党的十八大提出加快实施自由贸易区战略，十八届三中、五中全会进一步要求以周边为基础加快实施自由贸易区战略，形成面向全球的高标准自由贸易区网络。当前，全球范围内自由贸易区的数量不断增加，自由贸易区谈判涵盖议题快速拓展，自由化水平显著提高。我国经济发展进入新常态，外贸发展机遇和挑战并存，"引进来"、"走出去"正面临新的发展形势。加快实施自由贸易区战略是我国适应经济全球化新趋势的客观要求，是全面深化改革、构建开放型经济新体制的必然选择。为加快实施自由贸易区战略，现提出如下意见：

一、总体要求

（一）指导思想。全面贯彻党的十八大和十八届三中、四中、五中全会精神，认真落实党中央、国务院决策部署，按照"四个全面"战略布局要求，坚持使市场在资源配置中起决定性作用和更好发挥政府作用，坚持统筹考虑和综合运用国际国内两个市场、两种资源，坚持与推进共建"一带一路"和国家对外战略紧密衔接，坚持把握开放主动和维护国家安全，逐步构筑起立足周边、辐射"一带一路"、面向全球的高标准自由贸易区网络。

（二）基本原则。

一是扩大开放，深化改革。加快实施更加主动的自由贸易区战略，通过自由贸易区扩大开放，提高开放水平和质量，深度参与国际规则制定，拓展开放型经济新空间，形成全方位开放新格局，开创高水平开放新局面，促进全面深化改革，更好地服务国内发展。

二是全面参与，重点突破。全方位参与自由贸易区等各种区域贸易安排合作，重点加快与周边、"一带一路"沿线以及产能合作重点国家、地区和区域经济集团商建自由贸易区。

三是互利共赢，共同发展。树立正确义利观，兼顾各方利益和关切，考虑发展中经济体和最不发达经济体的实际情况，寻求利益契合点和合作公约数，努力构建互利共赢的自由贸易区网络，推动我国与世界各国、各地区共同发展。

四是科学评估，防控风险。加强科学论证，做好风险评估，努力排除自由贸易区建设中的风险因素。同时，提高开放环境下的政府监管能力，建立健全并严格实施安全审查、反垄断和事中事后监管等方面的法律法规，确保国家安全。

（三）目标任务。近期，加快正在进行的自由贸易区谈判进程，在条件具备的情况下逐步提升已有自由贸易区的自由化水平，积极推动与我国周边大部分国家和地区建立自由贸易区，使我国与自由贸易伙伴的贸易额占我国对外贸易总额的比重达到或超过多数发达国家和新兴经济体水平；中长期，形成包括邻近国家和地区、涵盖“一带一路”沿线国家以及辐射五大洲重要国家的全球自由贸易区网络，使我国大部分对外贸易、双向投资实现自由化和便利化。

二、进一步优化自由贸易区建设布局

（四）加快构建周边自由贸易区。力争与所有毗邻国家和地区建立自由贸易区，不断深化经贸关系，构建合作共赢的周边大市场。

（五）积极推进“一带一路”沿线自由贸易区。结合周边自由贸易区建设和推进国际产能合作，积极同“一带一路”沿线国家商建自由贸易区，形成“一带一路”大市场，将“一带一路”打造成畅通之路、商贸之路、开放之路。

（六）逐步形成全球自由贸易区网络。争取同大部分新兴经济体、发展中大国、主要区域经济集团和部分发达国家建立自由贸易区，构建金砖国家大市场、新兴经济体大市场和发展中国家大市场等。

三、加快建设高水平自由贸易区

（七）提高货物贸易开放水平。坚持进出口并重，通过自由贸易区改善与自由贸易伙伴双向市场准入，合理设计原产地规则，促进对自由贸易伙伴贸易的发展，推动构建更高效的全球和区域价值链。在确保经济安全、产业安全和考虑产业动态发展需要的前提下，稳步扩大货物贸易市场准入。同时，坚持与自由贸易伙伴共同削减关税和非关税壁垒，相互开放货物贸易市场，实现互利共赢。

（八）扩大服务业对外开放。通过自由贸易区等途径实施开放带动战略，充分发挥服务业和服务贸易对我国调整经济结构、转变经济发展方式和带动就业的促进作用。推进金融、教育、文化、医疗等服务业领域有序开放，放开育幼养老、建筑设计、会计审计、商贸物流、电子商务等服务业领域外资准入限制。

加快发展对外文化贸易，创新对外文化贸易方式，推出更多体现中华优秀文化、展示当代中国形象、面向国际市场的文化产品和服务。讲好中国故事、传播好中国声音、阐释好中国特色，更好地推动中华文化“走出去”。吸引外商投资于法律法规许可的文化产业领域，积极吸收借鉴国外优秀文化成果，切实维护国家文化安全。

在与自由贸易伙伴协商一致的基础上，逐步推进以负面清单模式开展谈判，先行先试、大胆探索、与时俱进，积极扩大服务业开放，推进服务贸易便利化和自由化。

（九）放宽投资准入。大力推进投资市场开放和外资管理体制改革，进一步优化外商投资环境。加快自由贸易区投资领域谈判，有序推进以准入前国民待遇加负面清单模式开展谈判。在维护好我国作为投资东道国利益和监管权的前提下，为我国投资者“走出去”营造更好的市场准入和投资保护条件，实质性改善我国与自由贸易伙伴双向投资准入。在自由贸易区内积极稳妥推进人民币资本项目可兑换的各项试点，便利境内外主体跨境投融资。加强与自由贸易伙伴货币合作，促进贸易投资便利化。

（十）推进规则谈判。结合全面深化改革和全面依法治国的要求，对符合我国社会主义市场经济体制建设和经济社会稳定发展需要的规则议题，在自由贸易区谈判中积极参与。参照国际通行规则及其发展趋势，结合我国发展水平和治理能力，加快推进知识产权保护、环境保护、电子商务、竞争政策、政府采购等新议题谈判。

知识产权保护方面，通过自由贸易区建设，为我国企业“走出去”营造更加公平的知识产权保护环境，推动各方完善知识产权保护制度，加大知识产权保护和执法力度，增强企业和公众的知识产权保护意识，提升我国企业在知识产权保护领域的适应和应对能力。

环境保护方面，通过自由贸易区建设进一步加强环境保护立法和执法工作，借鉴国际经验探讨建立有关环境影响评价机制的可行性，促进贸易、投资与环境和谐发展。

电子商务方面，通过自由贸易区建设推动我国与自由贸易伙伴电子商务企业的合作，营造对彼此有利的电子商务规则环境。

竞争政策方面，发挥市场在资源配置中的决定性作用，通过自由贸易区建设进一步促进完善我国竞争政策法律环境，构建法治化、国际化的营商环境。

政府采购方面，条件成熟时与自由贸易伙伴在自由贸易区框架下开展政府采购市场开放谈判，推动政府采购市场互惠对等开放。

（十一）提升贸易便利化水平。加强原产地管理，推进电子联网建设，加强与自由贸易伙伴原产地电子数据交换，积极探索在更大范围实施经核准出口商原产地自主声明制度。改革海关监管、检验检疫等管理体制，加强关检等领域合作，逐步实现国际贸易“单一窗口”受理。简化海关通关手续和环节，加速放行低风险货物，加强与自由贸易伙伴海关的协调与合作，推进实现“经认证经营者”互认，提升通关便利化水平。提高检验检疫效率，实行法检目录动态调整。加快推行检验检疫申报无纸化，完善检验检疫电子证书联网核查，加强与自由贸易伙伴电子证书数据交换。增强检验检疫标准和程序的透明度。

（十二）推进规制合作。加强与自由贸易伙伴就各自监管体系的信息交换，加快推进在技术性贸易壁垒、卫生与植物卫生措施、具体行业部门监管标准和资格等方面的互认，促进在监管体系、程序、方法和标准方面适度融合，降低贸易成本，提高贸易效率。

（十三）推动自然人移动便利化。配合我国“走出去”战略的实施，通过自由贸易区建设推动自然人移动便利化，为我国境外投资企业的人员出入境提供更多便利条件。

（十四）加强经济技术合作。不断丰富自由贸易区建设内涵，适当纳入产业合作、发展合作、全球价值链等经济技术合作议题，推动我国与自由贸易伙伴的务实合作。

四、健全保障体系

（十五）继续深化自由贸易试验区试点。上海等自由贸易试验区是我国主动适应经济发展新趋势和国际经贸规则新变化、以开放促改革促发展的试验田。可把对外自由贸易区谈判中具有共性的难点、焦点问题，在上海等自由贸易试验区内先行先试，通过在局部地区进行压力测试，积累防控和化解风险的经验，探索最佳开放模式，为对外谈判提供实践依据。

（十六）完善外商投资法律法规。推动修订中外合资经营企业法、中外合作经营企业法和外资企业法，研究制订新的外资基础性法律，改革外商投资管理体制，实行准入前国民待遇加负面清单的管理模式，完善外商投资国家安全审查制度，保持外资政策稳定、透明、可预期。

（十七）完善事中事后监管的基础性制度。按照全面依法治国的要求，以转变政府职能为核心，在简政放权的同时，加强事中事后监管，通过推进建立社会信用体系、信息共享和综合执法制度、企业年度报告公示和经营异常名录制度、社会力量参与市场监督制度、外商投资信息报告制度、外商投资信息公示平台、境外追偿保障机制等，加强对市场主体“宽进”以后的过程监督和后续管理。

（十八）继续做好贸易救济工作。在扩大产业开放的同时，有效运用世贸组织和自由贸易协定的合法权利，依法开展贸易救济调查，加大对外交涉力度，维护国内产业企业合法权益。强化中央、地方、行业协会商会、企业四体联动的贸易摩擦综合应对机制，指导企业做好贸易摩擦预警、咨询、对话、磋商、诉讼等工作。

（十九）研究建立贸易调整援助机制。在减少政策扭曲、规范产业支持政策的基础上，借鉴有关国家实践经验，研究建立符合世贸组织规则和我国国情的贸易调整援助机制，对因关税减让而受到冲击的产业、企业和个人提供援助，提升其竞争力，促进产业调整。

五、完善支持机制

（二十）完善自由贸易区谈判第三方评估制度。参照我国此前自由贸易区谈判经验，借鉴其他国家开展自由贸易区谈判评估的有益做法，进一步完善第三方评估制度，通过第三方机构对自由贸易区谈判进行利弊分析和风险评估。

（二十一）加强已生效自由贸易协定实施工作。商务部要会同国内各有关部门、地方政府，综合协调推进协定实施工作。优化政府公共服务，全面、及时提供有关自由贸易伙伴的贸易、投资及其他相关领域法律法规和政策信息等咨询服务。加强地方和产业对自由贸易协定实施工作的参与，打造协定实施的示范地区和行业。特别要加强西部地区和有关产业的参与，使自由贸易区建设更好地服务西部地区经济社会建设，促进我国区域协调发展。做好宣传推介，定期开展评估和分析，查找和解决实施中存在的问题，不断挖掘协定潜力，研究改进实施方法，提升企业利用自由贸易协定的便利性，提高协定利用率，用足用好优惠措施。

（二十二）加强对自由贸易区建设的人才支持。增强自由贸易区谈判人员配备，加大对外谈判人员教育培训投入，加强经济外交人才培养工作，逐步建立一支政治素质好、全局意识强、熟悉国内产业、精通国际经贸规则、外语水平高、谈判能力出色的自由贸易区建设领导、管理和谈判人才队伍。积极发挥相关领域专家的作用，吸收各类专业人士参与相关谈判的预案研究和政策咨询。

六、加强组织实施

加快实施自由贸易区战略是一项长期、涉及面广的系统工作，各有关方面要加强协调，形成合力。商务部要会同相关部门研究制订加快实施自由贸易区战略的行动计划，建立协调工作机制。地方各级人民政府要结合本地实际，围绕实施自由贸易区战略推进地方相关工作，调动有关企业充分利用自由贸易协定的积极性，提高协定利用率。

国务院办公厅关于印发国家标准化体系建设发展规划（2016—2020 年）的通知

（2015 年 12 月 17 日 国办发〔2015〕89 号）

《国家标准化体系建设发展规划（2016—2020 年）》已经国务院同意，现印发给你们，请认真贯彻执行。

国家标准化体系建设发展规划（2016—2020 年）

标准是经济活动和社会发展的技术支撑，是国家治理体系和治理能力现代化的基础性制度。改革开放特别是进入 21 世纪以来，我国标准化事业快速发展，标准体系初步形成，应用范围不断扩大，水平持续提升，国际影响力显著增强，全社会标准化意识普遍提高。但是，与经济社会发展需求相比，我国标准化工作还存在较大差距。为贯彻落实《中共中央关于制定国民经济和社会发展第十三个五年规划的建议》和《国务院关于印发深化标准化工作改革方案的通知》（国发〔2015〕13 号）精神，推动实施标准化战略，加快完善标准化体系，提升我国标准化水平，制定本规划。

一、总体要求

（一）指导思想。认真落实党的十八大和十八届二中、三中、四中、五中全会精神，按照“四个全面”战略布局和党中央、国务院决策部署，落实深化标准化工作改革要求，推动实施标准化战略，建立完善标准化体制机制，优化标准体系，强化标准实施与监督，夯实标准化技术基础，增强标准化服务能力，提升标准国际化水平，加快标准化在经济社会各领域的普及应用和深度融合，充分发挥“标准化 +”效应，为我国经济社会创新发展、协调发展、绿色发展、开放发展、共享发展提供技术支撑。

（二）基本原则。

需求引领，系统布局。围绕经济、政治、文化、社会和生态文明建设重大部署，合理规划标准化体系布局，科学确定发展重点领域，满足产业结构调整、社会治理创新、生态环境保护、文化繁荣发展、保障改善民生和国际经贸合作的需要。

深化改革，创新驱动。全面落实标准化改革要求，完善标准化法制、体制和机制。强化以科技创新为动力，推进科技研发、标准研制和产业发展一体化，提升标准技术水平。以管理创新为抓手，加大标准实施、监督和服务力度，提高标准化效益。

协同推进，共同治理。坚持“放、管、治”相结合，发挥市场对标准化资源配置的决定性作用，激发市场主体活力；更好发挥政府作用，调动各地区、各部门积极性，加强顶层设计和统筹管理；强化社会监督作用，形成标准化共治新格局。

包容开放，协调一致。坚持各类各层级标准协调发展，提高标准制定、实施与监督的系统性和协调性；加强标准与法律法规、政策措施的衔接配套，发挥标准对法律法规的技术支撑和必要补充作用。坚持与国际接轨，统筹引进来与走出去，提高我国标准与国际标准一致性程度。

（三）发展目标。到2020年，基本建成支撑国家治理体系和治理能力现代化的具有中国特色的标准化体系。标准化战略全面实施，标准有效性、先进性和适用性显著增强。标准化体制机制更加健全，标准服务发展更加高效，基本形成市场规范有标可循、公共利益有标可保、创新驱动有标引领、转型升级有标支撑的新局面。“中国标准”国际影响力和贡献力大幅提升，我国迈入世界标准强国行列。

——标准体系更加健全。政府主导制定的标准与市场自主制定的标准协同发展、协调配套，强制性标准守底线、推荐性标准保基本、企业标准强质量的作用充分发挥，在技术发展快、市场创新活跃的领域培育和发展一批具有国际影响力的团体标准。标准平均制定周期缩短至24个月以内，科技成果标准转化率持续提高。在农产品消费品安全、节能减排、智能制造和装备升级、新材料等重点领域制修订标准9000项，基本满足经济建设、社会治理、生态文明、文化发展以及政府管理的需求。

——标准化效益充分显现。农业标准化生产覆盖区域稳步扩大，农业标准化生产普及率超过30%。主要高耗能行业和终端用能产品实现节能标准全覆盖，主要工业产品的标准达到国际标准水平。服务业标准化试点示范项目新增500个以上，社会管理和公共服务标准化程度显著提高。新发布的强制性国家标准开展质量及效益评估的比例达到50%以上。

——标准国际化水平大幅提升。参与国际标准化活动能力进一步增强，承担国际标准化技术机构数量持续增长，参与和主导制定国际标准数量达到年度国际标准制修订总数的50%，着力培养国际标准化专业人才，与“一带一路”沿线国家和主要贸易伙伴国家的标准互认工作扎实推进，主要消费品领域与国际标准一致性程度达到95%以上。

——标准化基础不断夯实。标准化技术组织布局更加合理，管理更加规范。按照深化中央财政科技计划管理改革的要求，推进国家技术标准创新基地建设。依托现有检验检测机构，设立国家级标准验证检验检测点50个以上，发展壮大一批专业水平高、市场竞争力强的标准化科研机构。标准化专业人才基本满足发展需要。充分利用现有网络平台，建成全国标准信息网络平台，实现标准化信息互联互通。培育发展标准化服务业，标准化服务能力进一步提升。

二、主要任务

（一）优化标准体系。

深化标准化工作改革。把政府单一供给的现行标准体系，转变为由政府主导制定的标准和市场自主制定的标准共同构成的新型标准体系。整合精简强制性标准，范围严格限定在保障人身健康和生命财产安全、国家安全、生态环境安全以及满足社会经济管理基本要求的范围之内。优化完善推荐性标准，逐步缩减现有推荐性标准的数量和规模，合理界定各层级、各领域推荐性标准的制定范围。培育发展团体标准，鼓励具备相应能力的学会、协会、商会、联合会等社会组织和产业技术联盟协调相关市场主体共同制定满足市场和创新需要的标准，供市场自愿选用，增加标准的有效供给。建立企业产品和服务标准自我声明公开和监督制度，逐步取消政府对企业产品标准的备案管理，落实企业标准化主体责任。

完善标准制定程序。广泛听取各方意见，提高标准制定工作的公开性和透明度，保证标准技术指标的科学性和公正性。优化标准审批流程，落实标准复审要求，缩短标准制定周期，加快标准更新速度。完善标准化指导性技术文件和标准样品等管理制度。加强标准验证能力建设，培育一批标准验证检验检测机构，提高标准技术指标的先进性、准确性和可靠性。

落实创新驱动战略。加强标准与科技互动，将重要标准的研制列入国家科技计划支持范围，将标准作为相关科研项目的重要考核指标和专业技术资格评审的依据，应用科技报告制度促进科技成果向标准转化。加强专利与标准相结合，促进标准合理采用新技术。提高军民标准通用化水平，积极推动在国防和军队建设中采用民用标准，并将先进适用的军用标准转化为民用标准，制定军民通用标准。

发挥市场主体作用。鼓励企业和社会组织制定严于国家标准、行业标准的企业标准和团体标准，将拥有自主知识产权的关键技术纳入企业标准或团体标准，促进技术创新、标准研制和产业化协调发展。

（二）推动标准实施。

完善标准实施推进机制。发布重要标准，要同步出台标准实施方案和释义，组织好标准宣传推广工作。规范标准解释权限管理，健全标准解释机制。推进并规范标准化试点示范，提高试点示范项目的质量和效益。建立完善标准化统计制度，将能反映产业发展水平的企业标准化统计指标列入法定的企业年度统计报表。

强化政府在标准实施中的作用。各地区、各部门在制定政策措施时要积极引用标准，应用标准开展宏观调控、产业推进、行业管理、市场准入和质量监管。运用行业准入、生产许可、合格评定/认证认可、行政执法、监督抽查等手段，促进标准实施，并通过认证认可、检验检测结果的采信和应用，定性或定量评价标准实施效果。运用标准化手段规范自身管理，提高公共服务效能。

充分发挥企业在标准实施中的作用。企业要建立促进技术进步和适应市场竞争需要的企业标准化工作机制。根据技术进步和生产经营目标的需要，建立健全以技术标准为主体、包括管理标准和工作标准的企业标准体系，并适应用户、市场需求，保持企业所用标准的先进性和适用性。企业应严格执行标准，把标准作为生产经营、提供服务和控制质量的依据和手段，提高产品服务质量和生产经营效益，创建知名品牌。充分发挥其他各类市场主体在标准实施中的作用。行业组织、科研机构和学术团体以及相关标准化专业组织要积极利用自身有利条件，推动标准实施。

（三）强化标准监督。

建立标准分类监督机制。健全以行政管理和行政执法为主要形式的强制性标准监督机制，强化依据标准监管，保证强制性标准得到严格执行。建立完善标准符合性检测、监督抽查、认证等推荐性标准监督机制，强化推荐性标准制定主体的实施责任。建立以团体自律和政府必要规范为主要形式的团体标准监督机制，发挥市场对团体标准的优胜劣汰作用。建立企业产品和服务标准自我声明公开的监督机制，保障公开内容真实有效，符合强制性标准要求。

建立标准实施的监督和评估制度。国务院标准化行政主管部门会同行业主管部门组织开展重要标准实施情况监督检查，开展标准实施效果评价。各地区、各部门组织开展重要行业、地方标准实施情况监督检查和评估。完善标准实施信息反馈渠道，强化对反馈信息的分类处理。

加强标准实施的社会监督。进一步畅通标准化投诉举报渠道，充分发挥新闻媒体、社会组织和消费者对标准实施情况的监督作用。加强标准化社会教育，强化标准意识，调动社会公众积极性，共同监督标准实施。

（四）提升标准化服务能力。

建立完善标准化服务体系。拓展标准研发服务，开展标准技术内容和编制方法咨询，为企业制定标准提供国内外相关标准分析研究、关键技术指标试验验证等专业化服务，提高其标准的质量和水平。提供标准实施咨询服务，为企业实施标准提供定制化技术解决方案，指导企业正确、有效执行标准。完善全国专业标准化技术委员会与相关国际标准化技术委员会的对接机制，畅通企业参与国际标准化工作渠道，帮助企业实质性参与国际标准化活动，提升企业国际影响力和竞争力。帮助出口型企业了解贸易对象国技术标准体系，促进产品和服务出口。加强中小微企业标准化能力建设服务，协助企业建立标准化组织架构和制度体系、制定标准化发展策略、建设企业标准体系、培养标准化人才，更好促进中小微企业发展。

加快培育标准化服务机构。支持各级各类标准化科研机构、标准化技术委员会及归口单位、标准出版发行机构等加强标准化服务能力建设。鼓励社会资金参与标准化服务机构发展。引导有能力的社会组织参与标准化服务。

（五）加强国际标准化工作。

积极主动参与国际标准化工作。充分发挥我国担任国际标准化组织常任理事国、技术管理机构常任成员等作用，全面谋划和参与国际标准化战略、政策和规则的制定修改，提升我国对国际标准化活动的贡献度和影响力。鼓励、支持我国专家和机构担任国际标准化技术机构职务和承担秘书处工作。建立以企业为主体、相关方协同参与国际标准化活动的工作机制，培育、发展和推动我国优势、特色技术标准成为国际标准，服务我国企业和产业走出去。吸纳各方力量，加强标准外文版翻译出版工作。加大国际标准跟踪、评估力度，加快转化适合我国国情的国际标准。加强口岸贸易便利化标准研制。服务高标准自贸区建设，运用标准化手段推动贸易和投资自由化便利化。

深化标准化国际合作。积极发挥标准化对"一带一路"战略的服务支撑作用，促进沿线国家在政策沟通、设施联通、贸易畅通等方面的互联互通。深化与欧盟国家、美国、俄罗斯等在经贸、科技合作框架内的标准化合作机制。推进太平洋地区、东盟、东北亚等区域标准化合作，服务亚太经济一体化。探索建立金砖国家标准化合作新机制。加大与非洲、拉美等地区标准化合作力度。

（六）夯实标准化工作基础。

加强标准化人才培养。推进标准化学科建设，支持更多高校、研究机构开设标准化课程和开展学历教育，设立标准化专业学位，推动标准化普及教育。加大国际标准化高端人才队伍建设力度，加强标准化专业人才、管理人才培养和企业标准化人员培训，满足不同层次、不同领域的标准化人才需求。

加强标准化技术委员会管理。优化标准化技术委员会体系结构，加强跨领域、综合性联合工作组建设。增强标准化技术委员会委员构成的广泛性、代表性，广泛吸纳行业、地方和产业联盟代表，鼓励消费者参与，促进军、民标准化技术委员会之间相互吸纳对方委员。利用信息化手段规范标准化技术委员会运行，严格委员投票表决制度。建立完善标准化技术委员会考核评价和奖惩退出机制。

加强标准化科研机构建设。支持各类标准化科研机构开展标准化理论、方法、规划、政策研究，提升标准化科研水平。支持符合条件的标准化科研机构承担科技计划和标准化科研项目。加快标准化科研机构改革，激发科研人员创新活力，提升服务产业和企业能力，鼓励标准化科研人员与企业技术人员相互交流。加强标准化、计量、认证认可、检验检测协同发展，逐步夯实国家质量技术基础，支撑产业发展、行业管理和社会治理。加强各级标准馆建设。

加强标准化信息化建设。充分利用各类标准化信息资源，建立全国标准信息网络平台，实现跨部门、跨行业、跨区域标准化信息交换与资源共享，加强民用标准化信息平台与军用标准化信息平台之间的共享合作、互联互通，全面提升标准化信息服务能力。

三、重点领域

（一）加强经济建设标准化，支撑转型升级。

以统一市场规则、调整产业结构和促进科技成果转化为着力点，加快现代农业和新农村建设标准化体系建设，完善工业领域标准体系，加强生产性服务业标准制定及试点示范，推进服务业与工业、农业在更高水平上有机融合，强化标准实施，促进经济提质增效升级，推动中国经济向中高端水平迈进。

着重健全战略性新兴产业标准体系，加大关键技术标准研制力度，深入推进《战略性新兴产业标准化发展规划》实施，促进战略性新兴产业的整体创新能力和产业发展水平提升。

专栏1　农业农村标准化重点
农业　制定和实施高标准农田建设、现代种业发展、农业安全种植和健康养殖、农兽药残留限量及检测、农业投入品合理使用规范、产地环境评价等领域标准，以及动植物疫病预测诊治、农业转基因安全评价、农业资源合理利用、农业生态环境保护、农业废弃物综合利用等重要标准。继续完善粮食、棉花等重要农产品分级标准，以及纤维检验技术标准。推动现代农业基础设施标准化建设，继续健全和完善农产品质量安全标准体系，提高农业标准化生产普及程度。
林业　制修订林木种苗、新品种培育、森林病虫害和有害生物防治、林产品、野生动物驯养繁殖、生物质能源、森林功能与质量、森林可持续经营、林业机械、林业信息化等领域标准。研制森林用材林、经营模式规范、抚育效益评价等标准。制定林地质量评价、林地保护利用、经济林评价、速生丰产林评价、林产品质量安全、资源综合利用等重要标准，保障我国林业资源的可持续利用。
水利　制定和实施农田水利、水文、中小河流治理、灌区改造、农村水电、防汛抗旱减灾等标准，研制高效节水灌溉技术、江河湖库水系连通、地下水严重超采区综合治理、水源战略储备工程等配套标准，提高我国水旱灾害综合防御能力、水资源合理配置和高效利用能力、水资源保护和河湖健康保障能力。
粮食　制修订和实施粮油产品质量、粮油收购、粮油储运、粮油加工、粮油追溯、粮油检测、品种品质评判等领域标准，研制粮油质量安全控制、仪器化检验、现代仓储流通、节粮减损、粮油副产品综合利用、粮油加工机械等标准，健全我国粮食质量标准体系和检验监测体系。
农业社会化服务　开展农资供应、农业生产、农技推广、动植物疫病防控、农产品质量监管和质量追溯、农产品流通、农业信息化、农业金融、农业经营等领域的管理、运行、维护、服务及评价等标准的制修订，增强农业社会化服务能力。
美丽乡村建设　加强农村公共服务、农村社会管理、农村生态环境保护和农村人居环境改善等标准的制修订，提高农业农村可持续发展能力，促进城乡经济社会发展一体化新格局的形成。

专栏2　工业标准化重点
能源　研制页岩气工厂化作业、水平井钻井、水力压裂和环保方面标准。研制海上油气勘探开发与关键设备等关键技术标准。优化天然气产品标准，开展天然气能量计量、上游领域取样、分析测试、湿气计量的标准研究。研制煤炭清洁高效利用、石油高效与清洁转化、天然气与煤层气加工技术等标准。研究整体煤气化联合循环发电系统、冷热电联供分布式电流系统等技术标准。研制油气长输管道建设及站场关键设备、大型天然气液化处理储运及设备、超低硫成品油储运等标准。加强特高压及柔性直流输电、智能电网、微电网及分布式电源并网、电动汽车充电基础设施标准制修订，研制大规模间歇式电源并网和储能技术等标准。研制风能太阳能气候资源测量和评估等标准。研制先进压水堆核电技术、高温气冷堆技术、快堆技术标准，全面提升能源开发转化和利用效率。
机械　加强关键基础零部件标准研制，制定基础制造工艺、工装、装备及检测标准，从全产业链条综合推进数控机床及其应用标准化工作，重点开展机床工具、内燃机、农业机械等领域的标准体系优化，提高机械加工精度、使用寿命、稳定性和可靠性。
材料　完善钢铁、有色金属、石化、化工、建材、黄金、稀土等原材料工业标准，加快标准制修订工作，充分发挥标准的上下游协同作用，加快传统材料升级换代步伐。全面推进新材料标准体系建设，重点开展新型功能材料、先进结构材料和高性能复合材料等标准研制，积极开展前沿新材料领域标准预研，有效保障新材料推广应用，促进材料工业结构调整。
消费品　加强跨领域通用、重点领域专用和重要产品等三级消费品安全标准和配套检验方法标准的制定与实施。研制消费品标签标识、全产业链质量控制、质量监管、特殊人群适用型设计和个性化定制等领域标准。加强化妆品和口腔护理用品领域标准制定。
医疗器械　开展生物医学工程、新型医用材料、高性能医疗仪器设备、医用机器人、家用健康监护诊疗器械、先进生命支持设备以及中医特色诊疗设备等领域的标准化工作。
仪器仪表及自动化　开展智能传感器与仪器仪表、工业通信协议、数字工厂、制造系统互操作、嵌入式制造软件、全生命周期管理以及工业机器人、服务机器人和家用机器人的安全、测试和检测等领域标准化工作，提高我国仪器仪表及自动化技术水平。
电工电气　加强核电、风电、海洋能、太阳热能、光伏发电用装备和产品标准制修订，开展低压直流系统及设备、输变电设备、储能系统及设备、燃料电池发电系统、火电系统脱硫脱硝和除尘、电力电子系统和设备、高速列车电气系统、电气设备安全环保技术等标准化工作，提高我国电工电气产品的国际竞争力。

续表

专栏2　工业标准化重点
空间及海洋　推进空间科学与环境安全、遥感、超导、纳米等领域标准化工作，促进科技成果产业化。制定海域海岛综合管理、海洋生态环境保护、海洋观测预报与防灾减灾、海洋经济监测与评估、海洋安全保障与权益维护、生物资源保护与开发、海洋调查与科技研究、海洋资源开发等领域标准。研制极地考察、大洋矿产资源勘探与开发、深海探测、海水淡化与综合利用、海洋能开发、海洋卫星遥感及地面站建设等技术标准。
电子信息制造与软件　加强集成电路、传感器与智能控制、智能终端、北斗导航设备与系统、高端服务器、新型显示、太阳能光伏、锂离子电池、LED、应用电子产品、软件、信息技术服务等标准化工作，服务和引领产业发展。
信息通信网络与服务　开展新一代移动通信、下一代互联网、三网融合、信息安全、移动互联网、工业互联网、物联网、云计算、大数据、智慧城市、智慧家庭等标准化工作，推动创新成果产业化进程。
生物技术　加强生物样本、生物资源、分析方法、生物工艺、生物信息、生物计量与质量控制等基础通用标准的研制。开展基因工程技术、蛋白工程技术、细胞工程技术、酶工程技术、发酵工程技术和实验动物、生物芯片，以及生物农业、生物制造、生物医药、生物医学工程、生物服务等领域标准的研制，促进我国生物技术自主创新能力显著提升。
汽车船舶　制修订车船安全、节能、环保及新能源车船、关键系统部件等领域标准，加强高技术船舶、智能网联汽车及相关部件等关键技术标准研究，促进我国汽车及船舶技术提升和产业发展。

专栏3　服务业标准化重点
交通运输　制定经营性机动车营运安全标准，研制交通基础设施和综合交通枢纽的建设、维护、管理标准。开展综合运输、节能环保、安全应急、管理服务、城市客运关键技术标准研究，重点加强旅客联程运输和货物多式联运领域基础设施、转运装卸设备和运输设备的标准研制，提高交通运输效率、降低交通运输能耗。
金融　开展银行业信用融资、信托、理财、网上银行等金融产品及监管标准的研制，开展证券业编码体系、接口协议、信息披露、信息安全、信息技术治理、业务规范以及保险业消费者保护、巨灾保险、健康医疗保险、农业保险、互联网保险等基础和服务标准制修订，增强我国金融业综合实力、国际竞争力和抗风险能力。

续表

专栏3　服务业标准化重点
商贸和物流　加强批发零售、住宿餐饮、居民服务、重要商品交易、移动商务以及物流设施设备、物流信息和管理等相关标准的研制，强化售后服务重要标准制定，加快建立健全现代国内贸易体系。开展运输技术、配送技术、装卸搬运技术、自动化技术、库存控制技术、信息交换技术、物联网技术等现代物流技术标准的研制，提高物流效率。
旅游　开展网络在线旅游、度假休闲旅游、生态旅游、中医药健康旅游等新业态标准研制。制修订旅行社、旅游住宿、旅游目的地和旅游安全、红色旅游、文明旅游、景区环境保护和旅游公共服务标准，提高旅游业服务水平。
高技术等新兴服务领域　加强信息技术服务、研发设计、知识产权、检验检测、数字内容、科技成果转化、电子商务、生物技术、创业孵化、科技咨询、标准化服务等服务业标准化体系建设及重要标准研制，研制会展、会计、审计、税务、法律等商务服务标准，全面提高新兴服务领域标准化水平。
人力资源服务　加强人力资源服务业、人力资源服务机构评价、人力资源服务从业人员、人力资源产业园管理与服务、产业人才信息平台、培训等标准研制，提升人力资源服务质量。

（二）加强社会治理标准化，保障改善民生。以改进社会治理方式、优化公共资源配置和提高民生保障水平为着力点，建立健全教育、就业、卫生、公共安全等领域标准体系，推进食品药品安全标准清理整合与实施监督（完善食品安全国家标准体系工作，在国家食品安全监管体系“十三五”规划中另行要求），深化安全生产标准化建设，加强防灾减灾救灾标准体系建设，加快社会信用标准体系建设，提高社会管理科学化水平，促进社会更加公平、安全、有序发展。

专栏4　社会领域标准化重点
公共教育　完善学校建设标准、学科专业和课程体系标准、教师队伍建设标准、学校运行和管理标准、教育质量标准、教育装备标准、教育信息化标准，制定学前教育、职业教育、特殊教育等重点领域标准，开展国家通用语言文字、少数民族语言文字、特殊语言文字、涉外语言文字、语言文字信息化标准制修订，加快城乡义务教育公办学校标准化建设，基本建成具有国际视野、适合中国国情、涵盖各级各类教育的国家教育标准体系。

续表

专栏4　社会领域标准化重点
劳动就业和社会保险　建立健全劳动就业公共服务国家标准体系，加快就业服务和管理、劳动关系等劳动就业公共服务的标准研制与推广实施，研制职业技能培训、劳动关系协调、劳动人事争议调解仲裁和劳动保障监察标准，加强就业信息公共服务网络建设标准研制，制修订人力资源社会保障系统信用体系建设、机关事业单位养老保险经办、待遇审核、服务规范、社会保险风险防控、医保经办、工伤康复经办等领域的标准，提高社会保障服务和管理的规范化、信息化、专业化水平。
基本医疗卫生　制修订卫生、中医药相关标准，包括卫生信息、医疗机构管理、医疗服务、中医特色优势诊疗服务和“治未病”预防保健服务、临床检验、血液、医院感染控制、护理、传染病、寄生虫病、地方病、病媒生物控制、职业卫生、环境卫生、放射卫生、营养、学校卫生、消毒、卫生应急管理、卫生检疫等领域的标准。制定重要相关产品标准，包括中药材种子种苗标准、中药材和中药饮片分级标准、道地药材认证标准，提高基本医疗卫生服务的公平性、可及性和质量水平。
食品及相关产品　开展食品基础通用标准以及重要食品产品和相关产品、食品添加剂、生产过程管理与控制、食品品质检测方法、食品检验检疫、食品追溯技术、地理标志产品等领域标准制定，支撑食品产业持续健康发展。
公共安全　建立健全公共安全基础国家标准体系，开展全国视频联网与应用和人体生物特征识别应用、警用爆炸物防护装备设计与安全评估、公共场所防爆炸技术等领域的标准研究，研究编制信息安全、社会消防安全管理、社会消防技术服务、消防应急救援、消防应急通信、刑事科学技术系列标准，研制危险化学品管理、化学品安全生产、废弃化学品管理和资源化利用、安全生产监管监察、职业健康与防护、事故应急救援、工矿商贸安全技术以及核应急、安防和电气防火等标准，完善优化特种设备质量安全标准，提高我国公共安全管理水平。
基本社会服务　制定和实施妇女儿童保护、优抚安置、社会救助、基层民主、社区建设、地名、社会福利、慈善与志愿服务、康复辅具、老龄服务、婚姻、收养、殡葬、社会工作等领域标准，提高基本社会服务标准化水平，保障基本社会服务的规模和质量。
地震和气象　研制地震预警技术系统建设与管理、地震灾情快速评估与发布、地震基础探测与抗震防灾应用等服务领域标准，制修订气象仪器与观测方法、气象数据格式与接口、天气预报、农业气象等基础标准，重点研制气象灾害监测预警评估、气候影响评估、大气成分监测预警服务、人工影响天气作业等技术标准和服务标准，针对气象服务市场发展需求，加强市场准入、行为规范、共享共用等配套标准的研究与制定，提升我国防震减灾和气象预测的准确性、及时性与有效性。

续表

专栏4　社会领域标准化重点
测绘地理信息　重点研制地理国情普查与监测、测绘基准建设及应用、地理信息资源建设与应用、应急测绘与地图服务、地下空间测绘与管理、地理信息共享与交换、导航与位置服务、地理信息公共服务等标准，加速提升测绘地理信息保障服务能力。
社会信用体系　加快社会信用标准体系建设，制定和实施实名制、信用信息采集和信用分类管理标准，完善信贷、纳税、合同履约、产品质量等重点领域信用标准建设，规范信用评价、信息共享和应用，服务政务诚信、商务诚信、社会诚信和司法公信建设。
物品编码　完善和拓展国家物品编码体系及应用，加快物品信息资源体系建设，制定基于统一产品编码的电子商务交易产品质量信息发布系列标准，加强商品条码在电子商务产品监管中的应用研究，加强条码信息在质量监督抽样中的应用，加快物联网标识研究、二维条码标准研究，加强物品编码技术在产品质量追溯中的应用研究，加大商品条码数据库建设力度，支撑产品质量信用信息平台建设。
统一社会信用代码　研制跨部门跨领域统一社会信用代码应用的通用安全标准，加快统一社会信用代码地理信息采集、服务接口、数据安全、数据元、赋码规范、数据管理、交换接口等关键标准的制定和实施，初步实现相关部门法人单位信息资源的实时共享，推动统一社会信用代码在电子政务和电子商务领域应用。
城镇化和城市基础设施　重点开展城市和小城镇给排水、污水处理、节水、燃气、城镇供热、市容和环境卫生、风景园林、邮政、城市导向系统、城镇市政信息技术应用及服务等领域的标准制修订，提升城市管理标准化、信息化、精细化水平。提高建筑节能标准，推广绿色建筑和建材。

（三）加强生态文明标准化，服务绿色发展。以资源节约、节能减排、循环利用、环境治理和生态保护为着力点，推进森林、海洋、土地、能源、矿产资源保护标准化体系建设，加强重要生态和环境标准研制与实施，提高节能、节水、节地、节材、节矿标准，加快能效能耗、碳排放、节能环保产业、循环经济以及大气、水、土壤污染防治标准研制，推进生态保护与建设，提高绿色循环低碳发展水平。

专栏5　生态保护与节能减排领域标准化重点
自然生态系统保护　加强森林、湿地、荒漠、海洋等自然生态系统与生物多样性保护、修复、检测、评价以及生态系统服务、外来生物入侵预警、生态风险评估、生态环境影响评价、野生动植物及濒危物种保护、水土保持、自然保护区、环境承载力等领域的标准制定与实施，实现生态资源的可持续开发与利用。
土地资源保护　制修订土地资源规划、调查、监测和评价，耕地保护、土地整治、高标准基本农田建设、永久基本农田红线划定，土地资源节约集约利用等领域的关键技术标准，制定不动产统一登记、不动产权籍调查以及不动产登记信息管理基础平台等领域的关键技术标准，制修订土地资源信息化领域标准，提高国土资源保障能力和保护水平。
水资源保护　制修订水资源规划、评价、监测以及水源地保护、取用水管理等标准，研制水资源开发利用控制、用水效率控制、水功能区限制纳污“三条红线”配套标准和重点行业节水标准、水资源承载能力监测预警标准，开展实施最严格水资源管理制度相关标准研究。
地质和矿产资源保护　制修订地质调查、地质矿产勘查、矿产资源储量、矿产资源开发与综合利用、地质矿产实验测试、矿产资源信息化等领域的关键技术标准以及石油、天然气、页岩气、煤层气等勘查与开采关键技术标准，研制水文地质、工程地质、地质环境和地质灾害等领域标准，制修订珠宝玉石领域基础性、通用性技术标准，提高地质、矿产资源开发利用效率和水平。
环境保护　制修订环境质量、污染物排放、环境监测方法、放射性污染防治标准，开展海洋环境保护和城市垃圾处理技术标准的研究，开展防腐蚀领域标准制定。研制工业品生态设计标准体系，制修订电子电气产品、汽车等相关有毒有害物质管控标准，制修订再制造、大宗固体废物综合利用、园区循环化改造、资源再生利用、废旧产品回收、餐厨废弃物资源化等标准，为建设资源节约型和环境友好型社会提供技术保障。
节能低碳　制修订能效、能耗限额等强制性节能标准以及在线监测、能效检测、能源审计、能源管理体系、合同能源管理、经济运行、节能量评估、节能技术评估、能源绩效评价等节能基础与管理标准，制修订高效能环保产品、环保设施运行效果评估相关标准，制修订碳排放核算与报告审核、碳减排量评估与审核、产品碳足迹、低碳园区、企业及产品评价、碳资产管理、碳汇交易、碳金融服务相关标准。

（四）加强文化建设标准化，促进文化繁荣。以优化公共文化服务、推动文化产业发展和规范文化市场秩序为着力点，建立健全文化行业分类指标体系，加快文化产业技术标准、文化市场产品标准与服务规范建设，完善公共文化服务标准体系，建立和实施国家基本公共文化服务指导标准，制定文

化安全管理和技术标准，促进基本公共文化服务标准化、均等化，保障文化环境健康有序发展，建设社会主义文化强国。

专栏6　文化领域标准化重点
文化艺术　重点开展公共文化服务、文化市场产品与服务术语、分类、文化内容管理、服务数量和质量要求、运行指标体系、评价体系，以及公共图书馆、文化馆（站）、博物馆、美术馆、艺术场馆和临时搭建舞台看台公共服务技术、质量、服务设施、服务信息、术语与语言资源等领域重要标准制修订与实施工作，推动文化创新，繁荣文化事业，发展文化产业。
新闻出版　加强新闻出版领域相关内容资源标识与管理标准制修订，加快研制版权保护与版权运营相关标准，推进数字出版技术与管理、新闻出版产品流通、信息标准的研制与应用，完善绿色印刷标准体系，开展全民阅读等新闻出版公共服务领域相关标准研制，丰富新闻出版服务供给，满足多样化需求。
广播电影电视　开展新一代网络制播、超高清电视、高效视音频编码、广播电视媒体融合、下一代广播电视网、三网融合、数字音频广播、新一代地面数字电视、卫星广播电视、应急广播、数字电影与数字影院等标准的研制，提高影视服务质量。
文物保护　开展文化遗产保护与利用标准研究，制定与实施文物保护专用设施以及可移动文物、不可移动文物、文物调查与考古发掘等文物保护标准，重点制定文物保存环境质量检测、文物分类、文物病害评估等标准，加强文物风险管理标准的制定，提高文物保护水平。开展中国文化传承标准研究。
体育　加强公共体育服务、体育竞赛、全民健身、体育场馆设施以及国民体质监测等标准的研制与应用，重点推动体育产业标准化工作的开展，加快体育项目经营活动、竞赛表演业、健身娱乐业、中介活动、体育用品、信息产业等标准的制修订工作，促进体育事业又好又快发展。

（五）加强政府管理标准化，提高行政效能。

以推进各级政府事权规范化、提升公共服务质量和加快政府职能转变为着力点，固化和推广政府管理成熟经验，加强权力运行监督、公共服务供给、执法监管、政府绩效管理、电子政务等领域标准制定与实施，构建政府管理标准化体系，树立依法依标管理和服务意识，建设人民满意政府。

专栏7　政府管理领域标准化重点
权力运行监督　探索建立权力运行监督标准化体系，推进各级政府事权规范化。研究制定行政审批事项分类编码、行政审批取消和下放效果评估、权力行使流程等标准，实现依法行政、规范履职、廉洁透明、高效服务的政府建设目标。

续表

专栏7　政府管理领域标准化重点
基本公共服务　完善基本公共服务分类与供给、质量控制与绩效评估标准，研制政府购买公共服务、社区服务标准，制定实施综合行政服务平台建设、检验检测共用平台建设、基本公共服务设施分级分类管理、服务规范等标准，培育基本公共服务标准化示范项目，提高基本公共服务保障能力。
执法监管　强化节能节地节水、安全等市场准入标准和公共卫生、生态环境保护、消费者安全等领域强制性标准的实施监督，开展基层执法设备设施、行为规范、抽样技术等标准研制，提高执法效率和规范化水平，促进市场公平竞争。
政府绩效管理　加强政府工作标准的制定实施，制定实施政府服务质量控制、绩效评估、满意度测评方法和指标体系标准，促进政府行政效能与工作绩效的提升。
电子政务服务　推进电子公文管理、档案信息化与电子档案管理、电子监察、电子审计等标准体系建设，加强互联网政务信息数据服务、便民服务平台、行业数据接口、电子政务系统可用性、政务信息资源共享等政务信息标准化工作，制定基于大数据、云计算等信息技术应用的舆情分析和风险研判标准，促进电子政务标准化水平提升。
信息安全保密　进一步完善国家保密标准体系，加强涉密信息系统分级保护、保密检查监管、安全保密产品等标准化工作，开展虚拟化、移动互联网、物联网等信息技术应用的安全保密标准研究，增强信息安全保密技术能力。

四、重大工程

（一）农产品安全标准化工程。结合国家农业发展规划和重点领域实际，以保障粮食等重要农产品安全为目标，全面提升农业生产现代化、规模化、标准化水平，保障国家粮食安全、维护社会稳定。

围绕安全种植、健康养殖、绿色流通、合理加工，构建科学、先进、适用的农产品安全标准体系和标准实施推广体系。重点加强现代农业基础设施建设，种质资源保护与利用，“米袋子”、“菜篮子”产品安全种植，畜禽、水产健康养殖，中药材种植，新型农业投入品安全控制，粮食流通，鲜活农产品及中药材流通溯源，粮油产品品质提升和节约减损，动植物疫病预防控制等领域标准制定，制修订相关标准3000项以上，进一步完善覆盖农业产前、产中、产后全过程，从农田到餐桌全链条的农产品安全保障标准体系，有效保障农产品安全。围绕农业综合标准化示范、良好农业操作规范试点、公益性农产品批发市场建设、跨区域农产品流通基础设施提升等，大力开展以建立现代农业生产体系为目标的标准化示范推广工作，建设涵盖农产品生产、加工、流通各环节的各类标准化示范项目1000个以上，组织农业标准化技术机构、行业协会、科研机构、产业联盟，构建农业标准化区域服务与推广平台50个，建立现代农业标准化示范和推广体系。

（二）消费品安全标准化工程。以保障消费品安全为目标，建立完善消费品安全标准体系，促进我国消费品安全和质量水平不断提高。

开展消费品安全标准“筑篱”专项行动，围绕化学安全、机械物理安全、生物安全和使用安全，建立跨领域通用安全标准、重点领域专用安全标准和重要产品安全标准相互配套、相互衔接的消费品安全标准体系。在家用电器、纺织服装、家具、玩具、鞋类、电器附件、纸制品、体育用品、化妆品、涂料、建筑卫生陶瓷等30个重点领域，开展1000项国内外标准比对评估。加快制定消费品设计、关键材料、重要零部件、生产制造等产业技术基础标准，加强消费品售后服务、标签标识、质量信息揭示、废旧消费品再利用等领域标准研制，制定相关标准1000项以上。建设消费品标准信息服务平台，完善产业发展、产品质量监督、进出口商品检验、消费维权等多环节信息与标准化工作的衔接互动机制，加强对消费品标准化工作的信息共享和风险预警。在重点消费品领域，扶持建立一批团体标准制定组织，整合产业链上下游产学研资源，合力研究制定促进产业发展的设计、材料、工艺、检测等关键共性标准。结合现有各级检验检测实验力量，建设一批标准验证检验检测机构，探索建立重要消费品关键技术指标验证制度。

（三）节能减排标准化工程。落实节能减排低碳发展有关规划及《国家应对气候变化规划（2014－2020年）》，以有效降低污染水平为目标，开展治污减霾、碧水蓝天标准化行动，实现主要高耗能行业、主要终端用能产品的能耗限额和能效标准全覆盖。

滚动实施百项能效标准推进工程，加快能效与能耗标准制修订速度，加强与能效领跑者制度的有效衔接，适时将领跑者指标纳入能效、能耗强制性标准体系中。重点研究制定能源在线监测、能源绩效评价、合同能源管理、节能量及节能技术评估、能源管理与审计、节能监察等节能基础与管理标准，为能源在线监测、固定资产投资项目节能评估和审查等重要节能管理制度提供技术支撑。针对钢铁、水泥、电解铝等产能过剩行业，实施化解产能过剩标准支撑工程，重点制定节能、节水、环保、生产设备节能、高效节能型产品、节能技术、再制造等方面标准，加速淘汰落后产能，引导产业结构转型升级。研究制定环境质量、污染物排放、环境监测与检测服务、再利用及再生利用产品、循环经济评价、碳排放评估与管理等领域的标准。制修订相关标准500项以上，有效支撑绿色发展、循环发展和低碳发展。围绕国家生态文明建设的总体要求，开展100家循环经济标准化试点示范。加强标准与节能减排政策的有效衔接，针对10个行业研究构建节能减排成套标准工具包，推动系列标准在行业的整体实施。完善节能减排标准有效实施的政策机制。

（四）基本公共服务标准化工程。围绕国家基本公共服务体系规划，聚焦城乡一体化发展中的基层组织和特殊人群保护等重点领域，加快推进基本公共服务标准化工作，促进基本公共服务均等化。

围绕基本公共服务的资源配置、运行管理、绩效评价，农村、社区等基层基本公共服务，老年人、残疾人等特殊人群的基本公共服务，研制300项以上标准，健全公共教育、劳动就业、社会保险、医疗卫生、公共文化等基本公共服务重点领域标准体系。鼓励各地区、各部门紧贴政府职能转变，开展基本公共服务标准宣传贯彻和培训，利用网络、报刊等公开基本公共服务标准，协同推动基本公共服务标准实施。开展100项以上基本公共服务领域的标准化试点示范项目建设，总结推广成功经验。加强政府自我监督，探索创新社会公众监督、媒体监督等方式，强化基本公共服务标准实施的监督，畅通投诉、举报渠道。加强基本公共服务供给模式、标准实施评价、政府购买公共服务等基础标准研究，不断完善基本公共服务标准化理论方法体系。

（五）新一代信息技术标准化工程。编制新一代信息技术标准体系规划，建立面向未来、服务产业、重点突出、统筹兼顾的标准体系，支撑信息产业创新发展，推动各行业信息化水平全面提升，保障网络安全和信息安全自主可控。

围绕集成电路、高性能电子元器件、半导体照明、新型显示、新型便携式电源、智能终端、卫星导航、操作系统、人机交互、分布式存储、物联网、云计算、大数据、智慧城市、数字家庭、电子商务、电子政务、新一代移动通信、超宽带通信、个人信息保护、网络安全审查等领域，研究制定关键技术和共性基础标准，制定相关标准1000项以上，推动50项以上优势标准转化为国际标准，提升国际竞争力。搭建国产软硬件互操作、数据共享与服务、软件产品与系统检测、信息技术服务、云服务安全、办公系统安全、国家信息安全标准化公共服务平台。建立国家网络安全审查技术标准体系并试点应用。发布实施信息技术服务标准化工作行动计划，创建20个信息技术服务标准化示范城市（区）。开展标准化创新服务机制研究，推动“科技、专利、标准”同步研发的新模式，助力企业实现创新发展。

（六）智能制造和装备升级标准化工程。围绕“中国制造2025”，立足国民经济发展和国防安全需求，制定智能制造和装备升级标准的规划，研制关键技术标准，显著提升智能制造和装备制造技术水平和国际竞争力，保障产业健康、有序发展。

建立智能制造标准体系，研究制定智能制造关键术语和词汇表、企业间联网和集成、智能制造装备、智能化生产线和数字化车间、智慧工厂、智能传感器、高端仪表、智能机器人、工业通信、工业物联网、工业云和大数据、工业安全、智能制造服务架构等200项以上标准。搭建标准化验证测试公共服务平台，重点针对流程制造、离散制造、智能装备和产品、智能制造新业态新模式、智能化管理和智能服务5个领域开展标准化试点示范。组织编制制造业标准化提升计划，制修订2000项以上技术标准。聚焦清洁发电设备、核电装备、石油石化装备、节能环保装备、航空装备、航天装备、海洋工程装备、海洋深潜和极地考察装备、高技术船舶、轨道交通装备、工程机械、数控机床、安全生产及应急救援装备等重大产业领域，开展装备技术标准研究。重点制定关键零部件所需的钢铁、有色、有机、复合等基础材料标准，铸造、锻压、热处理、增材制造等绿色工艺及基础制造装备标准，提高国产轴承、齿轮、液气密等关键零部件性能、可靠性和寿命标准指标。加快重大成套装备技术标准研制，在高铁、发动机、大飞机、发电和输变电、冶金及石油石化成套设备等领域，建立一批标准综合体。结合新型工业化产业示范，发挥地方积极性，加大推动装备制造产业标准化试点力度。通过产业链之间协作，开展优势装备“主制造商+典型用户+供应商”模式的标准化试点。组织编制《中国装备走出去标准名录》，服务促进一批重大技术装备制造企业走出去。

（七）新型城镇化标准化工程。依据《国家新型城镇化规划（2014－2020年）》，建立层次分明、科学合理、适用有效的标准体系，基本覆盖新型城镇建设各环节，满足城乡规划、建设与管理的需要。

围绕推进农业转移人口市民化、优化城镇化布局和形态、提高城市可持续发展能力、推动城乡发展一体化等改革重点领域，研究编制具有中国特色的新型城镇化标准体系，组织制定相关标准700项以上。加快制定用于指导和评价新型城镇化进程的量化指标、测算依据、数据采集、监测与评价方法等基础通用标准。加强新型城镇化规划建设、资源配置、管理评价以及与统筹城乡一体化发展相配套的标准制定。选择10个省、市开展新型城镇化标准化试点，推动标准在新型城镇化发展过程中的应用和实施，提升新型城镇化发展过程中的标准化水平。建设一批新型城镇化标准化示范城市，总结经验，形成可复制、可推广的发展模式，支撑和促进新型城镇化规范、有序发展。

（八）现代物流标准化工程。落实《物流业发展中长期规划（2014－2020年）》，系统推进物流标准研制、实施、监督、国际化等各项任务，满足物流业转型升级发展的需要。

完善物流标准体系，加大物流安全、物流诚信、绿色物流、物流信息、先进设施设备和甩挂运输、城市共同配送、多式联运等物流业发展急需的重要标准研制力度，制定100项基础类、通用类及专业类物流标准。加强重要物流标准宣传贯彻和培训，促进物流标准实施。实施商贸物流标准化专项行动计划，推广标准托盘及循环共用。选择大型物流企业、配送中心、售后服务平台、物流园区、物流信息平台等，开展100个物流标准化试点。针对危险货物仓储运输、物流装备安全要求等强制性标准，推进物流设备和服务认证，推动行业协会、媒体和社会公众共同监督物流标准实施，加大政府监管力度。积极采用适合我国物流业发展的国际先进标准，在电子商务物流、快递物流等优势领域争取国际标准突破，支撑物流业国际化发展。

（九）中国标准走出去工程。按照"促进贸易、统筹协作、市场导向、突出重点"的要求，大力推动中国标准走出去，支撑我国产品和服务走出去，服务国家构建开放型经济新体制的战略目标。

围绕节能环保、新一代信息技术、高端装备制造、新能源、新材料、新能源汽车、船舶、农产品、玩具、纺织品、社会管理和公共服务等优势、特色领域以及战略性新兴产业领域，平均每年主导和参与制定国际标准500项以上。围绕实施"一带一路"战略，按照《标准联通"一带一路"行动计划（2015－2017）》的要求，以东盟、中亚、海湾、蒙俄等区域和国家为重点，深化标准化互利合作，推进标准互认；在基础设施、新兴和传统产业领域，推动共同制定国际标准；组织翻译1000项急需的国家标准、行业标准英文版，开展沿线国家大宗进出口商品标准比对分析；在水稻、甘蔗和果蔬等特色农产品领域，开展东盟农业标准化示范区建设；在电力电子设备、家用电器、数字电视广播、半导体照明等领域，开展标准化互联互通项目；加强沿线国家和区域标准化研究，推动建立沿线重点国家和区域标准化研究中心。

（十）标准化基础能力提升工程。以整体提升标准化发展的基础能力为目标，推进标准化核心工作能力、人才培养模式和技术支撑体系建设，发挥好标准在国家质量技术基础建设及产业发展、行业管理和社会治理中的支撑作用。

围绕标准化技术委员会建设和标准制修订全过程管理，推进标准化核心工作能力建设。整合优化技术委员会组织体系，引入项目委员会、联合工作组等多种技术组织形式；建立技术委员会协调、申诉和退出等机制，加强技术委员会工作考核评价。推动标准从立项到复审的信息化管理，将标准制定周期缩短至24个月以内；加强标准审查评估工作，围绕标准立项、研制、实施开展全过程评估；依托现有检验检测机构，设立国家级标准验证检验检测点50个以上，加强对标准技术指标的实验验证；加快强制性标准整合修订和推荐性标准体系优化，集中开展滞后老化标准复审工作。

围绕标准化知识的教育、培训和宣传，完善标准化人才培养模式。开展标准化专业学历学位教育，推动标准化学科建设；开展面向专业技术人员的标准化专业知识培训；开展面向企业管理层和员工的标准化技能培训；开展面向政府公务人员和社会公众的标准化知识宣传普及。实施我国国际标准化人才培育计划，着力培养懂技术、懂规则的国际标准化专业人才；依托国际交流和对外援助，开展面向发展中国家的标准化人才培训与交流项目。

围绕标准化科研机构、标准创新基地和标准化信息化建设，加强标准化技术支撑体系建设。加强标准化科研机构能力建设，系统开展标准化理论、方法和技术研究，夯实标准化发展基础。加强标准研制与科技创新的融合，针对京津冀、长三角、珠三角等区域以及现代农业、新兴产业、高技术服务业等领域发展需求，按照深化中央财政科技计划管理改革的要求，推进国家技术标准创新基地建设。进一步加强标准化信息化建设，利用大数据技术凝练标准化需求，开展标准实施效果评价，建成支撑标准化管理和全面提供标准化信息服务的全国标准信息网络平台。

五、保障措施

（一）加快标准化法治建设。加快推进《中华人民共和国标准化法》及相关配套法律法规、规章的制修订工作，夯实标准化法治基础。加大法律法规、规章、政策引用标准的力度，在法律法规中进一步明确标准制定和实施中有关各方的权利、义务和责任。鼓励地方立法推进标准化战略实施，制定符合本行政区域标准化事业发展实际的地方性配套法规、规章。完善支持标准化发展的政策保障体系。充分发挥标准对法律法规的技术支撑和补充作用。

（二）完善标准化协调推进机制。进一步健全统一管理、分工负责、协同推进的标准化管理体制。加强标准化工作的部门联动，完善农业、服务业、社会管理和公共服务等领域标准化联席会议制度，充分发挥国务院各有关部门在标准制定、实施及监督中的作用。地方各级政府要加强对标准化工作的领导，建立完善地方政府标准化协调推进机制，加强督查、强化考核，加大重要标准推广应用的协调力度。在长江经济带、京津冀等有条件的地区建立区域性标准化协作机制，协商解决跨区域跨领域的重大标准化问题。加强标准化省部合作。建立健全军民融合标准化工作机制，促进民用标准化与军用标准化之间的相互协调与合作。

（三）建立标准化多元投入机制。各级财政应根据工作实际需要统筹安排标准化工作经费。制定强制性标准和公益类推荐性标准以及参与国际标准化活动的经费，由同级财政予以安排。探索建立市场化、多元化经费投入机制，鼓励、引导社会各界加大投入，促进标准创新和标准化服务业发展。

（四）加大标准化宣传工作力度。各地区、各部门要通过多种渠道，大力宣传标准化方针政策、法律法规以及标准化先进典型和突出成就，扩大标准化社会影响力。加强重要舆情研判和突发事件处置。广泛开展世界标准日、质量月、消费者权益保护日等群众性标准化宣传活动，深入企业、机关、学校、社区、乡村普及标准化知识，宣传标准化理念，营造标准化工作良好氛围。

（五）加强规划组织实施。国务院标准化行政主管部门牵头组织，各地区、各部门分工负责，组织和动员社会各界力量推进规划实施。做好相关专项规划与本规划的衔接，抓好发展目标、主要任务和重大工程的责任分解和落实，将规划实施情况纳入地方政府和相关部门的绩效考核。健全标准化统一管理和协调推进机制，完善各项配套政策措施，确保规划落到实处。适时开展规划实施的效果评估和监督检查，跟踪分析规划的实施进展。根据外部因素和内部条件变化，对规划进行中期评估和调整、优化，提高规划科学性和有效性。

各地区、各部门可依据本规划，制定本地区、本部门标准化体系建设发展规划。

国务院关于新形势下加快知识产权强国建设的若干意见

（2015 年 12 月 18 日　国发〔2015〕71 号）

国家知识产权战略实施以来，我国知识产权创造运用水平大幅提高，保护状况明显改善，全社会知识产权意识普遍增强，知识产权工作取得长足进步，对经济社会发展发挥了重要作用。同时，仍面临知识产权大而不强、多而不优、保护不够严格、侵权易发多发、影响创新创业热情等问题，亟待研究解决。当前，全球新一轮科技革命和产业变革蓄势待发，我国经济发展方式加快转变，创新引领发展的趋势更加明显，知识产权制度激励创新的基本保障作用更加突出。为深入实施创新驱动发展战略，深化知识产权领域改革，加快知识产权强国建设，现提出如下意见。

一、总体要求

（一）指导思想。全面贯彻党的十八大和十八届二中、三中、四中、五中全会精神，按照“四个全面”战略布局和党中央、国务院决策部署，深入实施国家知识产权战略，深化知识产权重点领域改革，有效促进知识产权创造运用，实行更加严格的知识产权保护，优化知识产权公共服务，促进新技术、新产业、新业态蓬勃发展，提升产业国际化发展水平，保障和激励大众创业、万众创新，为实施创新驱动发展战略提供有力支撑，为推动经济保持中高速增长、迈向中高端水平，实现“两个一百年”奋斗目标和中华民族伟大复兴的中国梦奠定更加坚实的基础。

（二）基本原则。

坚持战略引领。按照创新驱动发展战略和“一带一路”等战略部署，推动提升知识产权创造、运用、保护、管理和服务能力，深化知识产权战略实施，提升知识产权质量，实现从大向强、从多向优的转变，实施新一轮高水平对外开放，促进经济持续健康发展。

坚持改革创新。加快完善中国特色知识产权制度，改革创新体制机制，破除制约知识产权事业发展的障碍，着力推进创新改革试验，强化分配制度的知识价值导向，充分发挥知识产权制度在激励创新、促进创新成果合理分享方面的关键作用，推动企业提质增效、产业转型升级。

坚持市场主导。发挥市场配置创新资源的决定性作用，强化企业创新主体地位和主导作用，促进创新要素合理流动和高效配置。加快简政放权、放管结合、优化服务，加强知识产权政策支持、公共服务和市场监管，着力构建公平公正、开放透明的知识产权法治环境和市场环境，促进大众创业、万众创新。

坚持统筹兼顾。统筹国际国内创新资源，形成若干知识产权领先发展区域，培育我国知识产权优势。加强全球开放创新协作，积极参与、推动知识产权国际规则制定和完善，构建公平合理国际经济秩序，为市场主体参与国际竞争创造有利条件，实现优进优出和互利共赢。

（三）主要目标。到2020年，在知识产权重要领域和关键环节改革上取得决定性成果，知识产权授权确权和执法保护体系进一步完善，基本形成权界清晰、分工合理、责权一致、运转高效、法治保障的知识产权体制机制，知识产权创造、运用、保护、管理和服务能力大幅提升，创新创业环境进一步优化，逐步形成产业参与国际竞争的知识产权新优势，基本实现知识产权治理体系和治理能力现代化，建成一批知识产权强省、强市，知识产权大国地位得到全方位巩固，为建成中国特色、世界水平的知识产权强国奠定坚实基础。

二、推进知识产权管理体制机制改革

（四）研究完善知识产权管理体制。完善国家知识产权战略实施工作部际联席会议制度，由国务院领导同志担任召集人。积极研究探索知识产权管理体制机制改革。授权地方开展知识产权改革试验。鼓励有条件的地方开展知识产权综合管理改革试点。

（五）改善知识产权服务业及社会组织管理。放宽知识产权服务业准入，促进服务业优质高效发展，加快建设知识产权服务业集聚区。扩大专利代理领域开放，放宽对专利代理机构股东或合伙人的条件限制。探索开展知识产权服务行业协会组织“一业多会”试点。完善执业信息披露制度，及时公开知识产权代理机构和从业人员信用评价等相关信息。规范著作权集体管理机构收费标准，完善收益分配制度，让著作权人获得更多许可收益。

（六）建立重大经济活动知识产权评议制度。研究制定知识产权评议政策。完善知识产权评议工作指南，规范评议范围和程序。围绕国家重大产业规划、高技术领域重大投资项目等开展知识产权评议，建立国家科技计划知识产权目标评估制度，积极探索重大科技活动知识产权评议试点，建立重点领域知识产权评议报告发布制度，提高创新效率，降低产业发展风险。

（七）建立以知识产权为重要内容的创新驱动发展评价制度。完善发展评价体系，将知识产权产品逐步纳入国民经济核算，将知识产权指标纳入国民经济和社会发展规划。发布年度知识产权发展状况报告。在对党政领导班子和领导干部进行综合考核评价时，注重鼓励发明创造、保护知识产权、加强转化运用、营造良好环境等方面的情况和成效。探索建立经营业绩、知识产权和创新并重的国有企业考评模式。按照国家有关规定设置知识产权奖励项目，加大各类国家奖励制度的知识产权评价权重。

三、实行严格的知识产权保护

（八）加大知识产权侵权行为惩治力度。推动知识产权保护法治化，发挥司法保护的主导作用，完善行政执法和司法保护两条途径优势互补、有机衔接的知识产权保护模式。提高知识产权侵权法定赔偿上限，针对情节严重的恶意侵权行为实施惩罚性赔偿并由侵权人承担实际发生的合理开支。进一步推进侵犯知识产权行政处罚案件信息公开。完善知识产权快速维权机制。

加强海关知识产权执法保护。加大国际展会、电子商务等领域知识产权执法力度。开展与相关国际组织和境外执法部门的联合执法，加强知识产权司法保护对外合作，推动我国成为知识产权国际纠纷的重要解决地，构建更有国际竞争力的开放创新环境。

（九）加大知识产权犯罪打击力度。依法严厉打击侵犯知识产权犯罪行为，重点打击链条式、产业化知识产权犯罪网络。进一步加强知识产权行政执法与刑事司法衔接，加大涉嫌犯罪案件移交工作力度。完善涉外知识产权执法机制，加强刑事执法国际合作，加大涉外知识产权犯罪案件侦办力度。加强与有关国际组织和国家间打击知识产权犯罪行为的司法协助，加大案情通报和情报信息交换力度。

（十）建立健全知识产权保护预警防范机制。将故意侵犯知识产权行为情况纳入企业和个人信用记录。推动完善商业秘密保护法律法规，加强人才交流和技术合作中的商业秘密保护。开展知识产权保护社会满意度调查。建立收集假冒产品来源地相关信息的工作机制，发布年度中国海关知识产权保护状况报告。加强大型专业化市场知识产权管理和保护工作。发挥行业组织在知识产权保护中的积极作用。运用大数据、云计算、物联网等信息技术，加强在线创意、研发成果的知识产权保护，提升预警防范能力。加大对小微企业知识产权保护援助力度，构建公平竞争、公平监管的创新创业和营商环境。

（十一）加强新业态新领域创新成果的知识产权保护。完善植物新品种、生物遗传资源及其相关传统知识、数据库保护和国防知识产权等相关法律制度。适时做好地理标志立法工作。研究完善商业模式知识产权保护制度和实用艺术品外观设计专利保护制度。加强互联网、电子商务、大数据等领域的知识产权保护规则研究，推动完善相关法律法规。制定众创、众包、众扶、众筹的知识产权保护政策。

（十二）规制知识产权滥用行为。完善规制知识产权滥用行为的法律制度，制定相关反垄断执法指南。完善知识产权反垄断监管机制，依法查处滥用知识产权排除和限制竞争等垄断行为。完善标准必要专利的公平、合理、无歧视许可政策和停止侵权适用规则。

四、促进知识产权创造运用

（十三）完善知识产权审查和注册机制。建立计算机软件著作权快速登记通道。优化专利和商标的审查流程与方式，实现知识产权在线登记、电子申请和无纸化审批。完善知识产权审查协作机制，建立重点优势产业专利申请的集中审查制度，建立健全涉及产业安全的专利审查工作机制。合理扩大专利确权程序依职权审查范围，完善授权后专利文件修改制度。拓展“专利审查高速路”国际合作网络，加快建设世界一流专利审查机构。

（十四）完善职务发明制度。鼓励和引导企事业单位依法建立健全发明报告、权属划分、奖励报酬、纠纷解决等职务发明管理制度。探索完善创新成果收益分配制度，提高骨干团队、主要发明人收益比重，保障职务发明人的合法权益。按照相关政策规定，鼓励国有企业赋予下属科研院所知识产权处置和收益分配权。

（十五）推动专利许可制度改革。强化专利以许可方式对外扩散。研究建立专利当然许可制度，鼓励更多专利权人对社会公开许可专利。完善专利强制许可启动、审批和实施程序。鼓励高等院校、科研院所等事业单位通过无偿许可专利的方式，支持单位员工和大学生创新创业。

（十六）加强知识产权交易平台建设。构建知识产权运营服务体系，加快建设全国知识产权运营公共服务平台。创新知识产权投融资产品，探索知识产权证券化，完善知识产权信用担保机制，推动发展投贷联动、投保联动、投债联动等新模式。在全面创新改革试验区域引导天使投资、风险投资、私募基金加强对高技术领域的投资。细化会计准则规定，推动企业科学核算和管理知识产权资产。推动高等院校、科研院所建立健全知识产权转移转化机构。支持探索知识产权创造与运营的众筹、众包模式，促进“互联网+知识产权”融合发展。

（十七）培育知识产权密集型产业。探索制定知识产权密集型产业目录和发展规划。运用股权投资基金等市场化方式，引导社会资金投入知识产权密集型产业。加大政府采购对知识产权密集型产品的支持力度。试点建设知识产权密集型产业集聚区和知识产权密集型产业产品示范基地，推行知识产权集群管理，推动先进制造业加快发展，产业迈向中高端水平。

（十八）提升知识产权附加值和国际影响力。实施专利质量提升工程，培育一批核心专利。加大轻工、纺织、服装等产业的外观设计专利保护力度。深化商标富农工作。加强对非物质文化遗产、民间文艺、传统知识的开发利用，推进文化创意、设计服务与相关产业融合发展。支持企业运用知识产权进行海外股权投资。积极参与国际标准制定，推动有知识产权的创新技术转化为标准。支持研究机构和社会组织制定品牌评价国际标准，建立品牌价值评价体系。支持企业建立品牌管理体系，鼓励企业收购海外知名品牌。保护和传承中华老字号，大力推动中医药、中华传统餐饮、工艺美术等企业“走出去”。

（十九）加强知识产权信息开放利用。推进专利数据信息资源开放共享，增强大数据运用能力。建立财政资助项目形成的知识产权信息披露制度。加快落实上市企业知识产权信息披露制度。规范知识产权信息采集程序和内容。完善知识产权许可的信息备案和公告制度。加快建设互联互通的知识产权信息公共服务平台，实现专利、商标、版权、集成电路布图设计、植物新品种、地理标志等基础信息免费或低成本开放。依法及时公开专利审查过程信息。增加知识产权信息服务网点，完善知识产权信息公共服务网络。

五、加强重点产业知识产权海外布局和风险防控

（二十）*加强重点产业知识产权海外布局规划*。加大创新成果标准化和专利化工作力度，推动形成标准研制与专利布局有效衔接机制。研究制定标准必要专利布局指南。编制发布相关国家和地区专利申请实务指引。围绕战略性新兴产业等重点领域，建立专利导航产业发展工作机制，实施产业规划类和企业运营类专利导航项目，绘制服务我国产业发展的相关国家和地区专利导航图，推动我国产业深度融入全球产业链、价值链和创新链。

（二十一）*拓展海外知识产权布局渠道*。推动企业、科研机构、高等院校等联合开展海外专利布局工作。鼓励企业建立专利收储基金。加强企业知识产权布局指导，在产业园区和重点企业探索设立知识产权布局设计中心。分类制定知识产权跨国许可与转让指南，编制发布知识产权许可合同范本。

（二十二）*完善海外知识产权风险预警体系*。建立健全知识产权管理与服务等标准体系。支持行业协会、专业机构跟踪发布重点产业知识产权信息和竞争动态。制定完善与知识产权相关的贸易调查应对与风险防控国别指南。完善海外知识产权信息服务平台，发布相关国家和地区知识产权制度环境等信息。建立完善企业海外知识产权问题及案件信息提交机制，加强对重大知识产权案件的跟踪研究，及时发布风险提示。

（二十三）*提升海外知识产权风险防控能力*。研究完善技术进出口管理相关制度，优化简化技术进出口审批流程。完善财政资助科技计划项目形成的知识产权对外转让和独占许可管理制度。制定并推行知识产权尽职调查规范。支持法律服务机构为企业提供全方位、高品质知识产权法律服务。探索以公证方式保管知识产权证据、证明材料。推动企业建立知识产权分析评议机制，重点针对人才引进、国际参展、产品和技术进出口等活动开展知识产权风险评估，提高企业应对知识产权国际纠纷能力。

（二十四）*加强海外知识产权维权援助*。制定实施应对海外产业重大知识产权纠纷的政策。研究我驻国际组织、主要国家和地区外交机构中涉知识产权事务的人力配备。发布海外和涉外知识产权服务和维权援助机构名录，推动形成海外知识产权服务网络。

六、提升知识产权对外合作水平

（二十五）推动构建更加公平合理的国际知识产权规则。积极参与联合国框架下的发展议程，推动《TRIPS 协定与公共健康多哈宣言》落实和《视听表演北京条约》生效，参与《专利合作条约》、《保护广播组织条约》、《生物多样性公约》等规则修订的国际谈判，推进加入《工业品外观设计国际注册海牙协定》和《马拉喀什条约》进程，推动知识产权国际规则向普惠包容、平衡有效的方向发展。

（二十六）加强知识产权对外合作机制建设。加强与世界知识产权组织、世界贸易组织及相关国际组织的合作交流。深化同主要国家知识产权、经贸、海关等部门的合作，巩固与传统合作伙伴的友好关系。推动相关国际组织在我国设立知识产权仲裁和调解分中心。加强国内外知名地理标志产品的保护合作，促进地理标志产品国际化发展。积极推动区域全面经济伙伴关系和亚太经济合作组织框架下的知识产权合作，探索建立“一带一路”沿线国家和地区知识产权合作机制。

（二十七）加大对发展中国家知识产权援助力度。支持和援助发展中国家知识产权能力建设，鼓励向部分最不发达国家优惠许可其发展急需的专利技术。加强面向发展中国家的知识产权学历教育和短期培训。

（二十八）拓宽知识产权公共外交渠道。拓宽企业参与国际和区域性知识产权规则制修订途径。推动国内服务机构、产业联盟等加强与国外相关组织的合作交流。建立具有国际水平的知识产权智库，建立博鳌亚洲论坛知识产权研讨交流机制，积极开展具有国际影响力的知识产权研讨交流活动。

七、加强组织实施和政策保障

（二十九）加强组织领导。各地区、各有关部门要高度重视，加强组织领导，结合实际制定实施方案和配套政策，推动各项措施有效落实。国家知识产权战略实施工作部际联席会议办公室要在国务院领导下，加强统筹协调，研究提出知识产权“十三五”规划等具体政策措施，协调解决重大问题，加强对有关政策措施落实工作的指导、督促、检查。

（三十）加大财税和金融支持力度。运用财政资金引导和促进科技成果产权化、知识产权产业化。落实研究开发费用税前加计扣除政策，对符合条件的知识产权费用按规定实行加计扣除。制定专利收费减缴办法，合理降低专利申请和维持费用。积极推进知识产权海外侵权责任保险工作。深入开展知识产权质押融资风险补偿基金和重点产业知识产权运营基金试点。

（三十一）加强知识产权专业人才队伍建设。加强知识产权相关学科建设，完善产学研联合培养模式，在管理学和经济学中增设知识产权专业，加强知识产权专业学位教育。加大对各类创新人才的知识产权培训力度。鼓励我国知识产权人才获得海外相应资格证书。鼓励各地引进高端知识产权人才，并参照有关人才引进计划给予相关待遇。探索建立知识产权国际化人才储备库和利用知识产权发现人才的信息平台。进一步完善知识产权职业水平评价制度，稳定和壮大知识产权专业人才队伍。选拔培训一批知识产权创业导师，加强青年创业指导。

（三十二）加强宣传引导。各地区、各有关部门要加强知识产权文化建设，加大宣传力度，广泛开展知识产权普及型教育，加强知识产权公益宣传和咨询服务，提高全社会知识产权意识，使尊重知识、崇尚创新、诚信守法理念深入人心，为加快建设知识产权强国营造良好氛围。

法治政府建设实施纲要（2015—2020 年）

（2015 年 12 月 23 日　中发〔2015〕36 号）

党的十八大把法治政府基本建成确立为到 2020 年全面建成小康社会的重要目标之一，意义重大、影响深远、任务艰巨。为深入推进依法行政，加快建设法治政府，如期实现法治政府基本建成的奋斗目标，针对当前法治政府建设实际，制定本纲要。

一、总体要求

（一）指导思想

高举中国特色社会主义伟大旗帜，全面贯彻党的十八大和十八届二中、三中、四中、五中全会精神，以马克思列宁主义、毛泽东思想、邓小平理论、“三个代表”重要思想、科学发展观为指导，深入贯彻习近平总书记系列重要讲话精神，根据全面建成小康社会、全面深化改革、全面依法治国、全面从严治党的战略布局，围绕建设中国特色社会主义法治体系、建设社会主义法治国家的全面推进依法治国总目标，坚持依法治国、依法执政、依法行政共同推进，坚持法治国家、法治政府、法治社会一体建设，深入推进依法行政，加快建设法治政府，培育和践行社会主义核心价值观，弘扬社会主义法治精神，推进国家治理体系和治理能力现代化，为实现“两个一百年”奋斗目标、实现中华民族伟大复兴的中国梦提供有力法治保障。

（二）总体目标

经过坚持不懈的努力，到 2020 年基本建成职能科学、权责法定、执法严明、公开公正、廉洁高效、守法诚信的法治政府。

（三）基本原则

建设法治政府必须坚持中国共产党的领导，坚持人民主体地位，坚持法律面前人人平等，坚持依法治国和以德治国相结合，坚持从中国实际出发，坚持依宪施政、依法行政、简政放权，把政府工作全面纳入法治轨道，实行法治政府建设与创新政府、廉洁政府、服务型政府建设相结合。

（四）衡量标准

政府职能依法全面履行，依法行政制度体系完备，行政决策科学民主合法，宪法法律严格公正实施，行政权力规范透明运行，人民权益切实有效保障，依法行政能力普遍提高。

二、主要任务和具体措施

（一）依法全面履行政府职能

目标：牢固树立创新、协调、绿色、开放、共享的发展理念，坚持政企分开、政资分开、政事分开、政社分开，简政放权、放管结合、优化服务，政府与市场、政府与社会的关系基本理顺，政府职能切实转变，宏观调控、市场监管、社会管理、公共服务、环境保护等职责依法全面履行。

措施：

1. 深化行政审批制度改革。全面清理行政审批事项，全部取消非行政许可审批事项。最大程度减少对生产经营活动的许可，最大限度缩小投资项目审批、核准的范围，最大幅度减少对各类机构及其活动的认定。取消不符合行政许可法规定的资质资格准入许可，研究建立国家职业资格目录清单管理制度。直接面向基层、量大面广、由地方实施更方便有效的行政审批事项，一律下放地方和基层管理。加大取消和下放束缚企业生产经营、影响群众就业创业行政许可事项的力度，做好已取消和下放行政审批事项的落实和衔接，鼓励大众创业、万众创新。严格控制新设行政许可，加强合法性、必要性、合理性审查论证。对增加企业和公民负担的证照进行清理规范。对保留的行政审批事项，探索目录化、编码化管理，全面推行一个窗口办理、并联办理、限时办理、规范办理、透明办理、网上办理，提高行政效能，激发社会活力。加快投资项目在线审批监管平台建设，实施在线监测并向社会公开，2015 年实现部门间的横向联通及中央和地方的纵向贯通。加快推进相对集中行政许可权工作，支持地方开展相对集中行政许可权改革试点。全面清理规范行政审批中介服务，对保留的行政审批中介服务实行清单管理并向社会公布，坚决整治“红顶中介”，切断行政机关与中介服务机构之间的利益链，推进中介服务行业公平竞争。

2. 大力推行权力清单、责任清单、负面清单制度并实行动态管理。在全面梳理、清理调整、审核确认、优化流程的基础上，将政府职能、法律依据、实施主体、职责权限、管理流程、监督方式等事项以权力清单的形式向社会公开，逐一厘清与行政权力相对应的责任事项、责任主体、责任方式。省级政府2015年年底前、市县两级政府2016年年底前基本完成政府工作部门、依法承担行政职能的事业单位权力清单的公布工作。开展编制国务院部门权力和责任清单试点。实行统一的市场准入制度，在制定负面清单基础上，各类市场主体可依法平等进入清单之外领域。建立行政事业性收费和政府性基金清单制度，清理取消不合法、不合规、不合理的收费基金项目，公布全国性、中央部门和单位及省级收费目录清单，减轻企业和公民负担。2015年年底前，没有法律法规依据且未按规定批准、越权设立的收费基金项目，政府提供普遍公共服务或体现一般性管理职能的行政事业性收费，没有法定依据的行政审批中介服务项目及收费，一律取消；擅自提高征收标准、扩大征收范围的，一律停止执行。

3. 优化政府组织结构。完善行政组织和行政程序法律制度，推进机构、职能、权限、程序、责任法定化。深化行政体制改革，优化政府机构设置、职能配置、工作流程，理顺部门职责关系，积极稳妥实施大部门制。创新行政管理方式，完善政府绩效管理。推进各级政府事权规范化、法律化，完善不同层级政府特别是中央和地方政府事权法律制度，强化中央政府宏观管理、制度设定职责和必要的执法权，强化省级政府统筹推进区域内基本公共服务均等化职责，强化市县政府执行职责。

4. 完善宏观调控。健全发展规划、投资管理、财政税收、金融等方面法律制度，加强发展战略、规划、政策、标准等制定和实施。切实转变政府投资管理职能，确立企业投资主体地位，制定并公开企业投资项目核准目录清单。完善主要由市场决定价格的机制，大幅缩减政府定价种类和项目，制定并公布政府定价目录，全面放开竞争性领域商品和服务价格。

5. 加强市场监管。清理、废除妨碍全国统一市场和公平竞争的各种规定和做法，破除部门保护、地区封锁和行业垄断。深化商事制度改革，继续清理工商登记前置审批，加快工商登记后置审批改革。进一步推进工商注册登记制度便利化，2015年年底前实现工商营业执照、组织机构代码证、税务登记证“三证合一”、“一照一码”。推行电子营业执照和全程电子化登记，实行“一址多照”和“一照多址”。加强事中事后监管，创新市场监管方式，完善市场监管体系，建立透明、规范、高效的投资项目纵横联动、协同监管机制，实行综合监管，推广随机抽查，探索“智能”监管。加强社会信用体系建设，建立健全全国统一的社会信用代码制度和信用信息共享交换平台，推进企业信用信息公示“全国一张网”建设，依法保护企业和个人信息安全。完善外资管理法律法规，保持外资政策稳定、透明、可预期。健全对外投资促进制度和服务体系，支持企业扩大对外投资，推动装备、技术、标准、服务走出去。

6. 创新社会治理。加强社会治理法律、体制机制、能力、人才队伍和信息化建设，提高社会治理科学化和法治化水平。完善社会组织登记管理制度。适合由社会组织提供的公共服务和解决的事项，交由社会组织承担。支持和发展社会工作服务机构和志愿服务组织。规范和引导网络社团社群健康发展，加强监督管理。深入推进社会治安综合治理，健全落实领导责任制。完善立体化社会治安防控体系，有效防范管控影响社会安定的问题，保护人民生命财产安全。提高公共突发事件防范处置和防灾救灾减灾能力。全方位强化安全生产，全过程保障食品药品安全。推进社会自治，发挥市民公约、乡规民约、行业规章、团体章程等社会规范在社会治理中的积极作用。

7. 优化公共服务。着力促进教育、卫生、文化等社会事业健康发展，强化政府促进就业、调节收入分配和完善社会保障职能，加快形成政府主导、覆盖城乡、可持续的基本公共服务体系，实现基本公共服务标准化、均等化、法定化。建立健全政府购买公共服务制度，公开政府购买公共服务目录，加强政府购买公共服务质量监管。推进公共服务提供主体和提供方式多元化，凡属事务性管理服务，原则上都要引入竞争机制向社会购买；确需政府参与的，实行政府和社会资本合作模式。

8. 强化生态环境保护。加快建立和完善有效约束开发行为和促进绿色发展、循环发展、低碳发展的生态文明法律制度。深化资源型产品价格和税费改革，实行资源有偿使用制度和生态补偿制度。改革生态环境保护管理体制，完善并严格实行环境信息公开制度、环境影响评价制度和污染物排放总量控制制度。健全生态环境保护责任追究制度和生态环境损害赔偿制度。对领导干部实行自然资源资产离任审计。

（二）完善依法行政制度体系

目标：提高政府立法质量，构建系统完备、科学规范、运行有效的依法行政制度体系，使政府管理各方面制度更加成熟更加定型，为建设社会主义市场经济、民主政治、先进文化、和谐社会、生态文明，促进人的全面发展，提供有力制度保障。

措施：

9. 完善政府立法体制机制。严格落实立法法规定，坚持立改废释并举，完善行政法规、规章制定程序，健全政府立法立项、起草、论证、协调、审议机制，推进政府立法精细化，增强政府立法的及时性、系统性、针对性、有效性。完善立法项目向社会公开征集制度。通过开展立法前评估等方式，健全立法项目论证制度。重要行政管理法律法规由政府法制机构组织起草，有效防止部门利益和地方保护主义法律化。对部门间争议较大的重要立法事项，由决策机关引入第三方评估，充分听取各方意见，协调决定，不能久拖不决。探索委托第三方起草法律法规规章草案。定期开展法规规章立法后评估，提高政府立法科学性。对不适应改革和经济社会发展要求的法律法规规章，要及时修改和废止。加强行政法规、规章解释工作。

10. 加强重点领域政府立法。围绕党和国家中心工作，加快推进完善社会主义市场经济体制，发展社会主义民主政治，建设社会主义先进文化，创新社会治理，保障公民权利和改善民生，维护国家安全，保护生态环境和加强政府自身建设等领域的政府立法。坚持在法治下推进改革、在改革中完善法治，实现立法和改革决策相统一、相衔接，做到重大改革于法有据、立法主动适应改革和经济社会发展需要。对实践证明已经比较成熟的改革经验和行之有效的改革举措，要及时上升为法律法规规章。

11. 提高政府立法公众参与度。拓展社会各方有序参与政府立法的途径和方式。健全法律法规规章起草征求人大代表意见制度，充分发挥政协委员、民主党派、工商联、无党派人士、人民团体、社会组织在立法协商中的作用。建立有关国家机关、社会团体、专家学者等对政府立法中涉及的重大利益调整论证咨询机制。拟设定的制度涉及群众切身利益或各方面存在较大意见分歧的，要采取座谈会、论证会、听证会、问卷调查等形式广泛听取意见。除依法需要保密的外，法律法规规章草案要通过网络、报纸等媒体向社会公开征求意见，期限一般不少于 30 日。加强与社会公众的沟通，健全公众意见采纳情况反馈机制，广泛凝聚社会共识。

12. 加强规范性文件监督管理。完善规范性文件制定程序，落实合法性审查、集体讨论决定等制度，实行制定机关对规范性文件统一登记、统一编号、统一印发制度。规范性文件不得设定行政许可、行政处罚、行政强制等事项，不得减损公民、法人和其他组织合法权益或者增加其义务。涉及公民、法人和其他组织权利义务的规范性文件，应当按照法定要求和程序予以公布，未经公布的不得作为行政管理依据。加强备案审查制度和能力建设，把所有规范性文件纳入备案审查范围，健全公民、法人和其他组织对规范性文件的建议审查制度，加大备案审查力度，做到有件必备、有错必纠。

13. 建立行政法规、规章和规范性文件清理长效机制。根据全面深化改革、经济社会发展需要，以及上位法制定、修改、废止情况，及时清理有关行政法规、规章、规范性文件。自2015年起用3年时间，对国务院文件进行全面清理，清理结果向社会公布。2017年年底前，有关部门和地方政府要完成对现行行政法规、规章、规范性文件的清理工作，清理结果向社会公布。实行行政法规、规章、规范性文件目录和文本动态化、信息化管理，各级政府及其部门要根据规范性文件立改废情况及时作出调整并向社会公布。

（三）推进行政决策科学化、民主化、法治化

目标：行政决策制度科学、程序正当、过程公开、责任明确，决策法定程序严格落实，决策质量显著提高，决策效率切实保证，违法决策、不当决策、拖延决策明显减少并得到及时纠正，行政决策公信力和执行力大幅提升。

措施：

14. 健全依法决策机制。完善重大行政决策程序制度，明确决策主体、事项范围、法定程序、法律责任，规范决策流程，强化决策法定程序的刚性约束。

15. 增强公众参与实效。事关经济社会发展全局和涉及群众切身利益的重大行政决策事项，应当广泛听取意见，与利害关系人进行充分沟通，并注重听取有关人大代表、政协委员、人民团体、基层组织、社会组织的意见。各级行政机关特别是市县两级政府要加强公众参与平台建设，对社会关注度高的决策事项，应当公开信息、解释说明，及时反馈意见采纳情况和理由。推行文化教育、医疗卫生、资源开发、环境保护、公用事业等重大民生决策事项民意调查制度。

16. 提高专家论证和风险评估质量。加强中国特色新型智库建设，建立行政决策咨询论证专家库。对专业性、技术性较强的决策事项，应当组织专家、专业机构进行论证。选择论证专家要注重专业性、代表性、均衡性，支持其独立开展工作，逐步实行专家信息和论证意见公开。落实重大决策社会稳定风险评估机制。

17. 加强合法性审查。建立行政机关内部重大决策合法性审查机制，未经合法性审查或经审查不合法的，不得提交讨论。建立政府法制机构人员为主体、吸收专家和律师参加的法律顾问队伍，保证法律顾问在制定重大行政决策、推进依法行政中发挥积极作用。

18. 坚持集体讨论决定。重大行政决策应当经政府常务会议或者全体会议、部门领导班子会议讨论，由行政首长在集体讨论基础上作出决定。行政首长拟作出的决定与会议组成人员多数人的意见不一致的，应当在会上说明理由。集体讨论情况和决定要如实记录、完整存档。

19. 严格决策责任追究。决策机关应当跟踪决策执行情况和实施效果，根据实际需要进行重大行政决策后评估。健全并严格实施重大决策终身责任追究制度及责任倒查机制，对决策严重失误或者依法应该及时作出决策但久拖不决造成重大损失、恶劣影响的，严格追究行政首长、负有责任的其他领导人员和相关责任人员的党纪政纪和法律责任。

（四）坚持严格规范公正文明执法

目标：权责统一、权威高效的行政执法体制建立健全，法律法规规章得到严格实施，各类违法行为得到及时查处和制裁，公民、法人和其他组织的合法权益得到切实保障，经济社会秩序得到有效维护，行政违法或不当行为明显减少，对行政执法的社会满意度显著提高。

措施：

20. 改革行政执法体制。根据不同层级政府的事权和职能，按照减少层次、整合队伍、提高效率的原则，合理配置执法力量。推进执法重心向市县两级政府下移，把机构改革、政府职能转变调整出来的人员编制重点用于充实基层执法力量。完善市县两级政府行政执法管理，加强统一领导和协调。大幅减少市县两级政府执法队伍种类，重点在食品药品安全、工商质检、公共卫生、安全生产、文化旅游、资源环境、农林水利、交通运输、城乡建设、海洋渔业、商务等领域内推行综合执法，支持有条件的领域推行跨部门综合执法。加大关系群众切身利益的重点领域执法力度。理顺城管执法体制，加强城市管理综合执法机构和队伍建设，提高执法和服务水平。理顺行政强制执行体制，科学配置行政强制执行权，提高行政强制执行效率。健全行政执法和刑事司法衔接机制，完善案件移送标准和程序，建立健全行政执法机关、公安机关、检察机关、审判机关信息共享、案情通报、案件移送制度。

21. 完善行政执法程序。建立健全行政裁量权基准制度，细化、量化行政裁量标准，规范裁量范围、种类、幅度。建立执法全过程记录制度，制定行政执法程序规范，明确具体操作流程，重点规范行政许可、行政处罚、行政强制、行政征收、行政收费、行政检查等执法行为。健全行政执法调查取证、告知、罚没收入管理等制度，明确听证、集体讨论决定的适用条件。完善行政执法权限协调机制，及时解决执法机关之间的权限争议，建立异地行政执法协助制度。严格执行重大行政执法决定法制审核制度，未经法制审核或者审核未通过的，不得作出决定。

22. 创新行政执法方式。推行行政执法公示制度。加强行政执法信息化建设和信息共享，有条件的地方和部门 2016 年年底前要建立统一的行政执法信息平台，完善网上执法办案及信息查询系统。强化科技、装备在行政执法中的应用。推广运用说服教育、劝导示范、行政指导、行政奖励等非强制性执法手段。健全公民和组织守法信用记录，完善守法诚信褒奖机制和违法失信行为惩戒机制。

23. 全面落实行政执法责任制。严格确定不同部门及机构、岗位执法人员的执法责任，建立健全常态化的责任追究机制。加强执法监督，加快建立统一的行政执法监督网络平台，建立健全投诉举报、情况通报等制度，坚决排除对执法活动的干预，防止和克服部门利益和地方保护主义，防止和克服执法工作中的利益驱动，惩治执法腐败现象。

24. 健全行政执法人员管理制度。2016年年底前，各地区各部门对行政执法人员进行一次严格清理，全面实行行政执法人员持证上岗和资格管理制度，未经执法资格考试合格，不得授予执法资格，不得从事执法活动。健全纪律约束机制，加强职业道德教育，全面提高执法人员素质。逐步推行行政执法人员平时考核制度，科学合理设计考核指标体系，考核结果作为执法人员职务级别调整、交流轮岗、教育培训、奖励惩戒的重要依据。规范执法辅助人员管理，明确其适用岗位、身份性质、职责权限、权利义务、聘用条件和程序等。

25. 加强行政执法保障。推动形成全社会支持行政执法机关依法履职的氛围。对妨碍行政机关正常工作秩序、阻碍行政执法人员依法履责的违法行为，坚决依法处理。各级党政机关和领导干部要支持行政执法机关依法公正行使职权，不得让行政执法人员做不符合法律规定的事情。行政机关履行执法职责所需经费，由各级政府纳入本级政府预算，保证执法经费足额拨付。改善执法条件，合理安排执法装备配备、科技建设方面的投入。严格执行罚缴分离和收支两条线管理制度，严禁下达或者变相下达罚没指标，严禁将行政事业性收费、罚没收入同部门利益直接或者变相挂钩。

（五）强化对行政权力的制约和监督

目标：科学有效的行政权力运行制约和监督体系基本形成，惩治和预防腐败体系进一步健全，各方面监督形成合力，人民群众的知情权、参与权、表达权、监督权得到切实保障，损害公民、法人和其他组织合法权益的违法行政行为得到及时纠正，违法行政责任人依法依纪受到严肃追究。

措施：

26. 健全行政权力运行制约和监督体系。坚持用制度管权管事管人，坚持决策权、执行权、监督权既相互制约又相互协调，完善各方面监督制度，确保行政机关按照法定权限和程序行使权力。起草法律法规规章和规范性文件，要有效落实公开行政权力运行流程、惩治和预防腐败、防控廉政风险、防止利益冲突等要求，切实把权力关进制度的笼子。加强行政程序制度建设，严格规范作出各类行政行为的主体、权限、方式、步骤和时限。发挥政府诚信建设示范作用，加快政府守信践诺机制建设。加强公务员诚信管理，建立公务员诚信档案。

27. 自觉接受党内监督、人大监督、民主监督、司法监督。在党委对党风廉政建设和反腐败工作的统一领导下，各级政府及其部门党组（党委）要切实履行主体责任，主要负责人是第一责任人，对本级政府本部门党风廉政建设负总责。认真执行向本级人大及其常委会报告工作制度，接受询问和质询制度，报备行政法规、规章制度。认真研究处理人大及其常委会组成人员对政府工作提出的有关审议意见，及时研究办理人大代表和政协委员提出的意见和建议，切实改进工作。健全知情明政机制，政府相关部门向政协定期通报有关情况，为政协委员履职提供便利、创造条件。支持人民法院依法受理行政案件，健全行政机关依法出庭应诉制度，尊重并执行人民法院生效裁判。检察机关对在履行职责中发现的行政违法行为进行监督，行政机关应当积极配合。

28. 加强行政监督和审计监督。完善政府内部层级监督，改进上级行政机关对下级行政机关的监督，建立健全常态化、长效化监督制度。加强对政府内部权力的制约，对财政资金分配使用、国有资产监管、政府投资、政府采购、公共资源转让、公共工程建设等权力集中的部门和岗位实行分事行权、分岗设权、分级授权，定期轮岗，强化内部流程控制，防止权力滥用。各级监察机关要切实履行监督责任，确保廉政建设各项任务落实。完善审计制度，健全有利于依法独立行使审计监督权的审计管理体制，建立具有审计职业特点的审计人员管理制度，基本形成与国家治理体系和治理能力现代化相适应的审计监督机制。对公共资金、国有资产、国有资源和领导干部履行经济责任情况实行审计全覆盖。强化上级审计机关对下级审计机关的领导。

29. 完善社会监督和舆论监督机制。建立对行政机关违法行政行为投诉举报登记制度，畅通举报箱、电子信箱、热线电话等监督渠道，方便群众投诉举报、反映问题，依法及时调查处理违法行政行为。发挥报刊、广播、电视等传统媒体监督作用，加强与互联网等新兴媒体的互动，重视运用和规范网络监督，建立健全网络舆情监测、收集、研判、处置机制，推动网络监督规范化、法治化。

30. 全面推进政务公开。坚持以公开为常态、不公开为例外原则，推进决策公开、执行公开、管理公开、服务公开、结果公开。完善政府信息公开制度，拓宽政府信息公开渠道，进一步明确政府信息公开范围和内容。重点推进财政预算、公共资源配置、重大建设项目批准和实施、社会公益事业建设等领域的政府信息公开。完善政府新闻发言人、突发事件信息发布等制度，做好对热点敏感问题的舆论引导，及时回应人民群众关切。创新政务公开方式，加强互联网政务信息数据服务平台和便民服务平台建设，提高政务公开信息化、集中化水平。

31. 完善纠错问责机制。加强行政问责规范化、制度化建设，增强行政问责的针对性和时效性。加大问责力度，坚决纠正行政不作为、乱作为，坚决克服懒政、庸政、怠政，坚决惩处失职、渎职。认真落实党风廉政建设责任制，坚持有错必纠、有责必问，对“四风”问题突出、发生顶风违纪问题或者出现区域性、系统性腐败案件的地方、部门和单位，既要追究主体责任、监督责任，又要严肃追究领导责任。

（六）依法有效化解社会矛盾纠纷

目标：公民、法人和其他组织的合法权益得到切实维护，公正、高效、便捷、成本低廉的多元化矛盾纠纷解决机制全面形成，行政机关在预防、解决行政争议和民事纠纷中的作用充分发挥，通过法定渠道解决矛盾纠纷的比率大幅提升。

措施：

32. 健全依法化解纠纷机制。构建对维护群众利益具有重大作用的制度体系，建立健全社会矛盾预警机制、利益表达机制、协商沟通机制、救济救助机制。及时收集分析热点、敏感、复杂矛盾纠纷信息，加强群体性、突发性事件预警监测。强化依法应对和处置群体性事件机制和能力。依法加强对影响或危害食品药品安全、安全生产、生态环境、网络安全、社会安全等方面重点问题的治理。加大普法力度，引导和支持公民、法人和其他组织依法表达诉求和维护权益。

33. 加强行政复议工作。完善行政复议制度，改革行政复议体制，积极探索整合地方行政复议职责。健全行政复议案件审理机制，加大公开听证审理力度，纠正违法或不当行政行为。提高行政复议办案质量，增强行政复议的专业性、透明度和公信力。县级以上地方政府要依法加强行政复议能力建设，推动相关机构设置、人员配备与所承担的工作任务相适应，充分发挥行政复议在解决行政争议中的重要作用。切实提高行政复议人员素质，落实办案场所和有关装备保障，行政复议经费列入本级政府预算。

34. 完善行政调解、行政裁决、仲裁制度。健全行政调解制度，进一步明确行政调解范围，完善行政调解机制，规范行政调解程序。健全行政裁决制度，强化行政机关解决同行政管理活动密切相关的民事纠纷功能。有关行政机关要依法开展行政调解、行政裁决工作，及时有效化解矛盾纠纷。完善仲裁制度，提高仲裁公信力，充分发挥仲裁解决经济纠纷、化解社会矛盾、促进社会和谐的作用。

35. 加强人民调解工作。贯彻落实人民调解法，健全人民调解组织网络，实现村委会、居委会人民调解组织全覆盖，推进企事业单位、乡镇街道、社会团体、行业组织中人民调解组织建设。重点协调解决消费者权益、劳动关系、医患关系、物业管理等方面的矛盾纠纷，促进当事人平等协商、公平公正解决矛盾纠纷。完善人民调解、行政调解、司法调解联动工作体系。

36. 改革信访工作制度。把信访纳入法治化轨道，保障合理合法诉求依照法律规定和程序就能得到合理合法的结果。规范信访工作程序，畅通群众诉求表达、利益协调和权益保障渠道，维护信访秩序。优化传统信访途径，实行网上受理信访制度，健全及时就地解决群众合理诉求机制。严格实行诉访分离，推进通过法定途径分类处理信访投诉请求，引导群众在法治框架内解决矛盾纠纷，完善涉法涉诉信访依法终结制度。

（七）全面提高政府工作人员法治思维和依法行政能力

目标：政府工作人员特别是领导干部牢固树立宪法法律至上、法律面前人人平等、权由法定、权依法使等基本法治理念，恪守合法行政、合理行政、程序正当、高效便民、诚实守信、权责统一等依法行政基本要求，做尊法学法守法用法的模范，法治思维和依法行政能力明显提高，在法治轨道上全面推进政府各项工作。

措施：

37. 树立重视法治素养和法治能力的用人导向。抓住领导干部这个全面依法治国的“关键少数”，把法治观念强不强、法治素养好不好作为衡量干部德才的重要标准，把能不能遵守法律、依法办事作为考察干部的重要内容，把严守党纪、恪守国法的干部用起来。在相同条件下，优先提拔使用法治素养好、依法办事能力强的干部。对特权思想严重、法治观念淡薄的干部要批评教育、督促整改，问题严重或违法违纪的，依法依纪严肃处理。

38. 加强对政府工作人员的法治教育培训。政府工作人员特别是领导干部要系统学习中国特色社会主义法治理论，学好宪法以及与自己所承担工作密切相关的法律法规。完善学法制度，国务院各部门、县级以上地方各级政府每年至少举办一期领导干部法治专题培训班，地方各级政府领导班子每年应当举办两期以上法治专题讲座。各级党校、行政学院、干部学院等要把宪法法律列为干部教育的必修课。健全行政执法人员岗位培训制度，每年组织开展行政执法人员通用法律知识、专门法律知识、新法律法规等专题培训。

加大对公务员初任培训、任职培训中法律知识的培训力度。

39. 完善政府工作人员法治能力考查测试制度。加强对领导干部任职前法律知识考查和依法行政能力测试，将考查和测试结果作为领导干部任职的重要参考，促进政府及其部门负责人严格履行法治建设职责。优化公务员录用考试测查内容，增加公务员录用考试中法律知识的比重。实行公务员晋升依法行政考核制度。

40. 注重通过法治实践提高政府工作人员法治思维和依法行政能力。政府工作人员特别是领导干部想问题、作决策、办事情必须守法律、重程序、受监督，牢记职权法定，切实保护人民权益。要自觉运用法治思维和法治方式深化改革、推动发展、化解矛盾、维护稳定，依法治理经济，依法协调和处理各种利益问题，避免埋钉子、留尾巴，努力营造办事依法、遇事找法、解决问题用法、化解矛盾靠法的良好法治环境。注重发挥法律顾问和法律专家的咨询论证、审核把关作用。落实“谁执法谁普法”的普法责任制，建立行政执法人员以案释法制度，使执法人员在执法普法的同时不断提高自身法治素养和依法行政能力。

三、组织保障和落实机制

党的领导是全面推进依法治国、加快建设法治政府最根本的保证，必须坚持党总揽全局、协调各方，发挥各级党委领导核心作用，把党的领导贯彻到法治政府建设各方面。各级政府及其部门要自觉接受党的领导，切实增强建设法治政府的使命感、紧迫感和责任感，加强组织领导，强化工作责任，一级抓一级，层层抓落实。

41. 加强党对法治政府建设的领导。各级政府要在党委统一领导下，谋划和落实好法治政府建设的各项任务，主动向党委报告法治政府建设中的重大问题，及时消除制约法治政府建设的体制机制障碍。各级政府及其部门要结合本地区本部门实际，每年部署法治政府建设年度重点工作，发挥牵引和突破作用，带动法治政府建设各项工作全面深入开展。加强各级政府及其部门法制力量建设，不断提高工作人员的思想政治素质和业务工作能力。

42. 落实第一责任人责任。党政主要负责人要履行推进法治建设第一责任人职责，将建设法治政府摆在工作全局的重要位置。对不认真履行第一责任人职责，本地区本部门一年内发生多起重大违法行政案件、造成严重社会后果的，依法追究主要负责人的责任。县级以上地方各级政府每年第一季度要向同级党委、人大常委会和上一级政府报告上一年度法治政府建设情况，政府部门每年第一季度要向本级政府和上一级政府有关部门报告上一年度法治政府建设情况，报告要通过报刊、政府网站等向社会公开。

43. 强化考核评价和督促检查。各级党委要把法治建设成效作为衡量各级领导班子和领导干部工作实绩的重要内容，纳入政绩考核指标体系，充分发挥考核评价对法治政府建设的重要推动作用。各级政府及其部门的党组织要领导和监督本单位模范遵守宪法法律，坚决查处执法犯法、违法用权等行为。要加强对法治政府建设进展情况的督促检查，结合法治政府建设年度重点工作，开展定期检查和专项督查。对工作不力、问题较多的，要及时约谈、责令整改、通报批评。

44. 加强理论研究、典型示范和宣传引导。加强中国特色社会主义法治政府理论研究，坚持从中国实际出发，解决中国实际问题，为法治政府建设提供理论支撑和决策参考。积极开展建设法治政府示范创建活动，大力培育建设法治政府先进典型。通过召开现场会、经验交流会等形式及时总结、交流和推广经验，充分发挥先进典型的示范带动作用。定期通报和曝光违法行政典型案例，分析原因、吸取教训、改进工作。大力开展推进依法行政、建设法治政府宣传工作。加强正面宣传引导，以报刊、广播、电视、网络等多种媒体形式，广泛宣传法治政府建设目标、工作部署、先进经验、典型做法，正确引导舆论、凝聚社会共识，营造全社会关心、支持和参与法治政府建设的良好社会氛围。

各地区各部门要结合实际制定实施方案，明确提出时间进度安排和可检验的成果形式，党政主要负责人要亲自抓落实，各项工作任务除本纲要有明确时间要求外，原则上应当在 2019 年年底前完成。中央和国家机关有关部门要根据部门职责承担并履行好本纲要确定的相关任务，并做好统筹协调，及时沟通协商，形成工作合力。作为牵头单位和负责单位的中央和国家机关有关部门和省级政府要建立法治政府建设年度进展报告制度，及时向党中央、国务院报告工作进展情况。国务院法制办要牵头做好督促检查。各地区各部门在实施本纲要的过程中，要注意研究法治政府建设的新情况新问题，解放思想、大胆实践、开拓进取、久久为功，运用法治思维和法治方式引领改革发展破障闯关、推动民生改善和社会公正，以更加奋发有为的精神状态，推动法治政府建设一步一个脚印向前迈进，为全面推进依法治国、建设社会主义法治国家作出扎扎实实的贡献。

中共中央、国务院关于深入推进城市执法体制改革、改进城市管理工作的指导意见

（2015年12月24日）

改革开放以来，我国城镇化快速发展，城市规模不断扩大，建设水平逐步提高，保障城市健康运行的任务日益繁重，加强和改善城市管理的需求日益迫切，城市管理工作的地位和作用日益突出。各地区各有关方面适应社会发展形势，积极做好城市管理工作，探索提高城市管理执法和服务水平，对改善城市秩序、促进城市和谐、提升城市品质发挥了重要作用。但也要清醒看到，与新型城镇化发展要求和人民群众生产生活需要相比，我国多数地区在城市市政管理、交通运行、人居环境、应急处置、公共秩序等方面仍有较大差距，城市管理执法工作还存在管理体制不顺、职责边界不清、法律法规不健全、管理方式简单、服务意识不强、执法行为粗放等问题，社会各界反映较为强烈，在一定程度上制约了城市健康发展和新型城镇化的顺利推进。

深入推进城市管理执法体制改革，改进城市管理工作，是落实“四个全面”战略布局的内在要求，是提高政府治理能力的重要举措，是增进民生福祉的现实需要，是促进城市发展转型的必然选择。为理顺城市管理执法体制，解决城市管理面临的突出矛盾和问题，消除城市管理工作中的短板，进一步提高城市管理和公共服务水平，现提出以下意见。

一、总体要求

（一）指导思想。深入贯彻党的十八大和十八届二中、三中、四中、五中全会及中央城镇化工作会议、中央城市工作会议精神，以“四个全面”战略布局为引领，牢固树立创新、协调、绿色、开放、共享的发展理念，以城市管理现代化为指向，以理顺体制机制为途径，将城市管理执法体制改革作为推进城市发展方式转变的重要手段，与简政放权、放管结合、转变政府职能、规范行政权力运行等有机结合，构建权责明晰、服务为先、管理优化、执法规范、安全有序的城市管理体制，推动城市管理走向城市治理，促进城市运行高效有序，实现城市让生活更美好。

（二）基本原则

——坚持以人为本。牢固树立为人民管理城市的理念，强化宗旨意识和服务意识，落实惠民和便民措施，以群众满意为标准，切实解决社会各界最

关心、最直接、最现实的问题，努力消除各种“城市病”。

——坚持依法治理。完善执法制度，改进执法方式，提高执法素养，把严格规范公正文明执法的要求落实到城市管理执法全过程。

——坚持源头治理。增强城市规划、建设、管理的科学性、系统性和协调性，综合考虑公共秩序管理和群众生产生活需要，合理安排各类公共设施和空间布局，加强对城市规划、建设实施情况的评估和反馈。变被动管理为主动服务，变末端执法为源头治理，从源头上预防和减少违法违规行为。

——坚持权责一致。明确城市管理和执法职责边界，制定权力清单，落实执法责任，权随事走、人随事调、费随事转，实现事权和支出相适应、权力和责任相统一。合理划分城市管理事权，实行属地管理，明确市、县政府在城市管理和执法中负主体责任，充实一线人员力量，落实执法运行经费，将工作重点放在基层。

——坚持协调创新。加强政策措施的配套衔接，强化部门联动配合，有序推进相关工作。以网格化管理、社会化服务为方向，以智慧城市建设为契机，充分发挥现代信息技术的优势，加快形成与经济社会发展相匹配的城市管理能力。

（三）总体目标。到2017年年底，实现市、县政府城市管理领域的机构综合设置。到2020年，城市管理法律法规和标准体系基本完善，执法体制基本理顺，机构和队伍建设明显加强，保障机制初步完善，服务便民高效，现代城市治理体系初步形成，城市管理效能大幅提高，人民群众满意度显著提升。

二、理顺管理体制

（四）匡定管理职责。城市管理的主要职责是市政管理、环境管理、交通管理、应急管理和城市规划实施管理等。具体实施范围包括：市政公用设施运行管理、市容环境卫生管理、园林绿化管理等方面的全部工作；市、县政府依法确定的，与城市管理密切相关、需要纳入统一管理的公共空间秩序管理、违法建设治理、环境保护管理、交通管理、应急管理等方面的部分工作。城市管理执法即是在上述领域根据国家法律法规规定履行行政执法权力的行为。

（五）明确主管部门。国务院住房和城乡建设主管部门负责对全国城市管理工作的指导，研究拟定有关政策，制定基本规范，做好顶层设计，加强对省、自治区、直辖市城市管理工作的指导监督协调，积极推进地方各级政府城市管理事权法律化、规范化。各省、自治区、直辖市政府应当确立相应的城市管理主管部门，加强对辖区内城市管理工作的业务指导、组织协调、监督检查和考核评价。各地应科学划分城市管理部门与相关行政主管部门的工作职责，有关管理和执法职责划转城市管理部门后，原主管部门不再行使。

（六）综合设置机构。按照精简统一效能的原则，住房城乡建设部会同中央编办指导地方整合归并省级执法队伍，推进市县两级政府城市管理领域大部门制改革，整合市政公用、市容环卫、园林绿化、城市管理执法等城市管理相关职能，实现管理执法机构综合设置。统筹解决好机构性质问题，具备条件的应当纳入政府机构序列。遵循城市运行规律，建立健全以城市良性运行为核心，地上地下设施建设运行统筹协调的城市管理体制机制。有条件的市和县应当建立规划、建设、管理一体化的行政管理体制，强化城市管理和执法工作。

（七）推进综合执法。重点在与群众生产生活密切相关、执法频率高、多头执法扰民问题突出、专业技术要求适宜、与城市管理密切相关且需要集中行使行政处罚权的领域推行综合执法。具体范围是：住房城乡建设领域法律法规规章规定的全部行政处罚权；环境保护管理方面社会生活噪声污染、建筑施工噪声污染、建筑施工扬尘污染、餐饮服务业油烟污染、露天烧烤污染、城市焚烧沥青塑料垃圾等烟尘和恶臭污染、露天焚烧秸秆落叶等烟尘污染、燃放烟花爆竹污染等的行政处罚权；工商管理方面户外公共场所无照经营、违规设置户外广告的行政处罚权；交通管理方面侵占城市道路、违法停放车辆等的行政处罚权；水务管理方面向城市河道倾倒废弃物和垃圾及违规取土、城市河道违法建筑物拆除等的行政处罚权；食品药品监管方面户外公共场所食品销售和餐饮摊点无证经营，以及违法回收贩卖药品等的行政处罚权。城市管理部门可以实施与上述范围内法律法规规定的行政处罚权有关的行政强制措施。到2017年年底，实现住房城乡建设领域行政处罚权的集中行使。上述范围以外需要集中行使的具体行政处罚权及相应的行政强制权，由市、县政府报所在省、自治区政府审批，直辖市政府可以自行确定。

（八）下移执法重心。按照属地管理、权责一致的原则，合理确定设区的市和市辖区城市管理部门的职责分工。市级城市管理部门主要负责城市管理和执法工作的指导、监督、考核，以及跨区域及重大复杂违法违规案件的查处。按照简政放权、放管结合、优化服务的要求，在设区的市推行市或区一级执法，市辖区能够承担的可以实行区一级执法，区级城市管理部门可以向街道派驻执法机构，推动执法事项属地化管理；市辖区不能承担的，市级城市管理部门可以向市辖区和街道派驻执法机构，开展综合执法工作。派驻机构业务工作接受市或市辖区城市管理部门的领导，日常管理以所在市辖区或街道为主，负责人的调整应当征求派驻地党（工）委的意见。逐步实现城市管理执法工作全覆盖，并向乡镇延伸，推进城乡一体化发展。

三、强化队伍建设

（九）优化执法力量。各地应当根据执法工作特点合理设置岗位，科学确定城市管理执法人员配备比例标准，统筹解决好执法人员身份编制问题，在核定的行政编制数额内，具备条件的应当使用行政编制。执法力量要向基层倾斜，适度提高一线人员的比例，通过调整结构优化执法力量，确保一线执法工作需要。区域面积大、流动人口多、管理执法任务重的地区，可以适度调高执法人员配备比例。

（十）严格队伍管理。建立符合职业特点的城市管理执法人员管理制度，优化干部任用和人才选拔机制，严格按照公务员法有关规定开展执法人员录用等有关工作，加大接收安置军转干部的力度，加强领导班子和干部队伍建设。根据执法工作需要，统一制式服装和标志标识，制定执法执勤用车、装备配备标准，到2017年年底，实现执法制式服装和标志标识统一。严格执法人员素质要求，加强思想道德和素质教育，着力提升执法人员业务能力，打造政治坚定、作风优良、纪律严明、廉洁务实的执法队伍。

（十一）注重人才培养。加强现有在编执法人员业务培训和考试，严格实行执法人员持证上岗和资格管理制度，到2017年年底，完成处级以上干部轮训和持证上岗工作。建立符合职业特点的职务晋升和交流制度，切实解决基层执法队伍基数大、职数少的问题，确保部门之间相对平衡、职业发展机会平等。完善基层执法人员工资政策。研究通过工伤保险、抚恤等政策提高风险保障水平。鼓励高等学校设置城市管理专业或开设城市管理课程，依托党校、行政学院、高等学校等开展岗位培训。

（十二）规范协管队伍。各地可以根据实际工作需要，采取招用或劳务派遣等形式配置城市管理执法协管人员。建立健全协管人员招聘、管理、奖惩、退出等制度。协管人员数量不得超过在编人员，并应当随城市管理执法体制改革逐步减少。协管人员只能配合执法人员从事宣传教育、巡查、信息收集、违法行为劝阻等辅助性事务，不得从事具体行政执法工作。协管人员从事执法辅助事务以及超越辅助事务所形成的后续责任，由本级城市管理部门承担。

四、提高执法水平

（十三）制定权责清单。各地要按照转变政府职能、规范行政权力运行的要求，全面清理调整现有城市管理和综合执法职责，优化权力运行流程。依法建立城市管理和综合执法部门的权力和责任清单，向社会公开职能职责、执法依据、处罚标准、运行流程、监督途径和问责机制。制定责任清单与权力清单工作要统筹推进，并实行动态管理和调整。到2016年年底，市、县两级城市管理部门要基本完成权力清单和责任清单的制定公布工作。

（十四）规范执法制度。各地城市管理部门应当切实履行城市管理执法职责，完善执法程序，规范办案流程，明确办案时限，提高办案效率。积极推行执法办案评议考核制度和执法公示制度。健全行政处罚适用规则和裁量基准制度、执法全过程记录制度。严格执行重大执法决定法制审核制度。杜绝粗暴执法和选择性执法，确保执法公信力，维护公共利益、人民权益和社会秩序。

（十五）改进执法方式。各地城市管理执法人员应当严格履行执法程序，做到着装整齐、用语规范、举止文明，依法规范行使行政检查权和行政强制权，严禁随意采取强制执法措施。坚持处罚与教育相结合的原则，根据违法行为的性质和危害后果，灵活运用不同执法方式，对情节较轻或危害后果能够及时消除的，应当多做说服沟通工作，加强教育、告诫、引导。综合运用行政指导、行政奖励、行政扶助、行政调解等非强制行政手段，引导当事人自觉遵守法律法规，及时化解矛盾纷争，促进社会和谐稳定。

（十六）完善监督机制。强化外部监督机制，畅通群众监督渠道、行政复议渠道，城市管理部门和执法人员要主动接受法律监督、行政监督、社会监督。强化内部监督机制，全面落实行政执法责任制，加强城市管理部门内部流程控制，健全责任追究机制、纠错问责机制。强化执法监督工作，坚决排除对执法活动的违规人为干预，防止和克服各种保护主义。

五、完善城市管理

（十七）加强市政管理。市政公用设施建设完成后，应当及时将管理信息移交城市管理部门，并建立完备的城建档案，实现档案信息共享。加强市政公用设施管护工作，保障安全高效运行。加强城市道路管理，严格控制道路开挖或占用道路行为。加强城市地下综合管廊、给排水和垃圾处理等基础设施管理，服务入廊单位生产运行和市民日常生活。

（十八）维护公共空间。加强城市公共空间规划，提升城市设计水平。加强建筑物立面管理和色调控制，规范报刊亭、公交候车亭等“城市家具”设置，加强户外广告、门店牌匾设置管理。加强城市街头流浪乞讨人员救助管理。严查食品无证摊贩、散发张贴小广告、街头非法回收药品、贩卖非法出版物等行为。及时制止、严肃查处擅自变更建设项目规划设计和用途、违规占用公共空间以及乱贴乱画乱挂等行为，严厉打击违法用地、违法建设行为。

（十九）优化城市交通。坚持公交优先战略，着力提升城市公共交通服务水平。加强不同交通工具之间的协调衔接，倡导步行、自行车等绿色出行方式。打造城市交通微循环系统，加大交通需求调控力度，优化交通出行结构，提高路网运行效率。加强城市交通基础设施和智能化交通指挥设施管理维护。整顿机动车交通秩序。加强城市出租客运市场管理。加强静态交通秩序管理，综合治理非法占道停车及非法挪用、占用停车设施，鼓励社会资本投入停车场建设，鼓励单位停车场错时对外开放，逐步缓解停车难问题。

（二十）改善人居环境。切实增加物质和人力投入，提高城市园林绿化、环卫保洁水平，加强大气、噪声、固体废物、河湖水系等环境管理，改善城市人居环境。规范建筑施工现场管理，严控噪声扰民、施工扬尘和渣土运输抛洒。推进垃圾减量化、资源化、无害化管理。加强废弃电器电子产品回收处理和医疗垃圾集中处理管理。大力开展爱国卫生运动，提高城市卫生水平。

（二十一）提高应急能力。提高城市防灾减灾能力，保持水、电、气、热、交通、通信、网络等城市生命线系统畅通。建立完善城市管理领域安全监管责任制，强化重大危险源监控，消除重大事故隐患。加强城市基础设施安全风险隐患排查，建立分级、分类、动态管理制度。完善城市管理应急响应机制，提高突发事件处置能力。强化应急避难场所、设施设备管理，加强各类应急物资储备。建立应急预案动态调整管理制度，经常性开展疏散转移、自救互救等综合演练。做好应对自然灾害等突发事件的军地协调工作。

（二十二）整合信息平台。积极推进城市管理数字化、精细化、智慧化，到2017年年底，所有市、县都要整合形成数字化城市管理平台。基于城市公共信息平台，综合运用物联网、云计算、大数据等现代信息技术，整合人口、交通、能源、建设等公共设施信息和公共基础服务，拓展数字化城市管理平台功能。加快数字化城市管理向智慧化升级，实现感知、分析、服务、指挥、监察“五位一体”。整合城市管理相关电话服务平台，形成全国统一的12319城市管理服务热线，并实现与110报警电话等的对接。综合利用各类监测监控手段，强化视频监控、环境监测、交通运行、供水供气供电、防洪防涝、生命线保障等城市运行数据的综合采集和管理分析，形成综合性城市管理数据库，重点推进城市建筑物数据库建设。强化行政许可、行政处罚、社会诚信等城市管理全要素数据的采集与整合，提升数据标准化程度，促进多部门公共数据资源互联互通和开放共享，建立用数据说话、用数据决策、用数据管理、用数据创新的新机制。

（二十三）构建智慧城市。加强城市基础设施智慧化管理与监控服务，加快市政公用设施智慧化改造升级，构建城市虚拟仿真系统，强化城镇重点应用工程建设。发展智慧水务，构建覆盖供水全过程、保障供水质量安全的智能供排水和污水处理系统。发展智慧管网，实现城市地下空间、地下综合管廊、地下管网管理信息化和运行智能化。发展智能建筑，实现建筑设施设备节能、安全的智能化管控。加快城市管理和综合执法档案信息化建设。依托信息化技术，综合利用视频一体化技术，探索快速处置、非现场执法等新型执法模式，提升执法效能。

六、创新治理方式

（二十四）引入市场机制。发挥市场作用，吸引社会力量和社会资本参与城市管理。鼓励地方通过政府和社会资本合作等方式，推进城市市政基础设施、市政公用事业、公共交通、便民服务设施等的市场化运营。推行环卫保洁、园林绿化管养作业、公共交通等由政府向社会购买服务，逐步加大购买服务力度。综合运用规划引导、市场运作、商户自治等方式，顺应历史沿革和群众需求，合理设置、有序管理方便生活的自由市场、摊点群、流动商贩疏导点等经营场所和服务网点，促创业、带就业、助发展、促和谐。

（二十五）推进网格管理。建立健全市、区（县）、街道（乡镇）、社区管理网络，科学划分网格单元，将城市管理、社会管理和公共服务事项纳入网格化管理。明确网格管理对象、管理标准和责任人，实施常态化、精细化、制度化管理。依托基层综合服务管理平台，全面加强对人口、房屋、证件、车辆、场所、社会组织等各类基础信息的实时采集、动态录入，准确掌握情况，及时发现和快速处置问题，有效实现政府对社会单元的公共管理和服务。

（二十六）发挥社区作用。加强社区服务型党组织建设，充分发挥党组织在基层社会治理中的领导核心作用，发挥政府在基层社会治理中的主导作用。依法建立社区公共事务准入制度，充分发挥社区居委会作用，增强社区自治功能。充分发挥社会工作者等专业人才的作用，培育社区社会组织，完善社区协商机制。推动制定社区居民公约，促进居民自治管理。建设完善社区公共服务设施，打造方便快捷生活圈。通过建立社区综合信息平台、编制城市管理服务图册、设置流动服务站等方式，提供惠民便民公共服务。

（二十七）动员公众参与。依法规范公众参与城市治理的范围、权利和途径，畅通公众有序参与城市治理的渠道。倡导城市管理志愿服务，建立健全城市管理志愿服务宣传动员、组织管理、激励扶持等制度和组织协调机制，引导志愿者与民间组织、慈善机构和非营利性社会团体之间的交流合作，组织开展多形式、常态化的志愿服务活动。依法支持和规范服务性、公益性、互助性社会组织发展。采取公众开放日、主题体验活动等方式，引导社会组织、市场中介机构和公民法人参与城市治理，形成多元共治、良性互动的城市治理模式。

（二十八）提高文明意识。把培育和践行社会主义核心价值观作为城市文明建设的根本任务，融入国民教育和精神文明创建全过程，广泛开展城市文明教育，大力弘扬社会公德。深化文明城市创建，不断提升市民文明素质和城市文明程度。积极开展新市民教育和培训，让新市民尽快融入城市生活，促进城市和谐稳定。充分发挥各级党组织和工会、共青团、妇联等群团组织的作用，广泛开展城市文明主题宣传教育和实践活动。加强社会诚信建设，坚持将公约引导、信用约束、法律规制相结合，以他律促自律。

七、完善保障机制

（二十九）健全法律法规。加强城市管理和执法方面的立法工作，完善配套法规和规章，实现深化改革与法治保障有机统一，发挥立法对改革的引领和规范作用。有立法权的城市要根据立法法的规定，加快制定城市管理执法方面的地方性法规、规章，明晰城市管理执法范围、程序等内容，规范城市管理执法的权力和责任。全面清理现行法律法规中与推进城市管理执法体制改革不相适应的内容，定期开展规章和规范性文件清理工作，并向社会公布清理结果，加强法律法规之间的衔接。加快制定修订一批城市管理和综合执法方面的标准，形成完备的标准体系。

（三十）保障经费投入。按照事权和支出责任相适应原则，健全责任明确、分类负担、收支脱钩、财政保障的城市管理经费保障机制，实现政府资产与预算管理有机结合，防止政府资产流失。城市政府要将城市管理经费列入同级财政预算，并与城市发展速度和规模相适应。严格执行罚缴分离、收支两条线制度，不得将城市管理经费与罚没收入挂钩。各地要因地制宜加大财政支持力度，统筹使用有关资金，增加对城市管理执法人员、装备、技术等方面的资金投入，保障执法工作需要。

（三十一）加强司法衔接。建立城市管理部门与公安机关、检察机关、审判机关信息共享、案情通报、案件移送等制度，实现行政处罚与刑事处罚无缝对接。公安机关要依法打击妨碍城市管理执法和暴力抗法行为，对涉嫌犯罪的，应当依照法定程序处理。检察机关、审判机关要加强法律指导，及时受理、审理涉及城市管理执法的案件。检察机关有权对城市管理部门在行政执法中发现涉嫌犯罪案件线索的移送情况进行监督，城市管理部门对于发现的涉嫌犯罪案件线索移送不畅的，可以向检察机关反映。加大城市管理执法行政处罚决定的行政和司法强制执行力度。

八、加强组织领导

（三十二）明确工作责任。加强党对城市管理工作的组织领导。各级党委和政府要充分认识推进城市管理执法体制改革、改进城市管理工作的重要性和紧迫性，把这项工作列入重要议事日程，按照有利于服务群众的原则，切实履行领导责任，研究重大问题，把握改革方向，分类分层推进。各省、自治区可以选择一个城市先行试点，直辖市可以全面启动改革工作。各省、自治区、直辖市政府要制定具体方案，明确时间步骤，细化政策措施，及时总结试点经验，稳妥有序推进改革。上级政府要加强对下级政府的指导和督促检查，重要事项及时向党委报告。中央和国家机关有关部门要增强大局意识、责任意识，加强协调配合，支持和指导地方推进改革工作。

（三十三）建立协调机制。建立全国城市管理工作部际联席会议制度，统筹协调解决制约城市管理工作的重大问题，以及相关部门职责衔接问题。各省、自治区政府应当建立相应的协调机制。市、县政府应当建立主要负责同志牵头的城市管理协调机制，加强对城市管理工作的组织协调、监督检查和考核奖惩。建立健全市、县相关部门之间信息互通、资源共享、协调联动的工作机制，形成管理和执法工作合力。

（三十四）健全考核制度。将城市管理执法工作纳入经济社会发展综合评价体系和领导干部政绩考核体系，推动地方党委、政府履职尽责。推广绩效管理和服务承诺制度，加快建立城市管理行政问责制度，健全社会公众满意度评价及第三方考评机制，形成公开、公平、公正的城市管理和综合执法工作考核奖惩制度体系。加强城市管理效能考核，将考核结果作为城市党政领导班子和领导干部综合考核评价的重要参考。

（三十五）严肃工作纪律。各级党委和政府要严格执行有关编制、人事、财经纪律，严禁在推进城市管理执法体制改革工作中超编进人、超职数配备领导干部、突击提拔干部。对违反规定的，要按规定追究有关单位和人员的责任。在职责划转、机构和人员编制整合调整过程中，应当按照有关规定衔接好人财物等要素，做好工作交接，保持工作的连续性和稳定性。涉及国有资产划转的，应做好资产清查工作，严格执行国有资产管理有关规定，确保国有资产安全完整。

（三十六）营造舆论环境。各级党委和政府要高度重视宣传和舆论引导工作，加强中央与地方的宣传联动，将改革实施与宣传工作协同推进，正确引导社会预期。加强对城市管理执法先进典型的正面宣传，营造理性、积极的舆论氛围，及时回应社会关切，凝聚改革共识。推进城市管理执法信息公开，保障市民的知情权、参与权、表达权、监督权。加强城市管理执法舆情监测、研判、预警和应急处置，提高舆情应对能力。

住房城乡建设部、中央编办、国务院法制办要及时总结各地经验，切实强化对推进城市管理执法体制改革、提高城市管理水平相关工作的协调指导和监督检查。重大问题要及时报告党中央、国务院。中央将就贯彻落实情况适时组织开展专项监督检查。

国务院部门规章

公安机关人民警察奖励条令

（2015年10月19日公安部、人力资源和社会保障部令第135号公布　自2016年1月1日起施行）

第一章　总　　则

第一条　为加强和规范公安机关奖励工作，促进公安工作和队伍建设，根据《中华人民共和国公务员法》、《中华人民共和国人民警察法》、《公安机关组织管理条例》、《公务员奖励规定（试行）》等法律、法规和规章，制定本条令。

第二条　公安机关奖励工作应当服从服务公安工作全局和中心任务，及时奖励在各项公安工作中做出突出成绩的集体和个人，充分激发、调动各级公安机关和广大民警的工作积极性、主动性、创造性。

第三条　公安机关奖励工作应当坚持下列原则：

（一）实事求是，按绩及时施奖；

（二）发扬民主，贯彻群众路线；

（三）公开、公平、公正；

（四）以基层一线为重点，领导机关、领导干部从严；

（五）精神奖励与物质奖励相结合，以精神奖励为主。

第四条　公安机关奖励工作实行统一领导，分级管理，分工负责。公安机关政工部门是奖励工作的主管部门，负责组织、指导、管理奖励工作。公安机关其他部门配合政工部门做好奖励工作。

第五条　公安机关奖励经费应当列入各级公安机关年度预算予以全额保障。

第二章　奖励的类别、对象和等级

第六条　奖励分为集体奖励和个人奖励。

第七条 集体奖励的对象是各级公安机关建制单位和为完成专项工作临时成立的非建制单位。

个人奖励的对象是各级公安机关在编在职人民警察。因公牺牲或者病故的人民警察，生前有重大贡献或者突出事迹，符合奖励条件的，可以追授奖励。

第八条 集体奖励由低至高依次为：嘉奖，记三等功、二等功、一等功，授予荣誉称号。集体授予荣誉称号的名称，根据受奖集体的事迹特点确定。

个人奖励由低至高依次为：嘉奖，记三等功、二等功、一等功，授予荣誉称号。授予个人的荣誉称号分为全国公安系统二级英雄模范、一级英雄模范称号。

第三章 奖励的条件和标准

第九条 符合下列条件之一的集体和个人，应当给予奖励：

（一）依法打击危害国家安全和公共安全、颠覆国家政权、破坏社会秩序和经济秩序、侵犯公私财产和公民人身权利等违法犯罪活动，维护国家安全和社会稳定，成绩突出的；

（二）加强社会治安管理，依法查处和制止扰乱公共秩序、侵犯人身权利、妨害社会管理等违法行为，维护治安稳定和公共安全，成绩突出的；

（三）依法妥善处置重大突发事件，积极参加抢险救灾，圆满完成重大活动安全保卫任务，成绩突出的；

（四）加强公安基层基础建设，落实各项管理防范措施，有效预防和制止违法犯罪活动，成绩突出的；

（五）依法履行行政管理职能，科学、文明、规范管理，提高工作质量和效率，成绩突出的；

（六）加强科技强警工作，有发明创造、科技创新成果或者创造典型经验，成绩突出的；

（七）密切联系群众，热情为群众服务，成绩突出的；

（八）加强思想政治工作，强化教育、管理和监督，推动队伍正规化建设，成绩突出的；

（九）加强执法监督管理，推动执法规范化建设，成绩突出的；

（十）认真完成综合管理、警务保障和国际警务合作等工作任务，成绩突出的；

（十一）秉公执法，清正廉洁，勇于与社会不良风气做斗争，成绩突出的；

（十二）在其他方面成绩突出的。

第十条 对符合奖励条件的集体和个人，根据其事迹及作用、影响，按照以下标准确定奖励等级：

（一）对成绩突出的，给予嘉奖；

（二）对成绩突出，有较大贡献的，记三等功；

（三）对成绩显著，有重要贡献的，记二等功；

（四）对成绩显著，有重大贡献和影响的，记一等功；

（五）对成绩卓著，有特殊贡献和重大影响，堪称典范的，可以授予荣誉称号。

第十一条 对集体或者个人的同一事迹只能给予一次奖励。对同一集体或者个人一年内原则上不重复给予同等级及以下等级奖励。

第十二条 集体或者个人因涉嫌违法违纪等问题正在接受组织调查的，应当暂停实施奖励。

集体发生严重违法违纪或者重大失职、失误问题的，原则上一年内不予奖励；情节特别严重、影响特别恶劣的，原则上两年内不予奖励。个人受党纪、政纪处分期间，原则上不予奖励。有重大或特殊贡献的集体或者个人，可以不受上述时限限制。

第四章 奖励的权限

第十三条 公安部的批准权限：

（一）全国公安机关集体和个人授予荣誉称号、记一等功奖励，其中授予全国公安系统一级英雄模范称号，由人力资源社会保障部会同公安部审批；

（二）省级公安机关及其领导班子成员嘉奖、记三等功、二等功奖励；

（三）公安部机关内设机构及直属单位集体和个人嘉奖、记三等功、二等功奖励。

第十四条 省级公安机关的批准权限：

（一）公安部批准权限以外的本地区公安机关集体和个人记二等功；

（二）市（地）级公安机关及其领导班子成员嘉奖、记三等功奖励；

（三）省级公安机关内设机构及直属单位集体和个人嘉奖、记三等功奖励。

第十五条 市（地）级公安机关批准上级公安机关批准权限以外的本地区公安机关集体和个人嘉奖、记三等功奖励。

第十六条 经公安部批准，省级公安机关领导班子成员以外的个人记一等功，可以由所在省级公安机关办理；经市（地）级公安机关批准，县级公安机关及其领导班子成员以外的集体和个人嘉奖，可以由所在县级公安机关办理。

第十七条 铁路公安局、交通运输部公安局、中国民用航空局公安局、国家林业局森林公安局、海关总署缉私局执行省级公安机关的批准权限，其所属下级公安机关参照执行市（地）级以下公安机关的批准权限。

第十八条 对受组织委派，离开原单位执行临时任务或者借调、挂职的人民警察，时间一年以上，符合奖励条件的，可以由临时所在单位，按照批准权限实施奖励或者申报奖励；时间不足一年，符合奖励条件的，由临时所在单位向原单位介绍情况，由原单位按照批准权限实施奖励或者申报奖励。

第五章 奖励的实施

第十九条 对集体和个人实施奖励，一般按照下列程序进行：

（一）对符合奖励条件的集体和个人，由所在单位民主推荐，集体研究提出奖励申报意见；

（二）公安机关政工部门对申报奖励对象事迹进行核实，并在征求相关部门意见后，提出奖励审核意见；

（三）公安机关研究确定奖励批准意见，组织进行公示后予以公布。超过本级公安机关批准权限的，报上级公安机关审批。

对在抢险救灾、重大突发事件处置、重大活动安全保卫、重大案件侦破等工作中成绩特别突出的集体和个人，必要时，可以简化程序，由奖励批准机关的政工部门提出奖励建议，奖励批准机关直接批准奖励。

第二十条 奖励申报意见应当在相关集体和个人做出符合奖励条件的成绩后一个月内提出；对下级公安机关的奖励申报意见，奖励审核、批准机关应当分别在收到奖励申报材料两个月内完成审核、审批工作。特殊情况下，应当及时完成奖励申报、审核、审批工作。

第二十一条 对拟实施奖励的集体和个人，奖励申报、审核、批准机关的政工部门应当征求本级公安机关纪检监察、法制和相关业务部门的意见。对拟实施奖励的个人，必要时，应当按照干部管理权限，征得主管机关同意，并征求纪检机关（监察部门）和有关部门意见。

第二十二条　对拟记三等功以上奖励的集体和个人，由奖励批准机关组织考核，或者委托下一级公安机关的政工部门组织考核，受委托的政工部门不得再行委托。

第二十三条　对拟记三等功以上奖励的集体和个人，除涉密等特殊情况外，应当逐级在一定范围内进行公示，公示时间原则上不少于七个工作日。

第二十四条　对集体和个人实施奖励的决定，以奖励批准机关行政首长签署命令的形式下达。行政首长空缺时，以奖励批准机关印发决定的形式下达。

对集体和个人实施奖励的决定应当及时宣布，并举行简约、俭朴的授奖仪式。必要时，可以召开表彰会。

第二十五条　对集体和个人的奖励实施后，奖励命令、审批表和其他有关材料存入公安机关文书档案，个人奖励审批表同时存入本人档案。

第二十六条　年度个人嘉奖和记三等功、二等功、一等功奖励的比例，分别不高于当年实有在编在职人民警察总数的百分之九、百分之三、千分之三、万分之三。根据公务员年度考核结果给予的个人嘉奖、记三等功奖励，不受年度奖励比例限制。

年度集体、个人授予荣誉称号和集体记一等功，不规定具体比例，由公安部根据实际情况审批。年度集体记二等功以下奖励的比例，由省级公安机关根据实际情况规定。

第二十七条　厅、局级以上单位、个人和市（地）级以上公安机关领导班子成员一般不予奖励；处级单位和个人奖励从严控制；基层和一线实战单位及其人民警察奖励数量应当占年度奖励总数的百分之八十五以上。

第二十八条　对执行重大抢险救灾、重大突发事件处置、重大活动安全保卫等专项任务的，经公安部批准，可以适当提高年度奖励比例。

第二十九条　对在执行重大专项工作任务中做出突出成绩的集体和个人，其上级公安机关可以行政首长签署嘉奖令的形式，及时予以鼓励。

第六章　获奖的标志和待遇

第三十条　奖励批准机关对获得奖励的集体颁发奖匾或者奖状；对获得记三等功以上奖励的个人颁发奖章和证书；对获得嘉奖奖励的个人颁发证书。

第三十一条　奖匾、奖状、奖章、证书按照公安部统一规定的式样、质地和规格制作。属于公安部批准权限的由公安部负责制作，属于省级以下公安机关批准权限的由省级公安机关负责制作。

第三十二条 奖匾、奖状、奖章、证书由获得奖励的集体和个人妥善保存。获得奖励的个人在参加重要会议或者重大活动时可以将奖章佩戴在左胸前。

第三十三条 奖匾、奖状、奖章、证书丢失或者毁损的，应当向所在公安机关政工部门报告，并由政工部门核实后按照程序报奖励批准机关予以补发或者更换。

第三十四条 奖励批准机关对获得奖励的集体和个人统一按照下列标准颁发奖金：

集体嘉奖五千元，集体三等功一万元，集体二等功两万元，集体一等功三万元，集体荣誉称号五万元。

个人嘉奖两千元，个人三等功五千元，个人二等功一万元，个人一等功两万元，全国公安系统二级英雄模范五万元，全国公安系统一级英雄模范八万元。

集体奖励的奖金一般作为工作经费由集体使用，原则上不得向个人发放。

第三十五条 获得授予或者追授全国公安系统一级英雄模范、二级英雄模范荣誉称号奖励的个人的子女，符合条件的，可以保送进入普通公安高等院校学习。

第三十六条 获得记一等功以上奖励的个人，可以按照有关规定提前晋升警衔。

第三十七条 获得记三等功以上奖励（含追记、追授的）的个人死亡后，按照国家有关规定增发一次性抚恤金。

获得全国公安系统一级英雄模范、二级英雄模范称号的个人死亡后，按照有关规定进行吊唁。

第三十八条 获得奖励的个人，根据国家有关规定享受其他待遇。

第七章 获奖对象的教育管理

第三十九条 对获得奖励的集体和个人，各级公安机关应当加强教育管理，在政治思想上、工作上和生活上给予关心和爱护，使他们保持荣誉，不断进步。

第四十条 对获得授予荣誉称号的集体和个人，由省级公安机关建立联系制度和管理档案，定期组织进行考察，及时了解掌握情况，并每年报公安部备案。对获得其他奖励的集体和个人，由市（地）级以下公安机关根据实际情况，确定重点对象，建立联系制度和管理档案，定期报上级公安机关备案。

第四十一条 获得授予荣誉称号的集体和个人发生违法违纪问题，或者获得荣誉称号的个人有调离、退休、死亡等情况，其所在公安机关应当按照程序及时报公安部备案。

第四十二条 对获得奖励的个人，应当定期组织开展培训和休养活动。省级以上公安机关应当每年组织功模民警培训和休养；市（地）级以下公安机关功模民警培训和休养结合实际组织开展。

第八章 奖励的撤销

第四十三条 获得奖励的集体或者个人，有下列情形之一的，应当撤销其奖励：

（一）伪造事迹或者申报奖励时隐瞒严重问题，骗取奖励的；

（二）严重违反规定奖励程序的；

（三）获得授予荣誉称号奖励的集体发生违法违纪问题，造成恶劣影响的；

（四）获得授予荣誉称号奖励的个人受到开除处分、刑事处罚，或者犯有其他严重错误，丧失模范作用的；

（五）法律、法规规定应当撤销奖励的其他情形。

第四十四条 撤销奖励，由原奖励申报机关按照程序报请原奖励批准机关审批。必要时，原奖励批准机关可以直接撤销奖励。

第四十五条 奖励撤销后，由原奖励批准机关收回奖匾、奖状或者奖章、证书，并停止其享受的有关待遇。属于第四十三条第（一）项、第（二）项规定情形的，同时收回奖金。撤销个人奖励的决定存入本人档案。

第九章 附 则

第四十六条 本条令适用于全国各级公安机关，铁路、交通、民航、森林公安机关和海关缉私部门及其人民警察。

公安机关所属单位及其在编在职人员，公安机关见习期人民警察、离退休人民警察、在编在职工勤人员和公安院校全日制普通学历教育学生参照执行。

公安现役部队奖励工作执行《中国人民解放军纪律条令》。

第四十七条 公安机关开展其他评比表彰活动，按照中共中央办公厅、国务院办公厅印发的《评比达标表彰活动管理办法（试行）》（中办发〔2010〕33号）执行。

第四十八条 本条令所称“以上”、“以下”含本级、本数。

第四十九条 本条令自2016年1月1日起施行。2003年7月24日颁布的《公安机关人民警察奖励条令》（公安部令第66号）同时废止。

教育部关于废止和修改部分规章的决定

（2015年11月10日教育部令第38号公布　自公布之日起施行）

为依法推进行政审批制度改革和政府职能转变，根据国务院关于取消和下放行政审批事项的有关决定，我部决定废止和修改部分规章，具体如下：

一、对3部规章予以废止

（一）经商公安部、国家工商行政管理总局同意，废止1999年8月24日教育部、公安部、国家工商行政管理局联合发布的《自费出国留学中介服务管理规定》（教育部、公安部、国家工商行政管理局令第5号）、《自费出国留学中介服务管理规定实施细则（试行）》（教育部、公安部、国家工商行政管理局令第6号）。

（二）废止2002年12月31日教育部发布的《高等学校境外办学暂行管理办法》（教育部令第15号）。

二、对3部规章的部分条款予以修改

（一）将《民办高等学校办学管理若干规定》（教育部令第25号）第十条修改为：“民办高校校长应当具备国家规定的任职条件，具有10年以上从事高等教育管理经历，年龄不超过70岁。校长任期原则上为4年。”

（二）将《独立学院设置与管理办法》（教育部令第26号）第二十九条第一款修改为：“独立学院院长应当具备国家规定的任职条件，年龄不超过70岁，由参与举办独立学院的普通高等学校优先推荐，理事会或者董事会聘任。”

（三）将《中小学教材编写审定管理暂行办法》（教育部令第11号）第四条修改为：“完成编写的教材须经教材审定机构审定后才能在中小学使

用。”

删除第三章。

删除第二十五条第一款第一项“（一）通过教育行政部门核准立项”。

删除第三十二条中的“立项核准”。

本决定自公布之日起施行。

关于废止《流通环节食品安全监督管理办法》和《食品流通许可证管理办法》的决定

（2015 年 11 月 10 日国家工商行政管理总局令第 79 号公布　自公布之日起生效）

为贯彻实施新修改的《中华人民共和国食品安全法》，适应食品安全监管体制改革，现决定废止《流通环节食品安全监督管理办法》（2009 年 7 月 30 日国家工商行政管理总局令第 43 号）和《食品流通许可证管理办法》（2009 年 7 月 30 日国家工商行政管理总局令第 44 号）。

本决定自公布之日起生效。

中华人民共和国内河船舶船员值班规则

（2015 年 11 月 11 日交通运输部令 2015 年第 20 号公布　自 2016 年 5 月 1 日起施行）

第一章　总　　则

第一条　为加强内河船舶船员值班管理，规范船员值班行为，保障内河交通安全，保护内河水域环境，根据《中华人民共和国内河交通安全管理条例》《中华人民共和国船员条例》等有关法律、行政法规，制定本规则。

第二条　100 总吨及以上中国籍内河船舶的船员值班适用本规则。

军事船舶、渔业船舶、农用船舶、非营业性游艇、体育运动船艇和非机动船舶的船员值班除外。

第三条 国务院交通运输主管部门主管全国内河船舶船员值班工作。

国家海事管理机构统一管理内河船舶船员值班工作。

各级海事管理机构按照职责具体负责内河船舶船员值班监督管理工作。

第四条 船舶所有人、船舶经营人、船舶管理人和船长应当按照船舶安全配员的相关规定配备合格船员，确保指派到船上任职的船员熟悉船上相关设备、船舶特性，熟知本人职责和值班要求，有效履行安全、防污染等职责。

第五条 船长及全体船员在值班时，应当遵守有关船舶航行安全和防治船舶污染水域的相关规定和标准规范。

第二章 一般要求

第六条 船舶所有人、船舶经营人、船舶管理人和船长应当编制船舶值班制度，公示在船舶的显著位置，并要求全体船员遵守执行。

船长应当安排合格船员值班，明确值班船员职责。值班安排应当符合保证船舶、货物、人员安全及保护水域环境的要求，考虑值班船员资格和经验，根据情况合理安排值班船员，并保证值班船员得到充分休息，防止疲劳值班。

第七条 内河货船在航行中的驾驶值班安排应当符合以下要求：

（一）3000总吨及以上内河货船，驾驶值班每班至少2人，其中至少1人是船长或者是大副、二副、三副；

（二）1000总吨至3000总吨内河货船，驾驶值班每班1人须是船长或者是大副、二副、三副。夜间及能见度不良时，需增配1名普通船员；

（三）未满1000总吨内河货船，驾驶值班每班至少1名船长或者驾驶员。

内河货船在航行中的轮机值班安排应当符合以下要求：

（一）500千瓦及以上内河货船，轮机值班每班至少1人须是轮机长或者大管轮、二管轮、三管轮；

（二）未满500千瓦内河货船，轮机值班每班至少1名值班船员。

第八条 内河客、渡船在航行中的驾驶值班安排应当符合以下要求：

（一）1000总吨及以上内河客、渡船，驾驶值班每班至少2人，其中至少1人是船长或者是大副、二副、三副；

（二）300总吨至1000总吨内河客、渡船，驾驶值班每班至少1名船长或者驾驶员，夜间及能见度不良时，需增配1名普通船员；

（三）未满 300 总吨内河客、渡船，驾驶值班每班至少 1 名船长或者驾驶员。

内河客、渡船在航行中的轮机值班安排应当符合以下要求：

（一）500 千瓦及以上内河客、渡船，轮机值班每班至少 1 人须是轮机长或者大管轮、二管轮、三管轮；

（二）未满 500 千瓦内河客、渡船，轮机值班每班至少 1 名轮机长或者轮机员。

第九条 船舶停泊时应当留有足以保证船舶安全的船员值班，确保满足应对可能发生的紧急情况的需要。其中，1000 总吨及以上货船和 300 总吨及以上客船停泊时应当留有一个航行班的驾驶和轮机人员值班。

第十条 值班船员对船舶安全负责，但不免除船长的安全责任。

船员在值班期间不得安排影响其值班的其他工作。

第十一条 值班船员应当遵守下列驾驶台和机舱资源管理要求：

（一）值班船员应当正确接收和处置气象、水文、周围船舶动态等与航行安全有关的信息；

（二）值班船员应当保持通信沟通联络有效畅通；

（三）值班船员对值班安全产生怀疑时，应当立即告知船长、轮机长、负责值班的高级船员；

（四）值班船员应当按照要求记录值班期间发生的重要事项。

第十二条 船长应当根据航次任务做好开航准备工作，包括备好本航次所需的燃料、备品等。

3000 总吨及以上内河货船和 300 总吨及以上内河客船应当制定航行计划。航行计划至少应当包括和考虑出发港、目的港、航程、连续航行时间限制、航经水道、重要桥梁、交通管制区、天气情况等事项和要素。

第十三条 船长应当对值班情况进行监督检查，及时发现并纠正船员的不良操作行为。

在遇到能见度不良、恶劣天气、航行条件复杂等可能影响船舶安全的情形时，船长应当亲自操纵船舶或者监督航行。

第十四条 值班船员应当按规定升降国旗，正确显示号灯、号型和旗号，不得擅离岗位，不得从事与值班无关的事项。

值班船员应当按规定记载航行日志、轮机日志等法定文书。船长、轮机长应当按规定进行审核并签名。

船舶航行和作业期间，舱面人员进行临水作业时应当规范穿着救生衣。

第十五条 严禁船员酗酒，值班船员在值班前 4 小时内及值班期间禁止饮酒，且值班期间血液中的酒精浓度不得超过0.05%或者呼吸中酒精浓度不高于0.25mg/L。

严禁值班船员服用可能导致不能安全值班的药物。严禁船员有吸毒行为。

第十六条 危险货物运输船舶值班船员，除执行本规则外，还应当遵守危险货物运输的有关规定。

第三章 驾驶值班

第一节 值班安排

第十七条 驾驶值班安排应当适应船舶所处状态、环境、条件。

第十八条 船长在确定值班船员组成时，应当考虑下列因素：

（一）24小时有人值守；

（二）天气、能见度情况、白天及夜间的驾驶要求差异；

（三）船舶特性、船舶操纵性能、船舶尺度、驾驶台结构和指挥位置的视野、航经特殊水域和临近航行危险等可能引起的额外工作量；

（四）雷达、电子定位仪、船舶自动识别仪（AIS）等助航仪器、操纵装置、报警系统等影响船舶安全航行的设备的使用和工作状态；

（五）驾驶台内的机舱控制装置、警报和指示器及其使用程序和局限性；

（六）值班船员对船舶设备、装置的熟悉程度及操作能力；

（七）值班船员的适任能力及经验；

（八）必要时召唤待命人员立即到驾驶台协助的可能性；

（九）所载货物的性质和状况、旅客的数量和位置；

（十）特殊的操作环境对航行值班的特别要求。

第二节 了 望

第十九条 驾驶值班船员应当充分利用视觉、听觉及其他一切有效手段始终保持正规了望，同时在规定的频道上守听甚高频电话（VHF），必要时做好记录，掌握来往船舶动态和周围环境情况，以便对局面和碰撞危险作出充分的估计。

夜间、能见度不良及其他特殊情况下应当加强了望。

第二十条 驾驶值班船员应当掌握船舶自动识别仪（AIS）的安全使用

方法，保持该设备处于常开工作状态并及时更新信息。

第三节　航行值班

第二十一条　值班驾驶人员应当使用安全航速。

值班驾驶人员应当充分掌握在任何吃水情况下本船的冲程等操纵特性，并考虑船舶可能具有的其他不同操纵特性。

第二十二条　值班驾驶人员应当结合本船操纵性能，正确使用操纵设备和助航仪器，并掌握发生紧急情况时的应急措施。必要时，应当果断使用车、舵、锚以及声光信号装置。

第二十三条　值班驾驶人员应当熟练使用雷达等助航仪器，并符合以下要求：

（一）遇到或者预料到能见度不良或者在通航密集水域航行时，应当使用雷达，并注意其特性、效率和局限性；

（二）使用雷达时，应当选择合适的量程，仔细观察显示器，确保及早进行系统的分析；

（三）应当确保所使用的雷达量程以足够频繁的时间间隔进行转换，以便及早地发现物标。应当考虑微弱或者反射力差的物标可能被漏掉；

（四）熟练使用其他助航仪器判断局面和航行危险。

第二十四条　值班驾驶人员应经常检查操纵设备、助航仪器是否处于正常状态，号灯、号型和旗号是否正确显示，发现异常，及时采取措施。

第二十五条　值班驾驶人员在值班期间，应当随时掌握船位和航速，确保本船行驶在正确的航线上，并注意在适当的时候使用测深仪器和设备。

值班驾驶人员应当给其他值班船员适当的指令和信息，并监督操作指令是否正确执行。

第二十六条　船长在驾驶台但未声明亲自操纵时，值班驾驶人员应当正常履行值班职责。船长接替操纵后，值班驾驶人员仍负有协助的责任。

第二十七条　夜间航行时，如有必要，船长应当签署夜航命令，值班驾驶人员应当认真执行。

第二十八条　遇下列情况时，值班驾驶人员应当及时采取措施，并立即报告船长：

（一）能见度不良；

（二）对通航条件有疑虑；

（三）对船长指令有疑问；

（四）遇恶劣天气威胁航行安全；

（五）发现遇险信号或者危及航行安全的可疑物；

（六）主机、舵机或者其他主要的操纵设备和助航仪器发生故障；

（七）发生碰撞、触礁、搁浅、火警、人员落水、环境污染、船舶进水等紧急情况；

（八）出现危及航行安全的其他情况。

出现前款第（五）至第（八）项情形的，还应当及时报告事发地海事管理机构。

第二十九条 值班的普通船员应当正确执行船长、值班驾驶人员下达的操作指令，对指令有疑问或者出现不能执行指令的情况时应当立即报告。

第四节 停泊（系泊、锚泊）值班

第三十条 驾驶值班船员应当认真执行有关安全规章制度，掌握在船人员动态和值班任务执行情况，经常巡视船舶，了解周围情况，维持船上的正常秩序。

第三十一条 值班驾驶人员负责与港口联系，了解货物装卸、旅客上下和燃料、水补给进度，并掌握船舶吃水、浮态、强度和稳性等情况。

第三十二条 驾驶值班船员应当经常检查舷梯、锚链、跳板以及安全网，及时调整系缆。

第三十三条 系泊中，驾驶值班船员应当注意系缆受力和他船靠离情况，了解风、流、水位等情况，发现异常，及时采取措施。

第三十四条 锚泊中，驾驶值班船员应当了解潮汐、水流、水深、底质、气象及周围环境等情况；并应当保持正规了望，注意下列情况，以便及时采取措施：

（一）是否走锚；

（二）周围锚泊船及附近航行船舶动态；

（三）风、浪、流、水位及潮汐的变化情况；

（四）本船货物和旅客的状态；

（五）并靠船舶的系缆及其他安全设施状况。

第三十五条 本船或者他船走锚，或者过往船舶距离本船过近出现危险局面时，值班船员应当果断采取有效措施，并立即报告船长或者值班驾驶人员。

第三十六条 船舶修理时，值班船员应当督促从事高空、舷外、临水、明火作业以及封闭舱室内工作人员严格执行相关安全制度。

第三十七条 发现火情、人员落水、环境污染、船舶碰撞等紧急情况时，值班船员应当立即发出警报信号，报告船长，按应变部署全力施救。必要时请求救助。

第五节 作业值班

第三十八条 船舶所有人、船舶经营人、船舶管理人和船长应当制定保证货物作业和旅客安全的制度。

负责计划和实施装卸货物、上下旅客作业的值班船员应当识别和控制特定风险，确保作业的安全实施。

第三十九条 船舶载运危险货物、污染危害性货物或者旅客时，船长应当作出保持货物、旅客和环境安全的值班安排。

第四十条 在作业期间、船舶开航前和航行中，值班驾驶人员应当亲自或者安排其他人员对旅客情况、货物积载、系固状况、船舶强度和稳性进行检查和判断，并采取必要的措施保障旅客、货物和船舶安全。

第六节 交接班

第四十一条 接班船员应当提前 15 分钟到达值班岗位，熟悉情况，做好接班前的准备工作。

第四十二条 航行中值班驾驶人员交接班时应当交接清楚下列事项：

（一）航道、船位、航向、航速、水位、水流、潮汐、气象等情况；

（二）号灯、号型、旗号、声响设备及助航仪器状况；

（三）过往船舶动态；

（四）助航仪器获取的重要信息和无线电话联系情况及双方已明确的会让意图；

（五）本船（或船队）吃水及操纵性能；

（六）航行信息、通电、通告及船长指示；

（七）客、货船的中途上下旅客及货物装卸情况；

（八）船队在中途加拖、解拖及变更队形的情况；

（九）旅客、货物状态检查和全船巡视情况；

（十）本班内发生的重要事项及下一班需要继续完成的事项；

（十一）有关航行安全的其他情况。

第四十三条 停泊中驾驶值班船员交接班时应当交接清楚下列事项：

（一）气象、水位、水流、潮汐、系缆、本船周围情况；

（二）船位、锚位、出链长度、受力及偏荡情况，走锚的情况及采取的措施；

（三）货物装卸作业、旅客上下、船舶吃水、强度和稳性等情况及港方要求；

（四）有关防风、防火、防盗、防洪、防污染、防冻、防流冰等安全措施；

（五）检修工作的进度及问题处理；

（六）本船显示的号灯、号型及有关信号；

（七）发生的事故及需要注意的事项；

（八）船长指示；

（九）在船人员动态和值班任务执行情况；

（十）其他注意事项和措施。

第四十四条 发生下列情形时，暂不进行交接：

（一）正在避让或者处理紧急事项；

（二）航行时正在通过桥区水域、危险航道、进出船闸或者正在转向；

（三）接班船员对交接事项不明或者有疑虑；

（四）交接班时间已到但无人接班；

（五）交班船员认为接班船员状态不适合接班。

出现前款第（四）（五）项情形的，交班船员应当报告船长。

第四十五条 交接班过程中的安全责任由交班船员负责，交接清楚后双方在航行日志上签字。交接过程如有争议，由船长协调解决。

第四章 轮机值班

第一节 值班安排

第四十六条 轮机值班安排应当适应机舱的自动化程度、当时的环境和条件，确保所有机电设备均能安全运行。

第四十七条 确定轮机值班船员组成时，应当考虑下列因素：

（一）保持船舶的正常运行；

（二）船舶、机电设备的类型和状况；

（三）对船舶安全运行关系重大的机电设备进行重点监控的值班需求；

（四）天气、水流、航行环境、浅水水域、各种紧急情况、船损控制或者污染处置等情况的变化而采用的特殊操作方式；

（五）值班船员的资格和经验；

（六）人命、船舶、货物和港口的安全及环境保护的要求。

第二节 航行值班

第四十八条 轮机值班船员负责对船舶机电设备进行安全有效的操作、检查、测试和保养，维持既定的正常值班安排，保证安全值班。

第四十九条 参与轮机值班的所有船员应当熟悉被指派的值班职责，并掌握本船下列情况：

（一）内部通信系统；

（二）机舱逃生通道；

（三）机舱报警系统；

（四）机舱的消防设备和破损控制装置的数量、位置、种类和使用方法，及应当遵守的各种安全预防措施。

第五十条 轮机值班开始时，应当对所有机电设备的工作情况、工况参数进行检查，以保持在正常范围。

第五十一条 轮机长应当每天对重要机电设备、轮机值班情况检查一次，检查结果记入轮机日志。遇下列情况应当到机舱指挥：

（一）进、出港口；

（二）通过桥区水域、弯窄浅险航段；

（三）机电设备发生危及安全的故障；

（四）遇恶劣天气或者船舶应急反应时；

（五）船长指令或者值班船员有需求时。

第五十二条 轮机值班船员应当严格按照机电设备的操作规程进行操作，确保各项设备技术状况良好、运转正常。

轮机值班船员应当准确、及时地执行驾驶台有关变速、换向的指令。

第五十三条 轮机值班船员每班应当对机舱运行的设备和舵机至少检查2次，对机电设备运转异常情况及时采取措施，并详细记录。

第五十四条 机舱无人值守的，轮机值班船员在获知报警、呼叫时，应当立即到达机舱。

主机状态由机舱人工操控时，轮机值班船员应当在操纵台值守。

第五十五条 轮机值班船员应当严格按照防污染规定进行操作，并在《油类记录簿》或者轮机日志上记录相关作业情况。

第五十六条 轮机值班船员应当及时做好油、水、汽、气、电的供应以及油、水的调驳等工作，并做好相应记录。

第五十七条 在保证安全值班的前提下，轮机值班船员在配合日常维修人员进行设备的修理、测试、转换使用时，应当做好下列工作：

（一）对要进行处理的机电设备采取安全防护措施；

（二）在维修期间，将其他的设备调节至充分和安全地发挥功能的状态；

（三）在轮机日志或者其他适当的文件上详细记录已维修保养的设备、测试结果、使用时间以及采取的安全措施。

第五十八条 机电设备出现故障危及船舶航行安全的，轮机值班船员应当果断采取有效措施予以排除。需要减速或者停车的，应当先征得值班驾驶人员同意，但发生危及人身、机电设备安全的紧急情况的，可先行停车，并立即报告值班驾驶人员和轮机长。

第五十九条 机舱发生火灾、进水、爆炸等紧急情况的，轮机值班船员应当立即报警，同时报告轮机长和值班驾驶人员，并及时采取有效措施防止损害扩大。

第六十条 发生下列情形的，轮机值班船员应当立即通知轮机长到机舱，并根据情况采取措施：

（一）机电设备情况异常可能危及安全运转；

（二）值班工作有疑难无法自行解决；

（三）发生机舱进水、机损、火警、失电以及人身伤亡等紧急情况。

第六十一条 轮机值班船员应当严格遵守各项值班规定和操作规程，保持主、辅机安全和正常运行。

第三节 停泊（系泊、锚泊）值班

第六十二条 轮机值班船员应当经常巡回检查机电设备运转状况，确保所需的油、水、汽、气、电等供应。在机电设备出现异常时应当立即采取紧急措施并报告轮机长，在轮机日志上做好相应记录。

第六十三条 轮机值班船员应当严格遵守防污染规定，防止机舱油污水、生活污水、垃圾等污染水域。

第六十四条 轮机值班船员应当严格遵守电、气焊等明火作业规定，并协助日常检修项目负责人落实各项安全措施。

第六十五条 机舱发生火灾、抢险等紧急情况的，轮机值班船员应当在驾驶台的统一指挥下实施自救。

第六十六条 轮机值班船员应当根据船长或者值班驾驶人员的通知，及时做好移泊各项准备。

第六十七条 轮机值班船员应当对机舱保持有效监控，每天全面巡视检查机舱内各项机电设备至少一次，并记入轮机日志。

第六十八条 船舶进厂修理期间，轮机值班船员应当配合厂方做好机舱防火、防盗、防进水、防冻、防机件损坏和人身伤亡等安全工作，并做好记录。

第四节 交接班

第六十九条 接班人员应当提前15分钟到达机舱巡视检查，做好接班前的准备。

第七十条 航行中轮机交接班应当交接清楚下列事项：

（一）驾驶台和轮机长的指令；

（二）机电设备的运转情况；

（三）本班发生的问题及处理情况；

（四）下一班应当继续完成的工作和注意事项。

第七十一条 航行中轮机接班船员接班后应当对运转中的机电设备进行全面的检查。检查主要事项包括：

（一）主、辅机的运转和润滑情况，温度、压力等参数是否正常；

（二）轴系的运转和润滑情况；

（三）舵机运转、使用情况及应急舵备用状态；

（四）配电板、充电机、蓄电池等电气设备的仪表读数和各开关的使用情况；

（五）锅炉燃烧、汽压、水位是否正常；

（六）日用燃、润油柜的油位显示、油量储存、残水排放及阀门启、闭情况，各类管系有无阻塞和泄漏现象；

（七）舱底水位情况；

（八）轮机日志的记载情况。

第七十二条 停泊中交接班时，轮机交接班船员应当交接清楚下列事项：

（一）正在使用的机电设备运转情况；

（二）本班发生的问题和处理情况；

（三）下一班应当继续完成的工作和注意事项；

（四）驾驶台和轮机长的指令；

（五）其他需要交接的事项。

第七十三条 发生下列情形的，暂不进行交接：

（一）机电设备发生严重故障或者正处于紧急操作状态；

（二）接班船员对交接事项不明或者有疑虑；

（三）交接班时间已到但无人接班；

（四）交班船员认为接班船员状态不适合接班。

发生前款第（三）（四）项情形的，交班船员应当报告轮机长。

第七十四条 交接班过程中的安全责任由交班船员负责。交接清楚后，双方在轮机日志上签字。交接过程如有争议，由轮机长协调解决。

第五章 驾驶、轮机联系制度

第一节 开航前

第七十五条 船长应当提前将预计开航时间通知轮机长，轮机长应当向船长报告主要机电设备情况、燃润油料存量。

第七十六条 开航前，值班驾驶人员应当会同轮机值班船员核对船钟、车钟、舵等，并将核对情况记入航行日志、轮机日志。

第七十七条 主机冲车、试车前，轮机值班船员应当征得值班驾驶人员同意。主机备妥后，机舱应当及时通知驾驶台。

第二节 航行中

第七十八条 驾驶台和机舱应当每日定时校对时钟并互换船舶位置、存油存水量等信息。

第七十九条 船舶需要备车航行时，驾驶台应当提前通知机舱准备。如遇恶劣天气等突发情况，轮机值班船员接到通知后应当尽快备妥。

第八十条 因机电设备故障不能执行航行命令的，轮机值班船员应当立即通知驾驶台，轮机长应当立即报告船长，并组织抢修。

故障发生和排除情况应当记入航行日志和轮机日志。

第八十一条 轮机值班如需调换发电机、并电等需要暂时停电的，应当事先征得驾驶台同意。

第八十二条 轮机值班船员应当立即执行驾驶台发出的紧急指令。

第八十三条 抵港前，轮机长应当将本船存油情况报告船长。

第三节 停泊中

第八十四条 抵港后，船长应当告知轮机长本船的预计动态，动态如有变化应当及时通知。机舱检修影响动车的设备，轮机长应当事先将工作内容和所需时间报告船长，取得同意后方可进行。

第八十五条 值班驾驶人员应当将装卸货情况适时通报轮机值班船员。在装卸重大件、包装危险品或者使用重吊之前，值班驾驶人员应当通知轮机长派人检查起货机等设备，必要时还应当派人值守。

第八十六条 因装卸作业造成船舶过度倾斜，影响机舱设备正常运行的，轮机值班船员应当通知值班驾驶人员采取措施予以纠正。

第八十七条 对船舶压载的调整以及可能涉及水域污染的任何操作，驾驶部和轮机部之间应当建立起有效的联系制度，包括书面通知和相应的记录。

第八十八条 加装燃油前，轮机长应当将本船的存油情况和加装计划告知值班驾驶人员，以便计算稳性、水尺和调整吃水差。

第六章　法律责任

第八十九条 船员有下列行为之一的，依据《中华人民共和国船员条例》第五十七条，由海事管理机构处以1000元以上1万元以下罚款；情节严重的，并给予暂扣船员服务簿、船员适任证书6个月以上24个月以下直至吊销船员服务簿、船员适任证书的处罚：

（一）未保持正规了望；

（二）未正确履行值班职责；

（三）未按照要求值班交接；

（四）不采用安全航速；

（五）不按照规定守听航行通信；

（六）不按照规定测试、检修船舶设备；

（七）发现或者发生险情、事故、保安事件或者影响航行安全的情况未及时报告；

（八）未按照规定填写或者记载有关船舶法定文书。

第九十条 船长有下列情形之一的，依据《中华人民共和国船员条例》第五十八条，由海事管理机构处以2000元以上2万元以下罚款；情节严重的，并给予暂扣船员适任证书6个月以上24个月以下直至吊销船员适任证书的处罚：

（一）航行条件复杂和情况紧急时未亲自操纵船舶或者监航；

（二）未根据航次任务落实好开航前的各项准备工作；

（三）未按规定保障船员充分休息；

（四）安排船员值班期间承担影响其值班的其他工作。

第七章　附　　则

第九十一条　本规则的值班规定是内河船舶船员的最低值班要求。船舶所有人、船舶经营人或者船舶管理人和船长可以根据船舶种类、吨位、航线、机械设备等制定相应值班程序和要求，但不得低于本规则的规定。

100 总吨以下的中国籍内河船舶的船员值班参照本规则执行，对难以参照本规则执行的小型船舶，地方人民政府交通运输主管部门或者海事管理机构可以根据实际情况，提出值班的具体要求。

第九十二条　本规则所称值班驾驶人员是指参加驾驶值班的船长、大副、二副、三副或者驾驶员。

第九十三条　本规则自 2016 年 5 月 1 日起施行。

中华人民共和国内河船舶船员适任考试和发证规则

（2015 年 11 月 11 日交通运输部令 2015 年第 21 号公布　自 2016 年 5 月 1 日起施行）

第一章　总　　则

第一条　为规范内河船舶船员适任考试和发证管理，提高内河船舶船员素质，保障内河交通安全，根据《中华人民共和国船员条例》和《中华人民共和国内河交通安全管理条例》，制定本规则。

第二条　本规则适用于内河船舶船员的适任考试和《内河船舶船员适任证书》（以下简称《适任证书》）的签发。

第三条　国务院交通运输主管部门主管全国内河船舶船员适任考试和发证工作。

国家海事管理机构统一管理全国内河船舶船员适任考试和发证工作。

各级海事管理机构按照职责负责具体实施内河船舶船员适任考试和发证工作。

第四条　国家海事管理机构应当及时向社会公布各级海事管理机构的考试及发证权限。

第五条 内河船舶船员适任考试和发证应当遵循公平、公正、公开、便民的原则。

考试机构和发证机构应当建立健全适任考试和发证的各项制度，并及时向社会发布相关信息，为船员参加适任考试和办理《适任证书》提供便利。

第二章 《适任证书》申请、签发

第六条 参加航行和轮机值班的船长和高级船员应当取得与任职船舶吨位、主机功率、航区（线）和职务要求相对应的《适任证书》。

持证人任职不得高于《适任证书》所记载的类别和职务资格，也不得超出《适任证书》所记载的航区（线）。

第七条 《适任证书》包含以下基本内容：

（一）持证人姓名、性别、出生日期；

（二）证书类别、编号；

（三）持证人职务资格、适任的航区（线）；

（四）证书签发日期和有效期截止日期；

（五）发证机构；

（六）其他需要规定的内容。

《适任证书》由国家海事管理机构统一印制。

第八条 在内河船舶担任船长和驾驶部职务船员的《适任证书》类别按照船舶总吨位确定，其中在拖轮担任船长和驾驶部职务船员的《适任证书》类别按照拖轮的主推进动力装置总功率确定，分为以下类别：

（一）一类《适任证书》：1000 总吨及以上的内河船舶以及 500 千瓦及以上的内河拖轮；

（二）二类《适任证书》：300 总吨及以上至 1000 总吨的内河船舶以及 150 千瓦及以上至 500 千瓦的内河拖轮；

（三）三类《适任证书》：300 总吨以下的内河船舶以及 150 千瓦以下的内河拖轮。

第九条 担任轮机部职务船员的《适任证书》按照船舶主推进动力装置总功率确定，分为以下类别：

（一）一类《适任证书》：适用于 500 千瓦及以上的内河船舶；

（二）二类《适任证书》：适用于 150 千瓦及以上至 500 千瓦的内河船舶；

（三）三类《适任证书》：适用于 150 千瓦以下的内河船舶。

第十条 《适任证书》按照船员职务资格分为以下类别：

（一）一类《适任证书》：船长、大副、二副、三副；轮机长、大管轮、二管轮、三管轮；

（二）二类和三类《适任证书》：船长、驾驶员；轮机长、轮机员。

第十一条 取得《适任证书》，应当具备下列条件：

（一）已经取得船员服务簿；

（二）符合国家海事管理机构规定的内河船舶船员适任岗位健康标准；

（三）经过与所申请《适任证书》类别、职务资格相对应的内河船舶船员适任培训；

（四）通过国家海事管理机构规定科目的内河船舶船员适任考试；

（五）具备本规则附件规定的内河船舶船员有效水上服务资历，并且任职表现和安全记录良好。

第十二条 曾经在海船、军事船舶或者渔业船舶上任职的人员具备下列条件的，可以申请相应的《适任证书》：

（一）符合国家海事管理机构规定的内河船舶船员适任岗位健康标准；

（二）在海船、军事船舶或者渔业船舶上的水上服务资历能够与本规则规定的水上服务资历相对应，且任职表现和安全记录良好；

（三）通过国家海事管理机构规定科目的内河船舶船员适任考试。

第十三条 在内河危险品船、客船等特殊船舶上任职的船员，除应当具备第十一条或者第十二条规定的条件外，还应当完成相应的特殊培训并取得培训合格证明。

第十四条 在1000总吨及以上至3000总吨内河船舶任职的船长、驾驶部职务船员，满足以下条件后，才能在3000总吨及以上内河船舶上任职：

（一）在1000总吨及以上至3000总吨内河船舶实际担任相应职务不少于12个月；

（二）通过相应的实际操作考试。

第十五条 已经取得《适任证书》，申请延伸航区（线）的，应当通过所申请航区（线）的适任考试。

第十六条 《适任证书》的有效期不超过5年。

持证人在《适任证书》有效期届满前1年内向具有原《适任证书》发证权限的发证机构申请《适任证书》重新签发的，除应当符合内河船舶船员适任岗位健康标准且任职表现和安全记录良好外，在《适任证书》有效期内的水上服务资历还应当符合下列情形之一：

（一）任职与其《适任证书》所载类别、职务资格相对应，累计不少于

12个月；

（二）任职与其《适任证书》所载类别、职务资格相对应，自申请之日起向前计算6个月内累计不少于3个月；

（三）《适任证书》持证人的任职与其《适任证书》所载类别相对应，但职务低一级，或者与其《适任证书》所载职务资格相对应，但类别低一级，累计不少于12个月。

第十七条 有下列情形之一，持证人向具有原《适任证书》发证权限的发证机构申请《适任证书》重新签发的，除应当符合内河船舶船员适任岗位健康标准外，还应当通过国家海事管理机构规定的同类别同职务资格的内河船舶船员实际操作考试：

（一）持证人在《适任证书》有效期届满后5年内申请重新签发；

（二）持证人在《适任证书》有效期届满前1年内申请重新签发，但不具有规定的水上服务资历。

持证人在《适任证书》有效期届满5年后向具有原《适任证书》发证权限的发证机构申请《适任证书》重新签发，除应当符合内河船舶船员适任岗位健康标准外，还应当通过国家海事管理机构规定的同类别同职务资格的内河船舶船员适任考试。

第十八条 《适任证书》损坏、遗失需补发的，持证人应当向原发证机构申请。

《适任证书》被依法扣留期间，持证人不得申请补发《适任证书》。

第十九条 初次申请《适任证书》或者申请改变《适任证书》所载类别、职务资格的，可以向具有相应发证权限的发证机构提出申请，并提交下列材料：

（一）内河船舶船员适任证书申请表；

（二）申请人身份证明；

（三）船员服务簿；

（四）最近2年内的符合内河船舶船员适任岗位健康标准的体检证明；

（五）符合要求规格和数量的照片；

（六）内河船舶船员适任培训证明；

（七）内河船舶船员适任考试成绩证明。

按照第十二条规定申请《适任证书》的，可以向任何有相应类别《适任证书》发证权限的发证机构提交本条第一款第（一）、（二）、（三）、（四）、（五）、（七）项规定的材料，以及其在海船、军事船舶或者渔业船舶上的服务资历、任职表现和安全记录证明。

申请适任航区（线）扩大或者延伸的，应当向负责相应航区（线）发证工作的发证机构提交本条第一款第（一）、（二）、（七）项规定的材料。

第二十条 申请《适任证书》重新签发的，应当提交第十九条第一款第（一）、（二）、（三）、（四）、（五）项规定的材料；需要通过内河船舶船员适任考试的，还应当提交相应的考试成绩证明。

第二十一条 申请《适任证书》补发的，应当向原发证机构提交下列材料：

（一）内河船舶船员适任证书申请表；

（二）申请人身份证明；

（三）《适任证书》遗失申请补发的，应提交《适任证书》遗失情况说明；

（四）《适任证书》损坏申请补发的，应提交《适任证书》原件。

第二十二条 隐瞒有关情况或者提供虚假材料申请《适任证书》的，发证机构不予受理或者不予签发《适任证书》，并给予警告，申请人在1年内不得再次申请与前次申请类别、职务资格相同的《适任证书》。

第二十三条 被海事管理机构依法吊销《适任证书》的，自被吊销之日起2年内，不得申请《适任证书》。

第二十四条 考试机构、发证机构有下列情形之一的，由国家海事管理机构责令改正；情节严重的，限制或者取消其开展适任考试、发证工作的权限：

（一）违反规定程序开展适任考试、发证工作的；

（二）超越权限开展适任考试或者签发《适任证书》的；

（三）对不具备条件的申请人签发《适任证书》的。

第三章 适任考试

第二十五条 内河船舶船员的适任考试分为理论考试和实际操作考试。

理论考试应当以理论知识为主要考试内容，重点对内河船舶船员专业知识的掌握和理解程度进行测试。

实际操作考试应当通过对相应船舶、模拟器或者其他设备的操作等方式，对内河船舶船员专业知识综合运用、操作及应急等能力进行技能测评。

第二十六条 适任考试大纲、考试科目和考场规则由国家海事管理机构组织制定并公布。

第二十七条 申请参加适任考试的人员应当向具有相应考试权限的考试

机构提交下列材料：

（一）适任考试报名表：主要包括考生基本情况、报考《适任证书》类别、职务资格、航区（线）、任职资历等内容；

（二）申请人身份证明；

（三）船员服务簿；

（四）符合要求规格和数量的照片。

第二十八条 考试机构应当于适任考试开始5日前向报名参加适任考试的人员发放考试通知书，告知考试的时间、地点以及查询考试成绩的途径等事项。

第二十九条 适任考试任一科目不合格的，可以自初次适任考试通知书签发之日起3年内申请补考；逾期不能通过全部科目理论考试和实际操作考试的，所有科目理论考试和实际操作考试成绩失效。

第三十条 考试机构应当在理论考试或者实际操作考试结束后30日内公布考试成绩。合格的适任考试成绩自初次适任考试通知书签发之日起5年内有效。

第四章 附 则

第三十一条 本规则下列用语的含义：

（一）“内河船舶”，是指符合内河船舶建造规范，仅在内河通航水域航行的各类船舶，但不包括军事船舶、渔业船舶和体育运动船舶；

（二）“考试机构”，是具体负责内河船舶船员适任考试的各级海事管理机构；

（三）“发证机构”，是具体负责内河船舶船员适任证书签发的各级海事管理机构；

（四）“驾驶员”，是指《中华人民共和国船员条例》第四条第三款规定的驾驶部高级船员；

（五）“轮机员”，是指《中华人民共和国船员条例》第四条第三款规定的轮机部高级船员；

（六）“任职表现和安全记录良好”，是指自申请之日起向前计算5年内未发生负有主要责任的较大及以上等级事故。

第三十二条 具有船员培训资质，且教学内容满足内河船舶船员适任考试大纲要求的全日制中等职业及以上的教育机构，其船舶驾驶类和轮机类专业毕业考试可以替代相应的内河船舶船员理论考试。

本条第一款规定的教育机构的船舶驾驶类和轮机类毕业生符合船员适任岗位健康标准，且具备本规则附件所规定相应的船舶水上服务资历，持有船员服务簿，并通过实际操作考试的，可以直接申请一类三副《适任证书》或者二、三类驾驶员《适任证书》以及一类三管轮《适任证书》或者二、三类轮机员《适任证书》。

第三十三条 本规则自2016年5月1日起施行。2010年6月29日以交通运输部令2010年第1号公布的《中华人民共和国内河船舶船员适任考试和发证规则》同时废止。

附件

内河船舶船员水上服务资历要求

船长和驾驶部职务

职务 类别	船　长	大　副	二　副	三　副	驾驶员	驾驶类毕业生申请初级职务证书
一类	持有一类大副或者二类船长《适任证书》并实际担任其职务不少于24个月。	持有一类二副《适任证书》，并实际担任其职务不少于12个月，或者持有二类驾驶员《适任证书》，并实际担任其职务不少于36个月。	持有一类三副《适任证书》，并实际担任其职务不少于12个月，或者持有二类驾驶员《适任证书》，并实际担任其职务不少于24个月。	在1000总吨及以上内河船舶或500千瓦及以上内河拖轮上的水上服务资历不少于24个月，或者持有二类驾驶员《适任证书》并实际担任其职务不少于12个月。	——	在1000总吨及以上内河船舶或500千瓦及以上内河拖轮上的水上服务资历不少于6个月。
二类	持有二类驾驶员《适任证书》并实际担任其职务不少于36个月，或者持有三类船长《适任证书》并实际担任其职务不少于48个月。	——	——	——	在300总吨及以上内河船舶或150千瓦及以上内河拖轮上的水上服务资历不少于12个月，或者持有三类驾驶员《适任证书》并实际担任其职务不少于6个月。	在300总吨及以上内河船舶或150千瓦及以上内河拖轮上的水上服务资历不少于6个月。
三类	持有三类驾驶员《适任证书》并实际担任其职务不少于12个月。	——	——	——	在任意内河船舶上的水上服务资历不少于6个月。	在任意内河船舶上的水上服务资历不少于6个月。

轮机部职务

类别＼职务	轮机长	大管轮	二管轮	三管轮	轮机员	轮机类毕业生申请初级职务证书
一类	持有一类大管轮或者二类轮机长《适任证书》并实际担任其职务不少于24个月。	持有一类二管轮《适任证书》并实际担任其职务不少于12个月，或者持有二类轮机员《适任证书》并实际担任其职务不少于36个月。	持有一类三管轮《适任证书》并实际担任其职务不少于12个月，或者持有二类轮机员《适任证书》并实际担任其职务不少于24个月。	在500千瓦及以上内河船舶上的水上服务资历不少于24个月，或者持有二类轮机员《适任证书》并实际担任其职务不少于12个月。	——	在500千瓦及以上内河船舶上的水上服务资历不少于6个月。
二类	持有二类轮机员《适任证书》并实际担任其职务不少于36个月，或者持有三类轮机长《适任证书》并实际担任其职务不少于48个月。	——	——	——	在150千瓦及以上内河船舶上的水上服务资历不少于12个月，或者持有三类轮机员《适任证书》并实际担任其职务不少于6个月。	在150千瓦及以上内河船舶上的水上服务资历不少于6个月。
三类	持有三类轮机员《适任证书》并实际担任其职务不少于12个月。	——	——	——	在任意内河船舶上的水上服务资历不少于6个月。	在任意内河船舶上的水上服务资历不少于6个月。

备注：

1. 内河船舶船员水上服务资历，包括内河船舶船员在内河船舶上实际任职时间和参加适任培训、特殊培训的时间，但参加适任培训和特殊培训的时间计算最多不超过3个月。

2. 内河船舶船员水上服务资历应在申请相应职务的实际操作考试前取得。

3. 内河船舶船员安全记录不良者，其水上服务资历从其负有主要责任的较大及以上等级事故发生之日起算。

农村公路养护管理办法

（2015 年 11 月 11 日交通运输部令 2015 年第 22 号公布　自 2016 年 1 月 1 日起施行）

第一章　总　　则

第一条　为规范农村公路养护管理，促进农村公路可持续健康发展，根据《公路法》《公路安全保护条例》和国务院相关规定，制定本办法。

第二条　农村公路的养护管理，适用本办法。

本办法所称农村公路是指纳入农村公路规划，并按照公路工程技术标准修建的县道、乡道、村道及其所属设施，包括经省级交通运输主管部门认定并纳入统计年报里程的农村公路。公路包括公路桥梁、隧道和渡口。

县道是指除国道、省道以外的县际间公路以及连接县级人民政府所在地与乡级人民政府所在地和主要商品生产、集散地的公路。

乡道是指除县道及县道以上等级公路以外的乡际间公路以及连接乡级人民政府所在地与建制村的公路。

村道是指除乡道及乡道以上等级公路以外的连接建制村与建制村、建制村与自然村、建制村与外部的公路，但不包括村内街巷和农田间的机耕道。

县道、乡道和村道由县级以上人民政府按照农村公路规划的审批权限在规划中予以确定，其命名和编号由省级交通运输主管部门根据国家有关规定确定。

第三条　农村公路养护管理应当遵循以县为主、分级负责、群众参与、保障畅通的原则，按照相关技术规范和操作规程进行，保持路基、边坡稳定，路面、构造物完好，保证农村公路处于良好的技术状态。

第四条　县级人民政府应当按照国务院的规定履行农村公路养护管理的主体责任，建立符合本地实际的农村公路管理体制，落实县、乡（镇）、建制村农村公路养护工作机构和人员，完善养护管理资金财政预算保障机制。

县级交通运输主管部门及其公路管理机构应当建立健全农村公路养护工作机制，执行和落实各项养护管理任务，指导乡道、村道的养护管理工作。

县级以上地方交通运输主管部门及其公路管理机构应当加强农村公路养护管理的监督管理和技术指导，完善对下级交通运输主管部门的目标考核机制。

第五条 鼓励农村公路养护管理应用新技术、新材料、新工艺、新设备，提高农村公路养护管理水平。

第二章 养护资金

第六条 农村公路养护管理资金的筹集和使用应当坚持“政府主导、多元筹资、统筹安排、专款专用、强化监管、绩效考核”的原则。

第七条 农村公路养护管理资金主要来源包括：

（一）各级地方人民政府安排的财政预算资金。包括：公共财政预算资金；省级安排的成品油消费税改革新增收入补助资金；地市、县安排的成品油消费税改革新增收入资金（替代摩托车、拖拉机养路费的基数和增量部分）。

（二）中央补助的专项资金。

（三）村民委员会通过“一事一议”等方式筹集的用于村道养护的资金。

（四）企业、个人等社会捐助，或者通过其他方式筹集的资金。

第八条 各级地方人民政府应当按照国家规定，根据农村公路养护和管理的实际需要，安排必要的公共财政预算，保证农村公路养护管理需要，并随农村公路里程和地方财力增长逐步增加。鼓励有条件的地方人民政府通过提高补助标准等方式筹集农村公路养护管理资金。

第九条 省级人民政府安排的成品油消费税改革新增收入补助资金应当按照国务院规定专项用于农村公路养护工程，不得用于日常保养和人员开支，且补助标准每年每公里不得低于国务院规定的县道 7000 元、乡道 3500 元、村道 1000 元。

经省级交通运输主管部门认定并纳入统计年报里程的农村公路均应当作为补助基数。

第十条 省级交通运输主管部门应当协调建立成品油消费税改革新增收入替代摩托车、拖拉机养路费转移支付资金增长机制，增幅不低于成品油税费改革新增收入的增量资金增长比例。

第十一条 省级交通运输主管部门应当协调建立省级补助资金“以奖代补”或者其他形式的激励机制，充分调动地市、县人民政府加大养护管理资金投入的积极性。

第十二条 县级交通运输主管部门应当统筹使用好上级补助资金和其他各类资金，努力提高资金使用效益，不断完善资金监管和激励制度。

第十三条 企业和个人捐助的资金，应当在尊重捐助企业和个人意愿的前提下，由接受捐赠单位统筹安排用于农村公路养护。

村民委员会通过“一事一议”筹集养护资金，由村民委员会统筹安排专项用于村道养护。

第十四条 农村公路养护资金应当实行独立核算，专款专用，禁止截留、挤占或者挪用，使用情况接受审计、财政等部门的审计和监督检查。

第三章 养护管理

第十五条 县级交通运输主管部门和公路管理机构应当建立健全农村公路养护质量检查、考核和评定制度，建立健全质量安全保证体系和信用评价体系，加强检查监督，确保工程质量和安全。

第十六条 农村公路养护按其工程性质、技术复杂程度和规模大小，分为小修保养、中修、大修、改建。

养护计划应当结合通行安全和社会需求等因素，按照轻重缓急，统筹安排。

大中修和改建工程应按有关规范和标准进行设计，履行相关管理程序，并按照有关规定进行验收。

第十七条 农村公路养护应当逐步向规范化、专业化、机械化、市场化方向发展。

第十八条 县级交通运输主管部门和公路管理机构要优化现有农村公路养护道班和工区布局，扩大作业覆盖面，提升专业技能，充分发挥其在公共服务、应急抢险和日常养护与管理中的作用。

鼓励将日常保养交由公路沿线村民负责，采取个人、家庭分段承包等方式实施，并按照优胜劣汰的原则，逐步建立相对稳定的群众性养护队伍。

第十九条 农村公路养护应逐步推行市场化，实行合同管理，计量支付，并充分发挥信用评价的作用，择优选定养护作业单位。

鼓励从事公路养护的事业单位和社会力量组建养护企业，参与养护市场竞争。

第二十条 各级地方交通运输主管部门和公路管理机构要完善农村公路养护管理信息系统和公路技术状况统计更新制度，加快决策科学化和管理信息化进程。

第二十一条 县级交通运输主管部门和公路管理机构应当定期组织开展农村公路技术状况评定，县道和重要乡道评定频率每年不少于一次，其他公路在五年规划期内不少于两次。

路面技术状况评定宜采用自动化快速检测设备。有条件的地区在五年规划期内，县道评定频率应当不低于两次，乡道、村道应当不低于一次。

第二十二条 省级交通运输主管部门要以《公路技术状况评定标准》为基础，制定符合本辖区实际的农村公路技术状况评定标准，省、地市级交通运输主管部门应当定期组织对评定结果进行抽查。

第二十三条 地方各级交通运输主管部门和公路管理机构应当将公路技术状况评定结果作为养护质量考核的重要指标，并建立相应的奖惩机制。

第二十四条 农村公路养护作业单位和人员应当按照《公路安全保护条例》规定和相关技术规范要求开展养护作业，采取有效措施，确保施工安全、交通安全和工程质量。

农村公路养护作业单位应当完善养护质量和安全制度，加强作业人员教育和培训。

第二十五条 负责农村公路日常养护的单位或者个人应当按合同规定定期进行路况巡查，发现突发损坏、交通中断或者路产路权案件等影响公路运行的情况时，及时按有关规定处理和上报。

农村公路发生严重损坏或中断时，县级交通运输主管部门和公路管理机构应当在当地政府的统一领导下，组织及时修复和抢通。难以及时恢复交通的，应当设立醒目的警示标志，并告知绕行路线。

第二十六条 大型建设项目在施工期间需要使用农村公路的，应当按照指定线路行驶，符合荷载标准。对公路造成损坏的应当进行修复或者依法赔偿。

第二十七条 县、乡级人民政府应当依据有关规定对农村公路养护需要的挖砂、采石、取土以及取水给予支持和协助。

第二十八条 县级人民政府应当按照《公路法》《公路安全保护条例》的有关规定组织划定农村公路用地和建筑控制区。

第二十九条 县级交通运输主管部门和公路管理机构应在当地人民政府统一领导下，大力整治农村公路路域环境，加强绿化美化，逐步实现田路分家、路宅分家，努力做到路面整洁无杂物，排水畅通无淤积，打造畅安舒美的农村公路通行环境。

第四章 法律责任

第三十条 违反本办法规定，在筹集或者使用农村公路养护资金过程中，强制向单位和个人集资或者截留、挤占、挪用资金等违规行为的，由有关交通运输主管部门或者由其向地方人民政府建议对责任单位进行通报批评，限期整改；情节严重的，对责任人依法给予行政处分。

第三十一条 违反本办法规定，不按规定对农村公路进行养护的，由有关交通运输主管部门或者由其向地方人民政府建议对责任单位进行通报批评，限期整改；情节严重的，停止补助资金拨付，依法对责任人给予行政处分。

第三十二条 违反本办法其他规定，由县级交通运输主管部门或者公路管理机构按照《公路法》《公路安全保护条例》相关规定进行处罚。

第五章 附 则

第三十三条 本办法自2016年1月1日起施行。交通运输部于2008年4月发布的《农村公路管理养护暂行办法》（交公路发〔2008〕43号）同时废止。

人力资源社会保障部关于废止《招用技术工种从业人员规定》的决定

（2015年11月12日人力资源和社会保障部令第26号公布 自公布之日起生效）

根据2013年《国务院机构改革和职能转变方案》和《国务院办公厅关于清理规范各类职业资格相关活动的通知》（国办发〔2007〕73号）的精神，进一步规范职业资格设置管理，推进职业资格制度改革，降低市场准入门槛，激发市场活力、潜力和社会创造力，推动大众创业、万众创新，人力资源社会保障部决定，对《招用技术工种从业人员规定》（劳动和社会保障部令第6号）予以废止。本决定自公布之日起生效。

领事认证办法

（2015 年 11 月 19 日外交部令第 2 号公布　自 2016 年 3 月 1 日起施行）

第一章　总　　则

第一条　为了规范领事认证工作，维护领事认证公信力，促进对外交往，保障自然人、法人或者其他组织的合法权益，制定本办法。

第二条　本办法适用于国内出具的需送往国外使用的文书和国外出具的需送至国内使用的文书的领事认证。

第三条　本办法所称领事认证，是指领事认证机构根据自然人、法人或者其他组织的申请，对国内涉外公证书、其他证明文书或者国外有关文书上的最后一个印鉴、签名的真实性予以确认的活动。

前款所称领事认证机构，是指依照本办法办理领事认证的机构，包括外交部、外交部委托的地方人民政府外事部门（以下称地方外办）和驻外使馆、领馆以及外交部委托的其他驻外机构。

领事认证机构委托代办接件、录入、咨询等服务性事务的单位，应当在委托范围内从事相关活动。

第四条　领事认证机构办理领事认证，应当遵守法律，坚持客观、真实的原则，不得损害国家利益和社会公共利益。

第五条　外交部负责国家领事认证工作。

第六条　领事认证分为国内文书的领事认证和国外文书的领事认证。

外交部和地方外办负责办理国内文书的领事认证。

驻外使馆、领馆以及外交部委托的其他驻外机构负责办理国外文书的领事认证。

第七条　领事认证人员包括领事认证签署人员和领事认证协助人员。

领事认证签署人员负责审核、签署工作。

领事认证协助人员负责受理、制证、收费等事务性工作。

第八条　外交部和驻外使馆、领馆以及外交部委托的其他驻外机构的领事认证签署人员应当为随员及以上外交职务或者领事随员及以上领事职务。

地方外办的领事认证签署人员应当为主任科员及以上职务。

领事认证签署人员应当具有3年以上外交或者外事工作经历，具备领事认证签署工作所需的专业知识和能力，并参加外交部组织的相应培训。

驻外使馆、领馆以及外交部委托的其他驻外机构和地方外办的领事认证签署人员应当报外交部备案，特殊情况应当报外交部批准。

第九条 领事认证人员不得实施下列行为：

（一）为本人及其近亲属办理领事认证或者办理与本人及其近亲属有利害关系的领事认证；

（二）未按规定程序出具领事认证书；

（三）故意毁损、篡改领事认证书或者领事认证档案；

（四）侵占、盗窃领事认证防伪纸张、印章等专用物品；

（五）利用办理领事认证的职务便利索取财物，或者牟取其他不正当利益；

（六）其他法律、行政法规禁止的行为。

第十条 领事认证的申请人以及其他个人或者组织不得实施下列行为：

（一）利用领事认证书从事非法活动；

（二）伪造、变造领事认证书；

（三）伪造或者擅自变动、改动经领事认证的公证书或者其他证明文书。

第二章 印鉴和签名式样的备案

第十一条 领事认证机构在办理领事认证前应当依照本章规定对相应印鉴和签名式样进行备案。

第十二条 国内公证机构以及其他证明机构应当将相应印鉴以及公证员、签署人的签名式样向外交部、地方外办进行备案。

第十三条 地方外办应当将用于领事认证的印鉴以及领事认证签署人员的姓名、职务、签名式样送有关国家驻华领事机构备案。

第十四条 外交部应当将用于领事认证的印鉴以及领事认证签署人员的姓名、衔级、签名式样送有关国家驻华使馆备案。

第十五条 驻外使馆、领馆以及外交部委托的其他驻外机构应当对驻在国认证机构的印鉴和签署人员的姓名、职务和签名式样进行备案。

第十六条 驻外使馆、领馆以及外交部委托的其他驻外机构、地方外办应当将领事认证签署人员的姓名、衔级（职务）、签名式样报外交部备案。

第十七条 印鉴、签名式样自备案之日起10个工作日后生效。

第十八条 领事认证签署人员不再行使签署职责的，有关机构应当及时将被取消签署权人员的姓名、衔级（职务）、取消签署权的日期等事项通知原备案机构。

第三章 领事认证程序

第十九条 国内出具的需送往国外使用的文书，文书使用国要求领事认证的，经国内公证机构公证或者证明机构证明后，应当送外交部或者地方外办办理领事认证，方可送文书使用国驻华使馆或者领事机构办理认证。

中国缔结或者参加的国际条约或者外交部另有规定的除外。

第二十条 国外出具的需送至国内使用的文书，中国法律法规规定或者文书使用机构要求认证的，经文书出具国有关机构公证、认证后，应当由中国驻该国使馆、领馆或者外交部委托的其他驻外机构办理领事认证。

中国缔结或者参加的国际条约或者外交部另有规定的除外。

第二十一条 申请办理领事认证，应当提交以下材料：

（一）合法有效的身份证件；

（二）填写真实、完整、准确的申请表；

（三）申请领事认证的文书；

（四）领事认证机构认为需要提交的其他材料。

第二十二条 领事认证机构可以根据需要向申请人核实申办领事认证的目的和领事认证书的用途等情况，必要时可以要求申请人提交相关证明材料。

第二十三条 有下列情形之一的，领事认证机构不予办理领事认证：

（一）文书的印鉴、签名不属实的；

（二）文书的印鉴、签名未进行备案，或者与备案不相符的；

（三）文书的印鉴、签名、装订、时效等不符合文书出具机构、文书使用机构规定和要求的；

（四）可能损害国家利益和社会公共利益的；

（五）不予办理领事认证的其他情形。

第二十四条 申请人提交的办理领事认证的文书在两页及以上的，应当采用火漆加封、加盖骑缝章或者加盖钢印等不易被拆换的方式进行装订。

第二十五条 领事认证机构经过审查，认为申请领事认证的文书符合要求的，应当自受理申请之日起10个工作日内出具领事认证书。

因不可抗力、补充证明材料或者需要核实有关情况的，所需时间不计算在前款规定的期限内。

第二十六条 领事认证书应当包括下列内容：

（一）领事认证书编号；

（二）领事认证证词；

（三）出具领事认证书的机构名称；

（四）领事认证签署人员的签名；

（五）出具领事认证书的日期。

第二十七条 领事认证书自出具之日起生效。

领事认证书应当采用领事认证贴纸的形式粘贴在办理领事认证的文书上，具体式样、内容由外交部负责制定。

第二十八条 领事认证书应当使用规范汉字。

第二十九条 申请人申请办理领事认证应当按照国务院财政部门、价格主管部门的规定缴纳相关费用。

第三十条 领事认证机构经过审查，认为申请办理领事认证的文书、手续或者其他材料不齐全的，应当一次性告知申请人需要履行的手续和补充的证明材料。

第四章 领事认证效力和异议处理

第三十一条 领事认证是领事认证机构以国家名义对文书予以确认的活动，其目的是使一国出具的文书能在另一国境内得以承认，不会因为怀疑文书上的印鉴、签名的真实性而影响其域外的法律效力。

领事认证不对公证书或者其他证明文书证明的事项行使证明职能，不对文书内容本身的真实性、合法性负责，文书内容由文书出具机构负责。

第三十二条 经领事认证的文书内容被更改、替换的，领事认证书无效。

第三十三条 申请人和已经领事认证的文书内容的利害关系人，对领事认证机构出具的领事认证书有异议的，可以向出具该领事认证书的领事认证机构提出复查申请。

第三十四条 领事认证机构收到复查申请后，应当进行审查、核实。对于领事认证书的编号、证词、出证日期等内容错误的，应当及时予以纠正。

第三十五条 已经领事认证的公证书或者其他证明文书依法定程序确定有错误而进行更正的，原公证书或者其他证明文书上的领事认证书自动失效。申请人可以持更正后的公证书或者其他证明文书重新申请办理领事认证。

已经领事认证的公证书或者其他证明文书依法定程序撤销的，领事认证书自该公证书或者其他证明文书因撤销而失效之日起同时自动失效。

第五章 法律责任

第三十六条 领事认证人员有本办法第九条规定行为之一的，由有关机关依法给予行政处分；构成犯罪的，依法追究刑事责任。

第三十七条 申请人以及其他个人或者组织有本办法第十条规定行为之一的，依法承担相应的法律责任。

第六章 附 则

第三十八条 本办法所称文书，是指出生证、结婚证、学历证、原产地证、商业发票、含有非纸质材料的文件等各类证书以及文字材料等的总称。

第三十九条 本办法自2016年3月1日起施行。

铁路专用设备缺陷产品召回管理办法

（2015年11月19日交通运输部令2015年第23号公布 自2016年1月1日起施行）

第一章 总 则

第一条 为规范铁路专用设备缺陷产品召回管理，保障人身、财产安全，根据《中华人民共和国产品质量法》《铁路安全管理条例》等法律法规，制定本办法。

第二条 国家铁路局依法实行行政许可管理的铁路专用设备产品的召回及其监督管理适用本办法。

其他直接影响铁路运输安全的铁路专用设备产品确需召回的，由国家铁路局和国务院有关部门按照职责分工进行监督管理。

第三条 铁路专用设备产品缺陷是指由于设计、制造、标识等原因导致同一批次、型号或者类别的铁路专用设备普遍存在不符合保障人身、财产安全的国家标准、行业标准的情形或者其他危及人身、财产安全的不合理危险。

第四条 铁路专用设备缺陷产品召回，是指生产企业对其已销售的产品采取措施消除缺陷的活动。

第五条 国家铁路局对铁路专用设备缺陷产品召回实施监督管理，国家铁路局设立的地区铁路监督管理局按照国家铁路局的规定参与铁路专用设备缺陷产品召回监督管理。

国家铁路局及其设立的地区铁路监督管理局统称铁路监管部门。

第六条 铁路专用设备生产企业，是指在中国境内依法设立的产品制造企业。从中国境外进口产品到境内销售的企业视为生产企业。

第七条 生产企业是缺陷产品召回的实施主体，应当建立完善的产品质量安全档案和相关管理制度，准确记录并保存相关产品设计、制造、销售、标识、检验等信息，建立用户访问和质量分析制度，分析可能存在的缺陷，履行缺陷产品召回的义务并承担相关费用。

第八条 使用企业及设备相关单位应当配合开展产品缺陷调查，提供必要的产品使用、维修、操作、检测等信息和记录，协助生产企业实施召回，并在召回过程中采取有效措施维护铁路正常运输秩序，确保运输安全。

第二章 产品缺陷调查

第九条 生产企业获知其产品可能存在缺陷时，应当立即组织开展缺陷调查，确认其产品是否存在缺陷。对于正在使用的产品，生产企业应当立即通知使用企业，与使用企业协商并采取安全保障措施，确保运输安全。

第十条 生产企业经调查确认其产品存在缺陷的，应当立即将调查结果通知使用企业，并报国家铁路局。

第十一条 使用企业获知产品可能存在缺陷时，应当及时采取有效措施确保运输安全，并向生产企业通报产品可能存在缺陷情况。生产企业应当及时开展缺陷调查，生产企业未及时开展缺陷调查的，使用企业可以向国家铁路局反映。

第十二条 国家铁路局获知产品可能存在缺陷时，应当立即通知生产企业开展缺陷调查；生产企业拒绝开展缺陷调查的，国家铁路局可直接组织开展调查或委托与生产企业无利害关系的专业技术机构进行调查，并将调查结果通知生产企业和使用企业。

第十三条 产品缺陷调查应当包括以下内容：

（一）是否由于设计、制造、标识等原因导致；

（二）是否存在不符合保障人身、财产安全的国家标准、行业标准的情形；

（三）是否已造成人身、财产损害；

（四）虽未造成人身、财产损害，但经检验、检测、试验和论证，存在危及人身、财产安全的不合理危险。

第十四条 在缺陷调查过程中，可以采取以下措施：

（一）进入相关企业的生产经营场所进行现场调查；

（二）查阅、复制相关资料、档案和记录；

（三）向相关单位和个人了解产品可能存在缺陷的情况，公开征求相关信息；

（四）依法可以采取的其他措施。

第十五条 生产企业应当配合缺陷调查，提供调查需要的有关资料、产品和设备。

第十六条 产品缺陷调查报告应当包括以下内容：

（一）生产（设计）企业基本信息；

（二）缺陷产品的名称、型号、批次、数量等及缺陷产品生产、销售信息；

（三）缺陷产品在境外实施召回的信息；

（四）缺陷产品主要技术性能资料，产品缺陷描述、缺陷原因及其具体分析；

（五）缺陷产品检验、检测、试验的数据和报告；

（六）缺陷已经或可能产生的后果；

（七）对产品缺陷的确认结论，以及消除产品缺陷的具体措施；

（八）其他需要报告的相关信息。

受委托的专业技术机构应当按规定提交产品缺陷调查报告并对报告的真实性、准确性负责。

第十七条 生产企业或使用企业对产品缺陷调查结果有异议的，可以自收到缺陷调查结果之日起15个工作日内向国家铁路局反映并提供证明材料。国家铁路局可组织与相关企业无利害关系的专业技术机构或专家对证明材料进行论证，必要时组织对产品进行技术检验、检测、试验，并将结果通知相关企业。

第三章　召回实施

第十八条　生产企业确认产品存在缺陷的，应当立即停止生产、销售、进口并通知使用企业。立即停止使用可能对铁路运输秩序造成较大影响的，生产企业应当与使用企业协商共同采取应急措施，确保运输安全。

第十九条　生产企业应当与使用企业协商制定召回计划并组织实施。召回计划应当包括以下内容：

（一）缺陷产品分布情况及拟召回数量；

（二）停止制造、销售、进口、使用缺陷产品的情况；

（三）消除缺陷的具体措施及实施方案；

（四）预期达到的工作目标和消除缺陷的效果；

（五）召回的阶段工作内容及时间安排；

（六）召回实施过程中采取的安全保障措施和必要的应急措施；

（七）提交召回阶段性报告、总结报告和消除缺陷效果评估的时间安排；

（八）联系人和联系方式；

（九）其他相关内容。

第二十条　生产企业应当将召回计划报备国家铁路局。已备案的召回计划调整时应当重新报备。

第二十一条　经专业技术机构调查确认产品存在缺陷，生产企业未在规定期限内对调查结果提出异议，并且未按规定实施召回的，国家铁路局应当责令生产企业召回。

第二十二条　生产企业对确定召回的缺陷产品应当及时采取修正或者补充标识、修理、更换、退货等措施消除缺陷，并承担消除缺陷的费用。

第二十三条　生产企业应当填写缺陷产品召回记录单。召回记录单分别由生产企业、使用企业、国家铁路局各保存一份，保存期不得少于5年。

第二十四条　生产企业在实施召回的过程中，应当向国家铁路局提交阶段性报告和总结报告。国家铁路局根据召回的实际效果，决定是否要求生产企业采取更为有效的召回措施。

第二十五条　生产企业完成召回计划后，国家铁路局应当组织与生产企业无利害关系的专业技术机构或专家对消除缺陷的效果进行评估。

第四章　监督检查

第二十六条　国家铁路局应当对缺陷产品召回实施情况进行监督，依法发布缺陷产品召回相关信息，公布投诉受理电话、电子邮箱和通信地址，并加强与国务院有关部门的信息沟通和信息共享。

第二十七条　从事缺陷调查的工作人员应当自觉遵守相关法律法规，不得妨碍企业正常的生产经营活动，不得收受、索取财物，牟取私利。

第二十八条　在缺陷产品召回过程中相关工作人员应当遵守公平、公正、客观、合法的原则，依法保守商业秘密和技术秘密。

第二十九条　任何单位和个人有权向铁路监管部门投诉铁路专用设备可能存在的缺陷。任何单位和个人不得阻挠和干涉产品缺陷投诉和缺陷调查。

第五章　法律责任

第三十条　生产企业违反本办法规定，有下列情形之一的，由国家铁路局责令限期改正。

（一）未按规定保存缺陷产品信息的；

（二）未按规定制定并提供召回计划或未按计划实施召回的；

（三）未按规定提供相关报告和信息的；

（四）不配合产品缺陷调查的；

（五）未按规定停止制造、销售、进口存在缺陷的产品的；

（六）故意隐瞒、虚报或者以不正当方式处理产品缺陷的。

第三十一条　生产企业未按规定召回缺陷产品，未采取措施消除缺陷的，国家铁路局应当责令其改正，拒不改正的，按下列规定处罚：

（一）情节较轻的，处缺陷产品货值金额 1% ~5% 的罚款；

（二）情节较重的，处缺陷产品货值金额 5% ~8% 的罚款；

（三）情节严重的，处缺陷产品货值金额 8% ~10% 的罚款，并吊销生产企业相应的行政许可证件。

构成犯罪的，依法追究刑事责任。

第三十二条　从事缺陷产品召回监督管理工作的人员违反本办法规定、有下列行为之一的，依法给予行政处分。涉嫌犯罪的，移交司法机关处理。

（一）将当事企业提供的技术资料、档案等用于缺陷调查以外其他用途的；

（二）泄露当事企业商业秘密的；

（三）有玩忽职守、徇私舞弊、滥用职权及其他失职、渎职行为的。

第三十三条 生产企业依照本办法规定召回缺陷产品，不免除其依法应当承担的其他法律责任。产品存在本办法所称缺陷以外的质量问题，使用企业有权依据相关法律法规及合同约定，要求生产企业承担相应的法律责任。

第六章 附 则

第三十四条 国家铁路局应当根据本办法制定铁路专用设备缺陷产品召回管理实施细则。

第三十五条 本办法自2016年1月1日起施行。

进口旧机电产品检验监督管理办法

（2015年11月23日国家质量监督检验检疫总局令第171号公布 自2016年1月1日起施行）

第一章 总 则

第一条 为了规范进口旧机电产品的检验监督管理工作，根据《中华人民共和国进出口商品检验法》及其实施条例以及中华人民共和国缔结或者参加的双边或者多边条约、协定和其他具有条约性质的文件的有关规定，制定本办法。

第二条 本办法适用于国家允许进口的，在中华人民共和国境内销售、使用的旧机电产品的检验监督管理。

本办法所称旧机电产品是指具有下列情形之一的机电产品：

（一）已经使用（不含使用前测试、调试的设备），仍具备基本功能和一定使用价值的；

（二）未经使用，但是超过质量保证期（非保修期）的；

（三）未经使用，但是存放时间过长，部件产生明显有形损耗的；

（四）新旧部件混装的；

（五）经过翻新的。

第三条 国家质量监督检验检疫总局（以下简称国家质检总局）主管

全国进口旧机电产品检验监督管理工作。

国家质检总局设在各地的出入境检验检疫部门（以下简称检验检疫部门）负责所辖地区进口旧机电产品检验监督管理工作。

第四条 进口旧机电产品应当符合法律法规对安全、卫生、健康、环境保护、防止欺诈、节约能源等方面的规定，以及国家技术规范的强制性要求。

第五条 进口旧机电产品应当实施口岸查验、目的地检验以及监督管理。价值较高、涉及人身财产安全、健康、环境保护项目的高风险进口旧机电产品，还需实施装运前检验。

需实施装运前检验的进口旧机电产品清单由国家质检总局制定并在国家质检总局网站上公布。

进口旧机电产品的装运前检验结果与口岸查验、目的地检验结果不一致的，以口岸查验、目的地检验结果为准。

第六条 旧机电产品的进口商应当诚实守信，对社会和公众负责，对其进口的旧机电产品承担质量主体责任。

第二章 装运前检验

第七条 需实施装运前检验的进口旧机电产品，其收、发货人或者其代理人应当按照国家质检总局的规定申请检验检疫部门或者委托检验机构实施装运前检验。

装运前检验应当在货物启运前完成。

第八条 收、发货人或者其代理人申请检验检疫部门实施装运前检验的，检验检疫部门可以根据需要，组织实施或者派出检验人员参加进口旧机电产品装运前检验。

第九条 进口旧机电产品装运前检验应当按照国家技术规范的强制性要求实施。

装运前检验内容包括：

（一）对安全、卫生、健康、环境保护、防止欺诈、能源消耗等项目做出初步评价；

（二）核查产品品名、数量、规格（型号）、新旧、残损情况是否与合同、发票等贸易文件所列相符；

（三）是否包括、夹带禁止进口货物。

第十条 检验机构接受委托实施装运前检验的，应当诚实守信，按照本办法第九条以及国家质检总局的规定实施装运前检验。

第十一条 检验检疫部门或者检验机构应当在完成装运前检验工作后，签发装运前检验证书，并随附装运前检验报告。

检验证书及随附的检验报告应当符合以下要求：

（一）检验依据准确、检验情况明晰、检验结果真实；

（二）有统一、可追溯的编号；

（三）检验报告应当包含检验依据、检验对象、现场检验情况、装运前检验机构及授权签字人签名等要求；

（四）检验证书不应含有检验报告中检验结论及处理意见为不符合本办法第四条规定的进口旧机电产品；

（五）检验证书及随附的检验报告文字应当为中文，若出具中外文对照的，以中文为准；

（六）检验证书应当有明确的有效期限，有效期限由签发机构根据进口旧机电产品情况确定，一般为半年或一年。

工程机械的检验报告除满足上述要素外，还应当逐台列明名称、HS 编码、规格型号、产地、发动机号/车架号、制造日期（年）、运行时间（小时）、检测报告、维修记录、使用说明书核查情况等内容。

第三章　进口旧机电产品检验

第十二条 进口旧机电产品运抵口岸后，收货人或者其代理人应当持下列资料向检验检疫部门办理报检手续：

（一）合同、发票、装箱单、提单；

（二）需实施装运前检验的，还应当提交检验检疫部门或者检验机构出具的装运前检验证书及随附的检验报告。

第十三条 口岸检验检疫部门受理报检后，应当签发通关证明，并注明“进口旧机电产品”。

第十四条 口岸检验检疫部门对进口旧机电产品实施口岸查验。

实施口岸查验时，应当对报检资料进行逐批核查。必要时，对进口旧机电产品与报检资料是否相符进行现场核查。

口岸查验的其他工作按口岸查验的相关规定执行。

第十五条 目的地检验检疫部门对进口旧机电产品实施目的地检验。

第十六条 检验检疫部门对进口旧机电产品的目的地检验内容包括：一致性核查，安全、卫生、环境保护等项目检验。

（一）一致性核查：

1. 核查产品是否存在外观及包装的缺陷或者残损；

2. 核查产品的品名、规格、型号、数量、产地等货物的实际状况是否与报检资料及装运前检验结果相符；

3. 对进口旧机电产品的实际用途实施抽查，重点核查特殊贸易方式进口旧机电产品的实际使用情况是否与申报情况一致。

（二）安全项目检验：

1. 检查产品表面缺陷、安全标识和警告标记；

2. 检查产品在静止状态下的电气安全和机械安全；

3. 检验产品在运行状态下的电气安全和机械安全，以及设备运行的可靠性和稳定性。

（三）卫生、环境保护项目检验：

1. 检查产品卫生状况，涉及食品安全项目的食品加工机械及家用电器是否符合相关强制性标准；

2. 检测产品在运行状态下的噪声、粉尘含量、辐射以及排放物是否符合标准；

3. 检验产品是否符合我国能源效率有关限定标准。

（四）对装运前检验发现的不符合项目采取技术和整改措施的有效性进行验证，对装运前检验未覆盖的项目实施检验；必要时对已实施的装运前检验项目实施抽查。

（五）其他项目的检验依照同类机电产品检验的有关规定执行。

第十七条 经目的地检验，涉及人身财产安全、健康、环境保护项目不合格的，由检验检疫部门责令收货人销毁，或者出具退货处理通知单并书面告知海关；其他项目不合格的，可以在检验检疫部门的监督下进行技术处理，经重新检验合格的，方可销售或者使用。

经目的地检验不合格的进口旧机电产品，属成套设备及其材料的，签发不准安装使用通知书。经技术处理，并经检验检疫部门重新检验合格的，方可安装使用。

第四章 监督管理

第十八条 国家质检总局及检验检疫部门对进口旧机电产品收货人及其代理人、进口商及其代理人、装运前检验机构及相关活动实施监督管理。

第十九条 检验机构应当对其所出具的装运前检验证书及随附的检验报

告的真实性、准确性负责。

国家质检总局或者检验检疫部门在进口旧机电产品检验监管工作中，发现检验机构出具的检验证书及随附的检验报告存在违反本办法第十一条规定，情节严重或引起严重后果的，可以发布警示通报并决定在一定时期内不予认可其出具的检验证书及随附的检验报告，但最长不得超过 3 年。

第二十条 进口旧机电产品的进口商应当建立产品进口、销售和使用记录制度，如实记录进口旧机电产品的品名、规格、数量、出口商和购货者名称及联系方式、交货日期等内容。记录应当真实，保存期限不得少于 2 年。

检验检疫部门可以对本辖区内进口商的进口、销售和使用记录进行检查。

第二十一条 国家质检总局和检验检疫部门对进口旧机电产品检验监管过程中发现的质量安全问题依照风险预警及快速反应的有关规定进行处置。

第二十二条 国家质检总局和检验检疫部门的工作人员在履行进口旧机电产品检验监管职责中，对所知悉的商业秘密负有保密义务。

国家质检总局和检验检疫部门履行进口旧机电产品检验监管职责，应当遵守法律，维护国家利益，依照法定职权和法定程序严格执法，接受监督。

第五章 法律责任

第二十三条 擅自销售、使用未报检或者未经检验的进口旧机电产品，由检验检疫部门按照《中华人民共和国进出口商品检验法实施条例》没收违法所得，并处进口旧机电产品货值金额 5% 以上 20% 以下罚款；构成犯罪的，依法追究刑事责任。

第二十四条 销售、使用经法定检验、抽查检验或者验证不合格的进口旧机电产品，由检验检疫部门按照《中华人民共和国进出口商品检验法实施条例》责令停止销售、使用，没收违法所得和违法销售、使用的进口旧机电产品，并处违法销售、使用的进口旧机电产品货值金额等值以上 3 倍以下罚款；构成犯罪的，依法追究刑事责任。

第二十五条 擅自调换检验检疫部门抽取的样品或者检验检疫部门检验合格的进口旧机电产品的，由检验检疫部门按照《中华人民共和国进出口商品检验法实施条例》责令改正，给予警告；情节严重的，并处旧机电产品货值金额 10% 以上 50% 以下罚款。

第二十六条 进口旧机电产品的收货人、代理报检企业或者报检人员不如实提供进口旧机电产品的真实情况，取得检验检疫部门的有关单证，或者对法定检验的进口旧机电产品不予报检，逃避进口旧机电产品检验的，由检验检疫部门按照《中华人民共和国进出口商品检验法实施条例》没收违法所得，并处进口旧机电产品货值金额5%以上20%以下罚款。

第二十七条 进口国家允许进口的旧机电产品未按照规定进行装运前检验的，按照国家有关规定予以退货；情节严重的，由检验检疫部门按照《中华人民共和国进出口商品检验法实施条例》并处100万元以下罚款。

第二十八条 伪造、变造、买卖、盗窃或者使用伪造、变造的检验检疫部门出具的装运前检验证书及检验报告，构成犯罪的，依法追究刑事责任；尚不够刑事处罚的，由检验检疫部门按照《中华人民共和国进出口商品检验法实施条例》责令改正，没收违法所得，并处商品货值金额等值以下罚款。

第二十九条 检验检疫部门工作人员在履行进口旧机电产品检验监管职责中应当秉公执法、忠于职守，不得滥用职权、玩忽职守、徇私舞弊；违法失职的，依法追究责任。

第六章 附 则

第三十条 经特殊监管区进口的旧机电产品，按照本办法执行。

第三十一条 进口旧机电产品涉及的动植物检疫和卫生检疫工作，按照进出境动植物检疫和国境卫生检疫法律法规的规定执行。

第三十二条 进口国家禁止进口的旧机电产品，应当予以退货或者销毁。

第三十三条 本办法由国家质检总局负责解释。

第三十四条 本办法自2016年1月1日起施行。国家质量监督检验检疫总局于2002年12月31日发布的《进口旧机电产品检验监督管理办法》和2003年8月18日发布的《进口旧机电产品检验监督程序规定》同时废止。

国家质量监督检验检疫总局关于修改《进出口商品数量重量检验鉴定管理办法》的决定

（2015年11月23日国家质量监督检验检疫总局令第172号公布　自公布之日起施行）

根据国务院取消和下放行政审批项目的决定，质检总局决定对《进出口商品数量重量检验鉴定管理办法》作如下修改：

一、删去第二十六条中的“或个人”。

二、删去第二十七条第一款中的“其现场鉴定人员应当随身携带国家质检总局对其机构、人员资格许可的有关证件”。

删去第二十七条第二款。

三、删去第三十条。

此外，对《进出口商品数量重量检验鉴定管理办法》的条文顺序作相应调整。

本决定自公布之日起施行。

国家质量监督检验检疫总局关于修改《进出口玩具检验监督管理办法》的决定

（2015年11月23日国家质量监督检验检疫总局令第173号公布　自公布之日起施行）

根据国务院取消和下放行政审批项目的决定，质检总局决定对《进出口玩具检验监督管理办法》作如下修改：

一、删去第五条。

二、将第十二条修改为：“出口玩具报检时，报检人应当如实填写出境货物报检单，除按照《出入境检验检疫报检规定》提供相关材料外，还需提供产品质量安全符合性声明。

出口玩具首次报检时，还应当提供玩具实验室出具的检测报告以及国家质检总局规定的其他材料等。”

三、将第十五条修改为：“出口玩具生产、经营企业应当建立完善的质量安全控制体系及追溯体系，加强对玩具成品、部件或者部分工序分包的质量控制和管理，建立并执行进货检查验收制度，审验供货商、分包商的经营资格，验明产品合格证明和产品标识，并建立产品及高风险原材料的进货台账，如实记录产品名称、规格、数量、供货商、分包商及其联系方式、进货时间等内容。”

四、删去第十六条、第十七条、第十八条。

五、删去第四章。

六、删去第二十四条。

七、将第二十五条修改为：“检验检疫机构应当对出口玩具生产、经营企业实施监督管理，监督管理包括对企业质量保证能力的检查以及对质量安全重点项目的检验。”

八、删去第三十四条第一款和第三款中的“情节严重的，并撤销其报检注册登记、报检从业注册”。

九、删去第三十六条、第三十八条。

十、将第四十三条第一款修改为：“本办法所称质量安全重点项目是指检验检疫机构在对输入国家或者地区技术法规和标准、企业产品质量安全历史数据和产品通报召回等信息进行风险评估的基础上，确定的产品质量安全高风险检验项目。”

此外，《进出口玩具检验监督管理办法》的章节条文顺序作相应调整。

本决定自公布之日起施行。

国家质量监督检验检疫总局关于修改《进境动植物检疫审批管理办法》的决定

（2015年11月25日国家质量监督检验检疫总局令第170号公布　自公布之日起施行）

为了依法推进行政审批制度改革和政府职能转变，加大简政放权力度，进一步激发市场、社会的创造活力，根据国务院取消和下放行政审批项目的决定，国家质检总局决定对《进境动植物检疫审批管理办法》作如下修改：

一、删去第一条中的“和《农业转基因生物安全管理条例》”。

二、将第二条第一款修改为：“本办法适用于对进出境动植物检疫法及其实施条例以及国家有关规定需要审批的进境动物（含过境动物）、动植物产品和需要特许审批的禁止进境物的检疫审批。”

三、将第四条第二款修改为：“过境动物的申请单位应当是具有独立法人资格并直接对外签订贸易合同或者协议的单位或者其代理人。”

四、将第五条第二款修改为：“过境动物在过境前，申请单位应当向国家质检总局提出申请并取得《检疫许可证》。”

五、将第十一条修改为：“国家质检总局根据审核情况，自初审机构受理申请之日起二十日内签发《检疫许可证》或者《检疫许可证申请未获批准通知单》。二十日内不能做出许可决定的，经国家质检总局负责人批准，可以延长十日，并应当将延长期限的理由告知申请单位。”

六、将第十六条修改为：“有下列情况之一的，《检疫许可证》失效、废止或者终止使用：

（一）《检疫许可证》有效期届满未延续的，国家质检总局应当依法办理注销手续；

（二）在许可范围内，分批进口、多次报检使用的，许可数量全部核销完毕的，国家质检总局应当依法办理注销手续；

（三）国家依法发布禁止有关检疫物进境的公告或者禁令后，国家质检总局可以撤回已签发的《检疫许可证》；

（四）申请单位违反检疫审批的有关规定，国家质检总局可以撤销已签发的《检疫许可证》。”

七、在附则第十八条后新增第十九条：“国家质检总局可以授权直属出入境检验检疫局对其所辖地区进境动植物检疫审批申请进行审批，签发《检疫许可证》或者出具《检疫许可证申请未获批准通知单》。”

此外，对《进境动植物检疫审批管理办法》的条文顺序作相应调整。

本决定自公布之日起施行。

国家质量监督检验检疫总局关于修改《出入境口岸食品卫生监督管理规定》的决定

（2015 年 11 月 25 日国家质量监督检验检疫总局令第 174 号公布　自公布之日起施行）

根据国务院取消和下放行政审批项目的决定，质检总局决定对《出入境口岸食品卫生监督管理规定》作如下修改：

一、将规章名称修改为“国境口岸食品卫生监督管理规定”。

二、将第一条中的“《中华人民共和国食品卫生法》”修改为“《中华人民共和国食品安全法》及其实施条例”。

三、将正文中的“出入境口岸”统一修改为“国境口岸”。

四、删去第四条第一款中的“对在出入境口岸内以及出入境交通工具上的食品、饮用水从业人员（以下简称从业人员）实行健康许可管理”。

五、将第七条中的“《中华人民共和国国境口岸食品生产经营单位卫生许可证》（以下简称《卫生许可证》，见附件 1）”修改为“《中华人民共和国国境口岸卫生许可证》（以下简称《卫生许可证》）”。

六、删去第九条中的“（四）从业人员《健康证明书》和卫生知识培训合格证明”。

七、将第十条第四款中的“《卫生许可证》有效期为 1 年”修改为“《卫生许可证》有效期为 4 年”。

八、将第十四条修改为：“从业人员每年必须进行健康检查，取得健康证明。新参加工作和临时参加工作的从业人员上岗前必须进行健康检查。”

九、删去第十五条和第十七条。

十、删去第二十二条中的“（见附件 3）”。

十一、在第二十七条第一款后增加一款：“在确保口岸食品安全的基础上，可以依据风险分析，分级分类管理的原则，采用随机抽查的方式进行监督检查，监督频次应当符合以下要求：”。

将第二十七条第（一）项中的“检验检疫机构对 A 级单位每月监督 1 次”修改为“检验检疫机构对 A 级单位监督频次每 6 个月不少于 1 次”。

将第二十七条第（二）项中的“检验检疫机构对 B 级单位每月监督 2 次”修改为“检验检疫机构对 B 级单位监督频次每 3 个月不少于 1 次”。

将第二十七条第（三）项中的“检验检疫机构对C级单位每月监督4次”修改为“检验检疫机构对C级单位监督频次每月不少于1次”。

在第二十七条第（四）项后增加：“（五）未开展量化分级管理的食品生产经营单位监督频次每2个月不少于1次。”

十二、删去第二十八条中的“（见附件4）”。

十三、在第三十一条的“《中华人民共和国国境卫生检疫法》及其实施细则”后增加“《中华人民共和国食品安全法》及其实施条例”。

将第三十一条第（三）项中的“未获得《健康证明书》”修改为“未取得健康证明”。

十四、在第三十二条的“《中华人民共和国国境卫生检疫法》及其实施细则”后增加“《中华人民共和国食品安全法》及其实施条例”。

将第三十二条第（一）项中的“未获得《健康证明书》”修改为“未取得健康证明”。

此外，对《国境口岸食品卫生监督管理规定》的条文顺序作相应调整。

本决定自公布之日起施行。

兽药产品批准文号管理办法

（2015年12月3日农业部令2015年第4号公布　自2016年5月1日起施行）

第一章　总　　则

第一条　为加强兽药产品批准文号的管理，根据《兽药管理条例》，制定本办法。

第二条　兽药产品批准文号的申请、核发和监督管理适用本办法。

第三条　兽药生产企业生产兽药，应当取得农业部核发的兽药产品批准文号。

兽药产品批准文号是农业部根据兽药国家标准、生产工艺和生产条件批准特定兽药生产企业生产特定兽药产品时核发的兽药批准证明文件。

第四条　农业部负责全国兽药产品批准文号的核发和监督管理工作。

县级以上地方人民政府兽医行政管理部门负责本行政区域内的兽药产品批准文号的监督管理工作。

第二章　兽药产品批准文号的申请和核发

第五条　申请兽药产品批准文号的兽药，应当符合以下条件：

（一）在《兽药生产许可证》载明的生产范围内；

（二）申请前三年内无被撤销该产品批准文号的记录。

申请兽药产品批准文号连续 2 次复核检验结果不符合规定的，1 年内不再受理该兽药产品批准文号的申请。

第六条　申请本企业研制的已获得《新兽药注册证书》的兽药产品批准文号，且新兽药注册时的复核样品系申请人生产的，申请人应当向农业部提交下列资料：

（一）《兽药产品批准文号申请表》一式一份；

（二）《兽药生产许可证》复印件一式一份；

（三）《兽药 GMP 证书》复印件一式一份；

（四）《新兽药注册证书》复印件一式一份；

（五）复核检验报告复印件一式一份；

（六）标签和说明书样本一式二份；

（七）产品的生产工艺、配方等资料一式一份。

农业部自受理之日起 5 个工作日内将申请资料送中国兽医药品监察所进行专家评审，并自收到评审意见之日起 15 个工作日内作出审批决定。符合规定的，核发兽药产品批准文号，批准标签和说明书；不符合规定的，书面通知申请人，并说明理由。

申请本企业研制的已获得《新兽药注册证书》的兽药产品批准文号，但新兽药注册时的复核样品非申请人生产的，分别按照本办法第七条、第九条规定办理，申请人无需提交知识产权转让合同或授权书复印件。

第七条　申请他人转让的已获得《新兽药注册证书》或《进口兽药注册证书》的生物制品类兽药产品批准文号的，申请人应当向农业部提交本企业生产的连续三个批次的样品和下列资料：

（一）《兽药产品批准文号申请表》一式一份；

（二）《兽药生产许可证》复印件一式一份；

（三）《兽药 GMP 证书》复印件一式一份；

（四）《新兽药注册证书》或《进口兽药注册证书》复印件一式一份；

（五）标签和说明书样本一式二份；

（六）所提交样品的自检报告一式一份；

（七）产品的生产工艺、配方等资料一式一份；

（八）知识产权转让合同或授权书一式一份（首次申请提供原件，换发申请提供复印件并加盖申请人公章）。

提交的样品应当由省级兽药检验机构现场抽取，并加贴封签。

农业部自受理之日起5个工作日内将样品及申请资料送中国兽医药品监察所按规定进行复核检验和专家评审，并自收到检验结论和评审意见之日起15个工作日内作出审批决定。符合规定的，核发兽药产品批准文号，批准标签和说明书；不符合规定的，书面通知申请人，并说明理由。

第八条 申请第六条、第七条规定之外的生物制品类兽药产品批准文号的，申请人应当向农业部提交本企业生产的连续三个批次的样品和下列资料：

（一）《兽药产品批准文号申请表》一式一份；

（二）《兽药生产许可证》复印件一式一份；

（三）《兽药GMP证书》复印件一式一份；

（四）标签和说明书样本一式二份；

（五）所提交样品的自检报告一式一份；

（六）产品的生产工艺、配方等资料一式一份；

（七）菌（毒、虫）种合法来源证明复印件（加盖申请人公章）一式一份。

提交的样品应当由省级兽药检验机构现场抽取，并加贴封签。

农业部自受理之日起5个工作日内将样品及申请资料送中国兽医药品监察所按规定进行复核检验和专家评审，并自收到检验结论和评审意见之日起15个工作日内作出审批决定。符合规定的，核发兽药产品批准文号，批准标签和说明书；不符合规定的，书面通知申请人，并说明理由。

第九条 申请他人转让的已获得《新兽药注册证书》或《进口兽药注册证书》的非生物制品类的兽药产品批准文号的，申请人应当向所在地省级人民政府兽医行政管理部门提交本企业生产的连续三个批次的样品和下列资料：

（一）《兽药产品批准文号申请表》一式二份；

（二）《兽药生产许可证》复印件一式二份；

（三）《兽药GMP证书》复印件一式二份；

（四）《新兽药注册证书》或《进口兽药注册证书》复印件一式二份；

（五）标签和说明书样本一式二份；

（六）所提交样品的批生产、批检验原始记录复印件及自检报告一式二份；

（七）产品的生产工艺、配方等资料一式二份；

（八）知识产权转让合同或授权书一式二份（首次申请提供原件，换发申请提供复印件并加盖申请人公章）。

省级人民政府兽医行政管理部门自收到有关资料和样品之日起5个工作日内将样品送省级兽药检验机构进行复核检验，并自收到复核检验结论之日起10个工作日内完成初步审查，将审查意见和复核检验报告及全部申请材料一式一份报送农业部。

农业部自收到省级人民政府兽医行政管理部门审查意见之日起5个工作日内送中国兽医药品监察所进行专家评审，并自收到评审意见之日起10个工作日内作出审批决定。符合规定的，核发兽药产品批准文号，批准标签和说明书；不符合规定的，书面通知申请人，并说明理由。

第十条 申请第六条、第九条规定之外的非生物制品类兽药产品批准文号的，农业部逐步实行比对试验管理。

实行比对试验管理的兽药品种目录及比对试验的要求由农业部制定。开展比对试验的检验机构应当遵守兽药非临床研究质量管理规范和兽药临床试验质量管理规范，其名单由农业部公布。

第十一条 第十条规定的兽药尚未列入比对试验品种目录的，申请人应当向所在地省级人民政府兽医行政管理部门提交下列资料：

（一）《兽药产品批准文号申请表》一式二份；

（二）《兽药生产许可证》复印件一式二份；

（三）《兽药GMP证书》复印件一式二份；

（四）标签和说明书样本一式二份；

（五）产品的生产工艺、配方等资料一式二份；

（六）《现场核查申请单》一式二份。

省级人民政府兽医行政管理部门应当自收到有关资料之日起5个工作日内组织对申请资料进行审查。符合规定的，应当与申请人商定现场核查时间，组织现场核查；核查结果符合要求的，当场抽取三批样品，加贴封签后送省级兽药检验机构进行复核检验。

省级人民政府兽医行政管理部门自资料审查、现场核查或复核检验完成之日起10个工作日内将上述有关审查意见、复核检验报告及全部申请材料一式一份报送农业部。

农业部自收到省级人民政府兽医行政管理部门审查意见之日起5个工作日内，将申请资料送中国兽医药品监察所进行专家评审，并自收到评审意见之日起10个工作日内作出审批决定。符合规定的，核发兽药产品批准文号，批准标签和说明书；不符合规定的，书面通知申请人，并说明理由。

第十二条 第十条规定的兽药已列入比对试验品种目录的，按照第十一条规定提交申请资料、进行现场核查、抽样和复核检验，但抽取的三批样品中应当有一批在线抽样。

省级人民政府兽医行政管理部门自收到复核检验结论之日起10个工作日内完成初步审查。通过初步审查的，通知申请人将相关药学研究资料及加贴封签的在线抽样样品送至其自主选定的比对试验机构。比对试验机构应当严格按照药物比对试验指导原则开展比对试验，并将比对试验报告分送省级人民政府兽医行政管理部门和申请人。

省级人民政府兽医行政管理部门将现场核查报告、复核检验报告、比对试验方案、比对试验协议、比对试验报告、相关药学研究资料及全部申请资料一式一份报农业部。

农业部自收到申请资料之日起5个工作日内送中国兽医药品监察所进行专家评审，并自收到评审意见之日起10个工作日内作出审批决定。符合规定的，核发兽药产品批准文号，批准标签和说明书；不符合规定的，书面通知申请人，并说明理由。

第十三条 资料审查、现场核查、复核检验或比对试验不符合要求的，省级人民政府兽医行政管理部门可根据申请人意愿将申请资料退回申请人。

第十四条 实行比对试验管理的兽药品种目录发布前已获得兽药产品批准文号的兽药，应当在规定期限内按照本办法第十二条规定补充比对试验并提供相关材料，未在规定期限内通过审查的，依照《兽药管理条例》第六十九条第一款第二项规定撤销该产品批准文号。

第十五条 农业部在核发新兽药的兽药产品批准文号时，可以设立不超过5年的监测期。在监测期内，不批准其他企业生产或者进口该新兽药。

生产企业应当在监测期内收集该新兽药的疗效、不良反应等资料，并及时报送农业部。

兽药监测期届满后，其他兽药生产企业可根据本办法第七、九或十二条的规定申请兽药产品批准文号，但应当提交与知识产权人签订的转让合同或授权书，或者对他人专利权不构成侵权的声明。

第十六条 有下列情形之一的，兽药生产企业应当按照本办法第八条或第十一条规定重新申请兽药产品批准文号，兽药产品已进行过比对试验且结果符合规定的，不再进行比对试验：

（一）迁址重建的；

（二）异地新建车间的；

（三）其他改变生产场地的情形。

第十七条 兽药产品批准文号有效期届满需要继续生产的，兽药生产企业应当在有效期届满6个月前按原批准程序申请兽药产品批准文号的换发。

在兽药产品批准文号有效期内，生物制品类1批次以上或非生物制品类3批次以上经省级以上人民政府兽医行政管理部门监督抽检且全部合格的，兽药产品批准文号换发时不再做复核检验。

已进行过比对试验且结果符合规定的兽药产品，兽药产品批准文号换发时不再进行比对试验。

第十八条 对有证据表明存在安全性隐患的兽药产品，农业部暂停受理该兽药产品批准文号的申请；已受理的，中止该兽药产品批准文号的核发。

第十九条 对国内突发重大动物疫病防控急需的兽药产品，必要时农业部可以核发临时兽药产品批准文号。

临时兽药产品批准文号有效期不超过2年。

第二十条 兽药检验机构应当自收到样品之日起90个工作日内完成检验，对样品应当根据规定留样观察。样品属于生物制品的，检验期限不得超过120个工作日。

中国兽医药品监察所专家评审时限不得超过30个工作日；实行比对试验的，专家评审时限不得超过90个工作日。

第三章 兽药现场核查和抽样

第二十一条 省级人民政府兽医行政管理部门负责组织现场核查和抽样工作，应当根据工作需要成立2-4人组成的现场核查抽样组。

第二十二条 现场核查抽样人员进行现场抽样，应当按照兽药抽样相关规定进行，保证抽样的科学性和公正性。

样品应当按检验用量和比对试验方案载明数量的3-5倍抽取，并单独封签。《兽药封签》由抽样人员和被抽样单位有关人员签名，并加盖抽样单位兽药检验抽样专用章和被抽样单位公章。

第二十三条 现场核查应当包括以下内容：

（一）管理制度制定与执行情况；

（二）研制、生产、检验人员相关情况；

（三）原料购进和使用情况；

（四）研制、生产、检验设备和仪器状况是否符合要求；

（五）研制、生产、检验条件是否符合有关要求；

（六）相关生产、检验记录；

（七）其他需要现场核查的内容。

现场核查人员可以对研制、生产、检验现场场地、设备、仪器情况和原料、中间体、成品、研制记录等照相或者复制，作为现场核查报告的附件。

第四章　监督管理

第二十四条　县级以上地方人民政府兽医行政管理部门应当对辖区内兽药生产企业进行现场检查。

现场检查中，发现兽药生产企业有下列情形之一的，由县级以上地方人民政府兽医行政管理部门依法作出处理决定，应当撤销、吊销、注销兽药产品批准文号或者兽药生产许可证的，及时报发证机关处理：

（一）生产条件发生重大变化的；

（二）没有按照《兽药生产质量管理规范》的要求组织生产的；

（三）产品质量存在隐患的；

（四）其他违反《兽药管理条例》及本办法规定情形的。

第二十五条　县级以上地方人民政府兽医行政管理部门应当对上市兽药产品进行监督检查，发现有违反本办法规定情形的，依法作出处理决定，应当撤销、吊销、注销兽药产品批准文号或者兽药生产许可证的，及时报发证机关处理。

第二十六条　买卖、出租、出借兽药产品批准文号的，按照《兽药管理条例》第五十八条规定处罚。

第二十七条　有下列情形之一的，由农业部注销兽药产品批准文号，并予以公告：

（一）兽药生产许可证有效期届满未申请延续或者申请后未获得批准的；

（二）兽药生产企业停止生产超过6个月或者关闭的；

（三）核发兽药产品批准文号所依据的兽药国家质量标准被废止的；

（四）应当注销的其他情形。

第二十八条　生产的兽药有下列情形之一的，按照《兽药管理条例》第六十九条第一款第二项的规定撤销兽药产品批准文号：

（一）改变组方添加其他成分的；

（二）除生物制品以及未规定上限的中药类产品外，主要成分含量在兽药国家标准150%以上，或主要成分含量在兽药国家标准120%以上且累计2批次的；

（三）主要成分含量在兽药国家标准50%以下，或主要成分含量在兽药国家标准80%以下且累计2批次以上的；

（四）其他药效不确定、不良反应大以及可能对养殖业、人体健康造成危害或者存在潜在风险的情形。

第二十九条 申请人隐瞒有关情况或者提供虚假材料、样品申请兽药产品批准文号的，农业部不予受理或者不予核发兽药产品批准文号；申请人1年内不得再次申请该兽药产品批准文号。

第三十条 申请人提供虚假资料、样品或者采取其他欺骗手段取得兽药产品批准文号的，根据《兽药管理条例》第五十七条的规定予以处罚，申请人3年内不得再次申请该兽药产品批准文号。

第三十一条 发生兽药知识产权纠纷的，由当事人按照有关知识产权法律法规解决。知识产权管理部门生效决定或人民法院生效判决认定侵权行为成立的，由农业部依法注销已核发的兽药产品批准文号。

第五章 附 则

第三十二条 兽药产品批准文号的编制格式为兽药类别简称+企业所在地省（自治区、直辖市）序号+企业序号+兽药品种编号。

格式如下：

（一）兽药类别简称。药物饲料添加剂的类别简称为“兽药添字”；血清制品、疫苗、诊断制品、微生态制品等类别简称为“兽药生字”；中药材、中成药、化学药品、抗生素、生化药品、放射性药品、外用杀虫剂和消毒剂等类别简称为“兽药字”；原料药简称为“兽药原字”；农业部核发的临时兽药产品批准文号简称为“兽药临字”。

（二）企业所在地省（自治区、直辖市）序号用2位阿拉伯数字表示，由农业部规定并公告。

（三）企业序号按省排序，用3位阿拉伯数字表示，由省级人民政府兽医行政管理部门发布。

（四）兽药品种编号用4位阿拉伯数字表示，由农业部规定并公告。

第三十三条 本办法自2016年5月1日起施行，2004年11月24日农业部公布的《兽药产品批准文号管理办法》（农业部令第45号）同时废止。

公路工程建设项目招标投标管理办法

（2015年12月8日交通运输部令2015年第24号公布　自2016年2月1日起施行）

第一章　总　　则

第一条　为规范公路工程建设项目招标投标活动，完善公路工程建设市场管理体系，根据《中华人民共和国公路法》《中华人民共和国招标投标法》《中华人民共和国招标投标法实施条例》等法律、行政法规，制定本办法。

第二条　在中华人民共和国境内从事公路工程建设项目勘察设计、施工、施工监理等的招标投标活动，适用本办法。

第三条　交通运输部负责全国公路工程建设项目招标投标活动的监督管理工作。

省级人民政府交通运输主管部门负责本行政区域内公路工程建设项目招标投标活动的监督管理工作。

第四条　各级交通运输主管部门应当按照国家有关规定，推进公路工程建设项目招标投标活动进入统一的公共资源交易平台进行。

第五条　各级交通运输主管部门应当按照国家有关规定，推进公路工程建设项目电子招标投标工作。招标投标活动信息应当公开，接受社会公众监督。

第六条　公路工程建设项目的招标人或者其指定机构应当对资格审查、开标、评标等过程录音录像并存档备查。

第二章　招　　标

第七条　公路工程建设项目招标人是提出招标项目、进行招标的项目法人或者其他组织。

第八条　对于按照国家有关规定需要履行项目审批、核准手续的依法必须进行招标的公路工程建设项目，招标人应当按照项目审批、核准部门确定的招标范围、招标方式、招标组织形式开展招标。

公路工程建设项目履行项目审批或者核准手续后，方可开展勘察设计招标；初步设计文件批准后，方可开展施工监理、设计施工总承包招标；施工图设计文件批准后，方可开展施工招标。

施工招标采用资格预审方式的，在初步设计文件批准后，可以进行资格预审。

第九条 有下列情形之一的公路工程建设项目，可以不进行招标：

（一）涉及国家安全、国家秘密、抢险救灾或者属于利用扶贫资金实行以工代赈、需要使用农民工等特殊情况；

（二）需要采用不可替代的专利或者专有技术；

（三）采购人自身具有工程施工或者提供服务的资格和能力，且符合法定要求；

（四）已通过招标方式选定的特许经营项目投资人依法能够自行施工或者提供服务；

（五）需要向原中标人采购工程或者服务，否则将影响施工或者功能配套要求；

（六）国家规定的其他特殊情形。

招标人不得为适用前款规定弄虚作假，规避招标。

第十条 公路工程建设项目采用公开招标方式的，原则上采用资格后审办法对投标人进行资格审查。

第十一条 公路工程建设项目采用资格预审方式公开招标的，应当按照下列程序进行：

（一）编制资格预审文件；

（二）发布资格预审公告，发售资格预审文件，公开资格预审文件关键内容；

（三）接收资格预审申请文件；

（四）组建资格审查委员会对资格预审申请人进行资格审查，资格审查委员会编写资格审查报告；

（五）根据资格审查结果，向通过资格预审的申请人发出投标邀请书；向未通过资格预审的申请人发出资格预审结果通知书，告知未通过的依据和原因；

（六）编制招标文件；

（七）发售招标文件，公开招标文件的关键内容；

（八）需要时，组织潜在投标人踏勘项目现场，召开投标预备会；

（九）接收投标文件，公开开标；

（十）组建评标委员会评标，评标委员会编写评标报告、推荐中标候选人；

（十一）公示中标候选人相关信息；

（十二）确定中标人；

（十三）编制招标投标情况的书面报告；

（十四）向中标人发出中标通知书，同时将中标结果通知所有未中标的投标人；

（十五）与中标人订立合同。

采用资格后审方式公开招标的，在完成招标文件编制并发布招标公告后，按照前款程序第（七）项至第（十五）项进行。

采用邀请招标的，在完成招标文件编制并发出投标邀请书后，按照前款程序第（七）项至第（十五）项进行。

第十二条 国有资金占控股或者主导地位的依法必须进行招标的公路工程建设项目，采用资格预审的，招标人应当按照有关规定组建资格审查委员会审查资格预审申请文件。资格审查委员会的专家抽取以及资格审查工作要求，应当适用本办法关于评标委员会的规定。

第十三条 资格预审审查办法原则上采用合格制。

资格预审审查办法采用合格制的，符合资格预审文件规定审查标准的申请人均应当通过资格预审。

第十四条 资格预审审查工作结束后，资格审查委员会应当编制资格审查报告。资格审查报告应当载明下列内容：

（一）招标项目基本情况；

（二）资格审查委员会成员名单；

（三）监督人员名单；

（四）资格预审申请文件递交情况；

（五）通过资格审查的申请人名单；

（六）未通过资格审查的申请人名单以及未通过审查的理由；

（七）评分情况；

（八）澄清、说明事项纪要；

（九）需要说明的其他事项；

（十）资格审查附表。

除前款规定的第（一）、（三）、（四）项内容外，资格审查委员会所有成员应当在资格审查报告上逐页签字。

第十五条 资格预审申请人对资格预审审查结果有异议的，应当自收到资格预审结果通知书后3日内提出。招标人应当自收到异议之日起3日内作出答复；作出答复前，应当暂停招标投标活动。

招标人未收到异议或者收到异议并已作出答复的，应当及时向通过资格预审的申请人发出投标邀请书。未通过资格预审的申请人不具有投标资格。

第十六条 对依法必须进行招标的公路工程建设项目，招标人应当根据交通运输部制定的标准文本，结合招标项目具体特点和实际需要，编制资格预审文件和招标文件。

资格预审文件和招标文件应当载明详细的评审程序、标准和方法，招标人不得另行制定评审细则。

第十七条 招标人应当按照省级人民政府交通运输主管部门的规定，将资格预审文件及其澄清、修改，招标文件及其澄清、修改报相应的交通运输主管部门备案。

第十八条 招标人应当自资格预审文件或者招标文件开始发售之日起，将其关键内容上传至具有招标监督职责的交通运输主管部门政府网站或者其指定的其他网站上进行公开，公开内容包括项目概况、对申请人或者投标人的资格条件要求、资格审查办法、评标办法、招标人联系方式等，公开时间至提交资格预审申请文件截止时间2日前或者投标截止时间10日前结束。

招标人发出的资格预审文件或者招标文件的澄清或者修改涉及到前款规定的公开内容的，招标人应当在向交通运输主管部门备案的同时，将澄清或者修改的内容上传至前款规定的网站。

第十九条 潜在投标人或者其他利害关系人可以按照国家有关规定对资格预审文件或者招标文件提出异议。招标人应当对异议作出书面答复。未在规定时间内作出书面答复的，应当顺延提交资格预审申请文件截止时间或者投标截止时间。

招标人书面答复内容涉及影响资格预审申请文件或者投标文件编制的，应当按照有关澄清或者修改的规定，调整提交资格预审申请文件截止时间或者投标截止时间，并以书面形式通知所有获取资格预审文件或者招标文件的潜在投标人。

第二十条 招标人应当合理划分标段、确定工期，提出质量、安全目标要求，并在招标文件中载明。标段的划分应当有利于项目组织和施工管理、各专业的衔接与配合，不得利用划分标段规避招标、限制或者排斥潜在投标人。

招标人可以实行设计施工总承包招标、施工总承包招标或者分专业招标。

第二十一条 招标人结合招标项目的具体特点和实际需要，设定潜在投标人或者投标人的资质、业绩、主要人员、财务能力、履约信誉等资格条件，不得以不合理的条件限制、排斥潜在投标人或者投标人。

除《中华人民共和国招标投标法实施条例》第三十二条规定的情形外，招标人有下列行为之一的，属于以不合理的条件限制、排斥潜在投标人或者投标人：

（一）设定的资质、业绩、主要人员、财务能力、履约信誉等资格、技术、商务条件与招标项目的具体特点和实际需要不相适应或者与合同履行无关；

（二）强制要求潜在投标人或者投标人的法定代表人、企业负责人、技术负责人等特定人员亲自购买资格预审文件、招标文件或者参与开标活动；

（三）通过设置备案、登记、注册、设立分支机构等无法律、行政法规依据的不合理条件，限制潜在投标人或者投标人进入项目所在地进行投标。

第二十二条 招标人应当根据国家有关规定，结合招标项目的具体特点和实际需要，合理确定对投标人主要人员以及其他管理和技术人员的数量和资格要求。投标人拟投入的主要人员应当在投标文件中进行填报，其他管理和技术人员的具体人选由招标人和中标人在合同谈判阶段确定。对于特别复杂的特大桥梁和特长隧道项目主体工程和其他有特殊要求的工程，招标人可以要求投标人在投标文件中填报其他管理和技术人员。

本办法所称主要人员是指设计负责人、总监理工程师、项目经理和项目总工程师等项目管理和技术负责人。

第二十三条 招标人可以自行决定是否编制标底或者设置最高投标限价。招标人不得规定最低投标限价。

接受委托编制标底或者最高投标限价的中介机构不得参加该项目的投标，也不得为该项目的投标人编制投标文件或者提供咨询。

第二十四条 招标人应当严格遵守有关法律、行政法规关于各类保证金收取的规定，在招标文件中载明保证金收取的形式、金额以及返还时间。

招标人不得以任何名义增设或者变相增设保证金或者随意更改招标文件载明的保证金收取形式、金额以及返还时间。招标人不得在资格预审期间收取任何形式的保证金。

第二十五条 招标人在招标文件中要求投标人提交投标保证金的，投标保证金不得超过招标标段估算价的 2%。投标保证金有效期应当与投标有效期一致。

依法必须进行招标的公路工程建设项目的投标人，以现金或者支票形式提交投标保证金的，应当从其基本账户转出。投标人提交的投标保证金不符合招标文件要求的，应当否决其投标。

招标人不得挪用投标保证金。

第二十六条 招标人应当按照国家有关法律法规规定，在招标文件中明确允许分包的或者不得分包的工程和服务，分包人应当满足的资格条件以及对分包实施的管理要求。

招标人不得在招标文件中设置对分包的歧视性条款。

招标人有下列行为之一的，属于前款所称的歧视性条款：

（一）以分包的工作量规模作为否决投标的条件；

（二）对投标人符合法律法规以及招标文件规定的分包计划设定扣分条款；

（三）按照分包的工作量规模对投标人进行区别评分；

（四）以其他不合理条件限制投标人进行分包的行为。

第二十七条 招标人应当在招标文件中合理划分双方风险，不得设置将应由招标人承担的风险转嫁给勘察设计、施工、监理等投标人的不合理条款。招标文件应当设置合理的价格调整条款，明确约定合同价款支付期限、利息计付标准和日期，确保双方主体地位平等。

第二十八条 招标人应当根据招标项目的具体特点以及本办法的相关规定，在招标文件中合理设定评标标准和方法。评标标准和方法中不得含有倾向或者排斥潜在投标人的内容，不得妨碍或者限制投标人之间的竞争。禁止采用抽签、摇号等博彩性方式直接确定中标候选人。

第二十九条 以暂估价形式包括在招标项目范围内的工程、货物、服务，属于依法必须进行招标的项目范围且达到国家规定规模标准的，应当依法进行招标。招标项目的合同条款中应当约定负责实施暂估价项目招标的主体以及相应的招标程序。

第三章 投 标

第三十条 投标人是响应招标、参加投标竞争的法人或者其他组织。

投标人应当具备招标文件规定的资格条件，具有承担所投标项目的相应能力。

第三十一条 投标人在投标文件中填报的资质、业绩、主要人员资历和目前在岗情况、信用等级等信息，应当与其在交通运输主管部门公路建设市场信用信息管理系统上填报并发布的相关信息一致。

第三十二条 投标人应当按照招标文件要求装订、密封投标文件，并按照招标文件规定的时间、地点和方式将投标文件送达招标人。

公路工程勘察设计和施工监理招标的投标文件应当以双信封形式密封，第一信封内为商务文件和技术文件，第二信封内为报价文件。

对公路工程施工招标，招标人采用资格预审方式进行招标且评标方法为技术评分最低标价法的，或者采用资格后审方式进行招标的，投标文件应当以双信封形式密封，第一信封内为商务文件和技术文件，第二信封内为报价文件。

第三十三条 投标文件按照要求送达后，在招标文件规定的投标截止时间前，投标人修改或者撤回投标文件的，应当以书面函件形式通知招标人。

修改投标文件的函件是投标文件的组成部分，其编制形式、密封方式、送达时间等，适用对投标文件的规定。

投标人在投标截止时间前撤回投标文件且招标人已收取投标保证金的，招标人应当自收到投标人书面撤回通知之日起5日内退还其投标保证金。

投标截止后投标人撤销投标文件的，招标人可以不退还投标保证金。

第三十四条 投标人根据招标文件有关分包的规定，拟在中标后将中标项目的部分工作进行分包的，应当在投标文件中载明。

投标人在投标文件中未列入分包计划的工程或者服务，中标后不得分包，法律法规或者招标文件另有规定的除外。

第四章 开标、评标和中标

第三十五条 开标应当在招标文件确定的提交投标文件截止时间的同一时间公开进行；开标地点应当为招标文件中预先确定的地点。

投标人少于3个的，不得开标，投标文件应当当场退还给投标人；招标人应当重新招标。

第三十六条 开标由招标人主持，邀请所有投标人参加。开标过程应当记录，并存档备查。投标人对开标有异议的，应当在开标现场提出，招标人应当当场作出答复，并制作记录。未参加开标的投标人，视为对开标过程无异议。

第三十七条 投标文件按照招标文件规定采用双信封形式密封的，开标分两个步骤公开进行：

第一步骤对第一信封内的商务文件和技术文件进行开标，对第二信封不予拆封并由招标人予以封存；

第二步骤宣布通过商务文件和技术文件评审的投标人名单，对其第二信封内的报价文件进行开标，宣读投标报价。未通过商务文件和技术文件评审的，对其第二信封不予拆封，并当场退还给投标人；投标人未参加第二信封开标的，招标人应当在评标结束后及时将第二信封原封退还投标人。

第三十八条 招标人应当按照国家有关规定组建评标委员会负责评标工作。

国家审批或者核准的高速公路、一级公路、独立桥梁和独立隧道项目，评标委员会专家应当由招标人从国家重点公路工程建设项目评标专家库相关专业中随机抽取；其他公路工程建设项目的评标委员会专家可以从省级公路工程建设项目评标专家库相关专业中随机抽取，也可以从国家重点公路工程建设项目评标专家库相关专业中随机抽取。

对于技术复杂、专业性强或者国家有特殊要求，采取随机抽取方式确定的评标专家难以保证胜任评标工作的特殊招标项目，可以由招标人直接确定。

第三十九条 交通运输部负责国家重点公路工程建设项目评标专家库的管理工作。

省级人民政府交通运输主管部门负责本行政区域公路工程建设项目评标专家库的管理工作。

第四十条 评标委员会应当民主推荐一名主任委员，负责组织评标委员会成员开展评标工作。评标委员会主任委员与评标委员会的其他成员享有同等权利与义务。

第四十一条 招标人应当向评标委员会提供评标所必需的信息，但不得明示或者暗示其倾向或者排斥特定投标人。

评标所必需的信息主要包括招标文件、招标文件的澄清或者修改、开标记录、投标文件、资格预审文件。招标人可以协助评标委员会开展下列工作并提供相关信息：

（一）根据招标文件，编制评标使用的相应表格；

（二）对投标报价进行算术性校核；

（三）以评标标准和方法为依据，列出投标文件相对于招标文件的所有偏差，并进行归类汇总；

（四）查询公路建设市场信用信息管理系统，对投标人的资质、业绩、主要人员资历和目前在岗情况、信用等级进行核实。

招标人不得对投标文件作出任何评价，不得故意遗漏或者片面摘录，不得在评标委员会对所有偏差定性之前透露存有偏差的投标人名称。

评标委员会应当根据招标文件规定，全面、独立评审所有投标文件，并对招标人提供的上述相关信息进行核查，发现错误或者遗漏的，应当进行修正。

第四十二条 评标委员会应当按照招标文件确定的评标标准和方法进行评标。招标文件没有规定的评标标准和方法不得作为评标的依据。

第四十三条 公路工程勘察设计和施工监理招标，应当采用综合评估法进行评标，对投标人的商务文件、技术文件和报价文件进行评分，按照综合得分由高到低排序，推荐中标候选人。评标价的评分权重不宜超过10%，评标价得分应当根据评标价与评标基准价的偏离程度进行计算。

第四十四条 公路工程施工招标，评标采用综合评估法或者经评审的最低投标价法。综合评估法包括合理低价法、技术评分最低标价法和综合评分法。

合理低价法，是指对通过初步评审的投标人，不再对其施工组织设计、项目管理机构、技术能力等因素进行评分，仅依据评标基准价对评标价进行评分，按照得分由高到低排序，推荐中标候选人的评标方法。

技术评分最低标价法，是指对通过初步评审的投标人的施工组织设计、项目管理机构、技术能力等因素进行评分，按照得分由高到低排序，对排名在招标文件规定数量以内的投标人的报价文件进行评审，按照评标价由低到高的顺序推荐中标候选人的评标方法。招标人在招标文件中规定的参与报价文件评审的投标人数量不得少于3个。

综合评分法，是指对通过初步评审的投标人的评标价、施工组织设计、项目管理机构、技术能力等因素进行评分，按照综合得分由高到低排序，推荐中标候选人的评标方法。其中评标价的评分权重不得低于50%。

经评审的最低投标价法，是指对通过初步评审的投标人，按照评标价由低到高排序，推荐中标候选人的评标方法。

公路工程施工招标评标，一般采用合理低价法或者技术评分最低标价法。技术特别复杂的特大桥梁和特长隧道项目主体工程，可以采用综合评分法。工程规模较小、技术含量较低的工程，可以采用经评审的最低投标价法。

第四十五条 实行设计施工总承包招标的，招标人应当根据工程地质条件、技术特点和施工难度确定评标办法。

设计施工总承包招标的评标采用综合评分法的，评分因素包括评标价、项目管理机构、技术能力、设计文件的优化建议、设计施工总承包管理方案、施工组织设计等因素，评标价的评分权重不得低于50%。

第四十六条　评标委员会成员应当客观、公正、审慎地履行职责，遵守职业道德。评标委员会成员应当依据评标办法规定的评审顺序和内容逐项完成评标工作，对本人提出的评审意见以及评分的公正性、客观性、准确性负责。

除评标价和履约信誉评分项外，评标委员会成员对投标人商务和技术各项因素的评分一般不得低于招标文件规定该因素满分值的60%；评分低于满分值60%的，评标委员会成员应当在评标报告中作出说明。

招标人应当对评标委员会成员在评标活动中的职责履行情况予以记录，并在招标投标情况的书面报告中载明。

第四十七条　招标人应当根据项目规模、技术复杂程度、投标文件数量和评标方法等因素合理确定评标时间。超过三分之一的评标委员会成员认为评标时间不够的，招标人应当适当延长。

评标过程中，评标委员会成员有回避事由、擅离职守或者因健康等原因不能继续评标的，应当及时更换。被更换的评标委员会成员作出的评审结论无效，由更换后的评标委员会成员重新进行评审。

根据前款规定被更换的评标委员会成员如为评标专家库专家，招标人应当从原评标专家库中按照原方式抽取更换后的评标委员会成员，或者在符合法律规定的前提下相应减少评标委员会中招标人代表数量。

第四十八条　评标委员会应当查询交通运输主管部门的公路建设市场信用信息管理系统，对投标人的资质、业绩、主要人员资历和目前在岗情况、信用等级等信息进行核实。若投标文件载明的信息与公路建设市场信用信息管理系统发布的信息不符，使得投标人的资格条件不符合招标文件规定的，评标委员会应当否决其投标。

第四十九条　评标委员会发现投标人的投标报价明显低于其他投标人报价或者在设有标底时明显低于标底的，应当要求该投标人对相应投标报价作出书面说明，并提供相关证明材料。

投标人不能证明可以按照其报价以及招标文件规定的质量标准和履行期限完成招标项目的，评标委员会应当认定该投标人以低于成本价竞标，并否决其投标。

第五十条　评标委员会应当根据《中华人民共和国招标投标法实施条例》第三十九条、第四十条、第四十一条的有关规定，对在评标过程中发现的投标人与投标人之间、投标人与招标人之间存在的串通投标的情形进行评审和认定。

第五十一条　评标委员会对投标文件进行评审后，因有效投标不足3个使得投标明显缺乏竞争的，可以否决全部投标。未否决全部投标的，评标委员会应当在评标报告中阐明理由并推荐中标候选人。

投标文件按照招标文件规定采用双信封形式密封的，通过第一信封商务文件和技术文件评审的投标人在3个以上的，招标人应当按照本办法第三十七条规定的程序进行第二信封报价文件开标；在对报价文件进行评审后，有效投标不足3个的，评标委员会应当按照本条第一款规定执行。

通过第一信封商务文件和技术文件评审的投标人少于3个的，评标委员会可以否决全部投标；未否决全部投标的，评标委员会应当在评标报告中阐明理由，招标人应当按照本办法第三十七条规定的程序进行第二信封报价文件开标，但评标委员会在进行报价文件评审时仍有权否决全部投标；评标委员会未在报价文件评审时否决全部投标的，应当在评标报告中阐明理由并推荐中标候选人。

第五十二条 评标完成后，评标委员会应当向招标人提交书面评标报告。评标报告中推荐的中标候选人应当不超过3个，并标明排序。

评标报告应当载明下列内容：

（一）招标项目基本情况；

（二）评标委员会成员名单；

（三）监督人员名单；

（四）开标记录；

（五）符合要求的投标人名单；

（六）否决的投标人名单以及否决理由；

（七）串通投标情形的评审情况说明；

（八）评分情况；

（九）经评审的投标人排序；

（十）中标候选人名单；

（十一）澄清、说明事项纪要；

（十二）需要说明的其他事项；

（十三）评标附表。

对评标监督人员或者招标人代表干预正常评标活动，以及对招标投标活动的其他不正当言行，评标委员会应当在评标报告第（十二）项内容中如实记录。

除第二款规定的第（一）、（三）、（四）项内容外，评标委员会所有成员应当在评标报告上逐页签字。对评标结果有不同意见的评标委员会成员应当以书面形式说明其不同意见和理由，评标报告应当注明该不同意见。评标委员会成员拒绝在评标报告上签字又不书面说明其不同意见和理由的，视为同意评标结果。

第五十三条 依法必须进行招标的公路工程建设项目，招标人应当自收到评标报告之日起3日内，在对该项目具有招标监督职责的交通运输主管部门政府网站或者其指定的其他网站上公示中标候选人，公示期不得少于3日，公示内容包括：

（一）中标候选人排序、名称、投标报价；

（二）中标候选人在投标文件中承诺的主要人员姓名、个人业绩、相关证书编号；

（三）中标候选人在投标文件中填报的项目业绩；

（四）被否决投标的投标人名称、否决依据和原因；

（五）招标文件规定公示的其他内容。

投标人或者其他利害关系人对依法必须进行招标的公路工程建设项目的评标结果有异议的，应当在中标候选人公示期间提出。招标人应当自收到异议之日起3日内作出答复；作出答复前，应当暂停招标投标活动。

第五十四条 除招标人授权评标委员会直接确定中标人外，招标人应当根据评标委员会提出的书面评标报告和推荐的中标候选人确定中标人。国有资金占控股或者主导地位的依法必须进行招标的公路工程建设项目，招标人应当确定排名第一的中标候选人为中标人。排名第一的中标候选人放弃中标、因不可抗力不能履行合同、不按照招标文件要求提交履约保证金，或者被查实存在影响中标结果的违法行为等情形，不符合中标条件的，招标人可以按照评标委员会提出的中标候选人名单排序依次确定其他中标候选人为中标人，也可以重新招标。

第五十五条 依法必须进行招标的公路工程建设项目，招标人应当自确定中标人之日起15日内，将招标投标情况的书面报告报对该项目具有招标监督职责的交通运输主管部门备案。

前款所称书面报告至少应当包括下列内容：

（一）招标项目基本情况；

（二）招标过程简述；

（三）评标情况说明；

（四）中标候选人公示情况；

（五）中标结果；

（六）附件，包括评标报告、评标委员会成员履职情况说明等。

有资格预审情况说明、异议及投诉处理情况和资格审查报告的，也应当包括在书面报告中。

第五十六条 招标人应当及时向中标人发出中标通知书，同时将中标结果通知所有未中标的投标人。

第五十七条 招标人和中标人应当自中标通知书发出之日起30日内，按照招标文件和中标人的投标文件订立书面合同，合同的标的、价格、质量、安全、履行期限、主要人员等主要条款应当与上述文件的内容一致。招标人和中标人不得再行订立背离合同实质性内容的其他协议。

招标人最迟应当在中标通知书发出后5日内向中标候选人以外的其他投标人退还投标保证金，与中标人签订书面合同后5日内向中标人和其他中标候选人退还投标保证金。以现金或者支票形式提交的投标保证金，招标人应当同时退还投标保证金的银行同期活期存款利息，且退还至投标人的基本账户。

第五十八条 招标文件要求中标人提交履约保证金的，中标人应当按照招标文件的要求提交。履约保证金不得超过中标合同金额的10%。招标人不得指定或者变相指定履约保证金的支付形式，由中标人自主选择银行保函或者现金、支票等支付形式。

第五十九条 招标人应当加强对合同履行的管理，建立对中标人主要人员的到位率考核制度。

省级人民政府交通运输主管部门应当定期组织开展合同履约评价工作的监督检查，将检查情况向社会公示，同时将检查结果记入中标人单位以及主要人员个人的信用档案。

第六十条 依法必须进行招标的公路工程建设项目，有下列情形之一的，招标人在分析招标失败的原因并采取相应措施后，应当依照本办法重新招标：

（一）通过资格预审的申请人少于3个的；

（二）投标人少于3个的；

（三）所有投标均被否决的；

（四）中标候选人均未与招标人订立书面合同的。

重新招标的，资格预审文件、招标文件和招标投标情况的书面报告应当按照本办法的规定重新报交通运输主管部门备案。

重新招标后投标人仍少于3个的，属于按照国家有关规定需要履行项目审批、核准手续的依法必须进行招标的公路工程建设项目，报经项目审批、核准部门批准后可以不再进行招标；其他项目可由招标人自行决定不再进行招标。

依照本条规定不再进行招标的，招标人可以邀请已提交资格预审申请文件的申请人或者已提交投标文件的投标人进行谈判，确定项目承担单位，并将谈判报告报对该项目具有招标监督职责的交通运输主管部门备案。

第五章　监督管理

第六十一条　各级交通运输主管部门应当按照《中华人民共和国招标投标法》《中华人民共和国招标投标法实施条例》等法律法规、规章以及招标投标活动行政监督职责分工，加强对公路工程建设项目招标投标活动的监督管理。

第六十二条　各级交通运输主管部门应当建立健全公路工程建设项目招标投标信用体系，加强信用评价工作的监督管理，维护公平公正的市场竞争秩序。

招标人应当将交通运输主管部门的信用评价结果应用于公路工程建设项目招标。鼓励和支持招标人优先选择信用等级高的从业企业。

招标人对信用等级高的资格预审申请人、投标人或者中标人，可以给予增加参与投标的标段数量，减免投标保证金，减少履约保证金、质量保证金等优惠措施。优惠措施以及信用评价结果的认定条件应当在资格预审文件和招标文件中载明。

资格预审申请人或者投标人的信用评价结果可以作为资格审查或者评标中履约信誉项的评分因素，各信用评价等级的对应得分应当符合省级人民政府交通运输主管部门有关规定，并在资格预审文件或者招标文件中载明。

第六十三条　投标人或者其他利害关系人认为招标投标活动不符合法律、行政法规规定的，可以自知道或者应当知道之日起10日内向交通运输主管部门投诉。

就本办法第十五条、第十九条、第三十六条、第五十三条规定事项投诉的，应当先向招标人提出异议，异议答复期间不计算在前款规定的期限内。

第六十四条　投诉人投诉时，应当提交投诉书。投诉书应当包括下列内容：

（一）投诉人的名称、地址及有效联系方式；

（二）被投诉人的名称、地址及有效联系方式；

（三）投诉事项的基本事实；

（四）异议的提出及招标人答复情况；

（五）相关请求及主张；

（六）有效线索和相关证明材料。

对本办法规定应先提出异议的事项进行投诉的，应当提交已提出异议的证明文件。未按规定提出异议或者未提交已提出异议的证明文件的投诉，交通运输主管部门可以不予受理。

第六十五条 投诉人就同一事项向两个以上交通运输主管部门投诉的，由具体承担该项目招标投标活动监督管理职责的交通运输主管部门负责处理。

交通运输主管部门应当自收到投诉之日起3个工作日内决定是否受理投诉，并自受理投诉之日起30个工作日内作出书面处理决定；需要检验、检测、鉴定、专家评审的，所需时间不计算在内。

投诉人缺乏事实根据或者法律依据进行投诉的，或者有证据表明投诉人捏造事实、伪造材料的，或者投诉人以非法手段取得证明材料进行投诉的，交通运输主管部门应当予以驳回，并对恶意投诉按照有关规定追究投诉人责任。

第六十六条 交通运输主管部门处理投诉，有权查阅、复制有关文件、资料，调查有关情况，相关单位和人员应当予以配合。必要时，交通运输主管部门可以责令暂停招标投标活动。

交通运输主管部门的工作人员对监督检查过程中知悉的国家秘密、商业秘密，应当依法予以保密。

第六十七条 交通运输主管部门对投诉事项作出的处理决定，应当在对该项目具有招标监督职责的交通运输主管部门政府网站上进行公告，包括投诉的事由、调查结果、处理决定、处罚依据以及处罚意见等内容。

第六章 法律责任

第六十八条 招标人有下列情形之一的，由交通运输主管部门责令改正，可以处三万元以下的罚款：

（一）不满足本办法第八条规定的条件而进行招标的；

（二）不按照本办法规定将资格预审文件、招标文件和招标投标情况的书面报告备案的；

（三）邀请招标不依法发出投标邀请书的；

（四）不按照项目审批、核准部门确定的招标范围、招标方式、招标组织形式进行招标的；

（五）不按照本办法规定编制资格预审文件或者招标文件的；

（六）由于招标人原因导致资格审查报告存在重大偏差且影响资格预审结果的；

（七）挪用投标保证金，增设或者变相增设保证金的；

（八）投标人数量不符合法定要求不重新招标的；

（九）向评标委员会提供的评标信息不符合本办法规定的；

（十）不按照本办法规定公示中标候选人的；

（十一）招标文件中规定的履约保证金的金额、支付形式不符合本办法规定的。

第六十九条 投标人在投标过程中存在弄虚作假、与招标人或者其他投标人串通投标、以行贿谋取中标、无正当理由放弃中标以及进行恶意投诉等投标不良行为的，除依照有关法律、法规进行处罚外，省级交通运输主管部门还可以扣减其年度信用评价分数或者降低年度信用评价等级。

第七十条 评标委员会成员未对招标人根据本办法第四十一条第二款（一）至（四）项规定提供的相关信息进行认真核查，导致评标出现疏漏或者错误的，由交通运输主管部门责令改正。

第七十一条 交通运输主管部门应当依法公告对公路工程建设项目招标投标活动中招标人、招标代理机构、投标人以及评标委员会成员等的违法违规或者恶意投诉等行为的行政处理决定，并将其作为招标投标不良行为信息记入相应当事人的信用档案。

第七章　附　　则

第七十二条 使用国际组织或者外国政府贷款、援助资金的项目进行招标，贷款方、资金提供方对招标投标的具体条件和程序有不同规定的，可以适用其规定，但违背中华人民共和国的社会公共利益的除外。

第七十三条 采用电子招标投标的，应当按照本办法和国家有关电子招标投标的规定执行。

第七十四条 本办法自2016年2月1日起施行。《公路工程施工招标投标管理办法》（交通部令2006年第7号）、《公路工程施工监理招标投标管理办法》（交通部令2006年第5号）、《公路工程勘察设计招标投标管理办法》（交通部令2001年第6号）和《关于修改〈公路工程勘察设计招标投标管理办法〉的决定》（交通运输部令2013年第3号）、《关于贯彻国务院办公厅关于进一步规范招投标活动的若干意见的通知》（交公路发〔2004〕688号）、《关于公路建设项目货物招标严禁指定材料产地的通知》（厅公路字〔2007〕224号）、《公路工程施工招标资格预审办法》（交公路发〔2006〕57号）、《关于加强公路工程评标专家管理工作的通知》（交公路发〔2003〕464号）、《关于进一步加强公路工程施工招标评标管理工作的通知》（交公路发〔2008〕261号）、《关于进一步加强公路工程施工招标资格审查工作的通知》（交公路发〔2009〕123号）、《关于改革使用国际金融组织或者外国政府贷款公路建设项目施工招标管理制度的通知》（厅公路字〔2008〕40号）、《公路工程勘察设计招标评标办法》（交公路发〔2001〕582号）、《关于认真贯彻执行公路工程勘察设计招标投标管理办法的通知》（交公路发〔2002〕303号）同时废止。

军队无军籍退休退职职工服务管理办法

（2015年12月17日民政部令第57号公布　自2016年2月1日起施行）

第一条　为了做好军队无军籍退休退职职工服务管理工作，根据国家有关规定，制定本办法。

第二条　本办法所称军队无军籍退休退职职工，是指已移交政府安置的中国人民解放军和中国人民武装警察部队无军籍退休退职职工（以下简称无军籍职工）。

第三条　无军籍职工服务管理应当从维护无军籍职工的合法权益出发，贯彻执行国家关于无军籍职工的政策，完善无军籍职工服务管理机制，落实无军籍职工生活待遇。

无军籍职工服务管理应当与经济社会发展水平相适应，坚持国家保障与社会化服务相结合原则。

第四条　无军籍职工服务管理实行政府领导、民政部门主管。按照属地原则，无军籍职工安置地乡镇人民政府、街道办事处，民政部门指定机构是无军籍职工的服务管理单位，承担无军籍职工服务管理具体工作。

民政部门应当及时将无军籍职工接收安置计划和方案报请本级人民政府同意，协调有关部门研究解决无军籍职工服务管理重大问题，加强对无军籍职工服务管理的指导。

第五条　服务管理单位应当按照规定办理或者协助办理无军籍职工党员组织关系转接事宜，保障无军籍职工党员参加党组织生活。

第六条　服务管理单位应当做好以下服务管理工作：

（一）发放无军籍职工退休退职费和津贴补贴；

（二）按规定协助落实无军籍职工医疗待遇；

（三）定期了解无军籍职工情况和需求，提供必要的关心照顾；

（四）宣传解释无军籍职工相关政策；

（五）按规定做好其他服务管理工作。

县级以上人民政府民政部门应当根据本级人民政府有关部门对事业单位退休人员待遇调整情况，提出无军籍职工待遇调整方案，经本级人民政府同意后，按规定通知服务管理单位执行。

第七条　服务管理单位应当建立健全工作制度，协调利用为老服务资源，为无军籍职工老有所养、老有所医、老有所学、老有所为、老有所乐创造条件。

服务管理单位可以通过政府购买服务方式聘用工作人员、租用场地设施。

第八条　服务管理单位应当加强无军籍职工思想政治工作，提高无军籍职工遵纪守法和遵守服务管理单位规章制度的自觉性。

第九条　服务管理单位应当引导无军籍职工保持和发扬优良传统，发挥专业特长，积极参与社区建设和社会公益活动。

第十条　服务管理单位应当引导无军籍职工参加社区组织开展的有益身心健康的文体活动。

第十一条　鼓励社会组织、专业社会工作者、志愿者等社会力量为无军籍职工及其家庭提供形式多样的个性化服务。

鼓励身体健康、乐于奉献的无军籍职工参与服务管理，增强无军籍职工自我管理、自我教育、自我服务能力。

第十二条　服务管理单位应当配备档案管理设施，妥善保管无军籍职工档案，提供必要的档案利用服务。

第十三条　服务管理单位应当定期开展教育培训、岗位练兵，提高工作人员思想政治素质、政策理论水平和服务管理能力。

第十四条　对在无军籍职工服务管理中做出显著成绩的单位和个人，纳入军休干部安置管理表彰范围。

第十五条　对已移交政府安置的军队无军籍离休干部的服务管理，可以参照本办法执行。国家对军队无军籍离休干部服务管理另有规定的，从其规定。

第十六条　本办法自2016年2月1日起施行。

货币市场基金监督管理办法

（2015年12月17日中国证券监督管理委员会、中国人民银行令第120号公布　自2016年2月1日起施行）

第一章　总　　则

第一条　为了促进公开募集证券投资基金（以下简称基金）的发展，规范货币市场基金的募集、运作及相关活动，保护投资人及相关当事人的合法权益，根据《证券投资基金法》及其他有关法律、行政法规，制定本办法。

第二条　本办法所称货币市场基金是指仅投资于货币市场工具，每个交易日可办理基金份额申购、赎回的基金。

在基金名称中使用“货币”、“现金”、“流动”等类似字样的基金视为货币市场基金，适用本办法。

基金管理人可以按照本办法的规定，根据市场与投资者需求，开发设计不同风险收益特征的货币市场基金产品，拓展货币市场基金作为现金管理工具的各项基础功能。

第三条　中国证监会、中国人民银行依照法律、行政法规、本办法的规定和审慎监管原则，对货币市场基金运作活动实施监督管理。

第二章　投资范围与投资限制

第四条　货币市场基金应当投资于以下金融工具：

（一）现金；

（二）期限在1年以内（含1年）的银行存款、债券回购、中央银行票据、同业存单；

（三）剩余期限在397天以内（含397天）的债券、非金融企业债务融资工具、资产支持证券；

（四）中国证监会、中国人民银行认可的其他具有良好流动性的货币市场工具。

第五条　货币市场基金不得投资于以下金融工具：

（一）股票；

（二）可转换债券、可交换债券；

（三）以定期存款利率为基准利率的浮动利率债券，已进入最后一个利率调整期的除外；

（四）信用等级在 AA + 以下的债券与非金融企业债务融资工具；

（五）中国证监会、中国人民银行禁止投资的其他金融工具。

第六条 货币市场基金投资于相关金融工具的比例应当符合下列规定：

（一）同一机构发行的债券、非金融企业债务融资工具及其作为原始权益人的资产支持证券占基金资产净值的比例合计不得超过 10%，国债、中央银行票据、政策性金融债券除外；

（二）货币市场基金投资于有固定期限银行存款的比例，不得超过基金资产净值的 30%，但投资于有存款期限，根据协议可提前支取的银行存款不受上述比例限制；货币市场基金投资于具有基金托管人资格的同一商业银行的银行存款、同业存单占基金资产净值的比例合计不得超过 20%，投资于不具有基金托管人资格的同一商业银行的银行存款、同业存单占基金资产净值的比例合计不得超过 5%。

第七条 货币市场基金应当保持足够比例的流动性资产以应对潜在的赎回要求，其投资组合应当符合下列规定：

（一）现金、国债、中央银行票据、政策性金融债券占基金资产净值的比例合计不得低于 5%；

（二）现金、国债、中央银行票据、政策性金融债券以及五个交易日内到期的其他金融工具占基金资产净值的比例合计不得低于 10%；

（三）到期日在 10 个交易日以上的逆回购、银行定期存款等流动性受限资产投资占基金资产净值的比例合计不得超过 30%；

（四）除发生巨额赎回、连续 3 个交易日累计赎回 20% 以上或者连续 5 个交易日累计赎回 30% 以上的情形外，债券正回购的资金余额占基金资产净值的比例不得超过 20%。

第八条 因市场波动、基金规模变动等基金管理人之外的因素致使货币市场基金投资不符合本办法第六条及第七条第（二）、（三）、（四）项规定的比例或者基金合同约定的投资比例的，基金管理人应当在 10 个交易日内进行调整，但中国证监会规定的特殊情形除外。

第九条 货币市场基金投资组合的平均剩余期限不得超过 120 天，平均剩余存续期不得超过 240 天。

第三章　基金份额净值计价与申购赎回

第十条　对于每日按照面值进行报价的货币市场基金，可以在基金合同中将收益分配的方式约定为红利再投资，并应当每日进行收益分配。

第十一条　货币市场基金应当采取稳健、适当的会计核算和估值方法。在确保基金资产净值能够公允地反映基金投资组合价值的前提下，可采用摊余成本法对持有的投资组合进行会计核算，但应当在基金合同、基金招募说明书中披露该核算方法及其可能对基金净值波动带来的影响。

前款规定的基金估值核算方法在特殊情形下不能公允反映基金价值的，货币市场基金可以采用其他估值方法。该特殊情形及该估值方法应当在基金合同中约定。

第十二条　对于采用摊余成本法进行核算的货币市场基金，应当采用影子定价的风险控制手段，对摊余成本法计算的基金资产净值的公允性进行评估。

当影子定价确定的基金资产净值与摊余成本法计算的基金资产净值的负偏离度绝对值达到0.25%时，基金管理人应当在5个交易日内将负偏离度绝对值调整到0.25%以内。当正偏离度绝对值达到0.5%时，基金管理人应当暂停接受申购并在5个交易日内将正偏离度绝对值调整到0.5%以内。当负偏离度绝对值达到0.5%时，基金管理人应当使用风险准备金或者固有资金弥补潜在资产损失，将负偏离度绝对值控制在0.5%以内。当负偏离度绝对值连续两个交易日超过0.5%时，基金管理人应当采用公允价值估值方法对持有投资组合的账面价值进行调整，或者采取暂停接受所有赎回申请并终止基金合同进行财产清算等措施。

前述情形及处理方法应当事先在基金合同中约定并履行信息披露义务。

第十三条　对于不收取申购、赎回费的货币市场基金，可以按照不高于0.25%的比例从基金资产计提一定的费用，专门用于本基金的销售与基金持有人服务。基金年度报告应当对该项费用的列支情况作专项说明。

第十四条　为了保护基金份额持有人的合法权益，基金管理人可以依照相关法律法规以及基金合同的约定，在特定市场条件下暂停或者拒绝接受一定金额以上的资金申购。

第十五条　当日申购的基金份额应当自下一个交易日起享有基金的分配权益；当日赎回的基金份额自下一个交易日起不享有基金的分配权益，但中国证监会认定的特殊货币市场基金品种除外。

第十六条 货币市场基金的基金份额可以在依法设立的交易场所进行交易，或者按照法律法规和合同约定进行协议转让。

第十七条 基金管理人应当建立健全内部流动性风险控制制度，细化流动性风险管理措施。在满足相关流动性风险管理要求的前提下，当货币市场基金持有的现金、国债、中央银行票据、政策性金融债券以及5个交易日内到期的其他金融工具占基金资产净值的比例合计低于5%且偏离度为负时，为确保基金平稳运作，避免诱发系统性风险，基金管理人应当对当日单个基金份额持有人申请赎回基金份额超过基金总份额1%以上的赎回申请征收1%的强制赎回费用，并将上述赎回费用全额计入基金财产。基金管理人与基金托管人协商确认上述做法无益于基金利益最大化的情形除外。前述情形及处理方法应当事先在基金合同中约定。

为公平对待不同类别基金份额持有人的合法权益，货币市场基金应当在基金合同中约定，单个基金份额持有人在单个开放日申请赎回基金份额超过基金总份额10%的，基金管理人可以采取延期办理部分赎回申请或者延缓支付赎回款项的措施。

第四章 宣传推介与信息披露

第十八条 基金管理人应当在货币市场基金的招募说明书及宣传推介材料的显著位置列明，投资者购买货币市场基金并不等于将资金作为存款存放在银行或者存款类金融机构，基金管理人不保证基金一定盈利，也不保证最低收益。

第十九条 基金管理人、基金销售机构在从事货币市场基金销售活动过程中，应当按照有关法律法规规定制作宣传推介材料，严格规范宣传推介行为，充分揭示投资风险，不得承诺收益，不得使用与货币市场基金风险收益特征不相匹配的表述，不得夸大或者片面宣传货币市场基金的投资收益或者过往业绩。

除基金管理人、基金销售机构外，其他机构或者个人不得擅自制作或者发放与货币市场基金相关的宣传推介材料；登载货币市场基金宣传推介材料的，不得片面引用或者修改其内容。

第二十条 基金销售支付结算机构等相关机构开展与货币市场基金相关的业务推广活动，应当事先征得合作基金管理人或者基金销售机构的同意，严格遵守相关法律法规的规定，不得混同、比较货币市场基金与银行存款及其他产品的投资收益，不得以宣传理财账户或者服务平台等名义变相从事货币市场基金的宣传推介活动。

第二十一条　基金管理人、基金销售机构独立或者与互联网机构等其他机构合作开展货币市场基金互联网销售业务时，应当采取显著方式向投资人揭示提供基金销售服务的主体、投资风险以及销售的货币市场基金名称，不得以理财账户或者服务平台的名义代替基金名称，并对合作业务范围、法律关系界定、信息安全保障、客户信息保密、合规经营义务、应急处置机制、防范非法证券活动、合作终止时的业务处理方案、违约责任承担和投资人权益保护等进行明确约定。

第二十二条　基金管理人、基金销售机构与互联网机构等其他机构合作开展货币市场基金销售业务，不得有以下情形：

（一）未经中国证监会注册取得基金销售业务资格，擅自从事基金宣传推介、份额发售与申购赎回等相关业务；

（二）侵占或者挪用基金销售结算资金；

（三）欺诈误导投资人；

（四）未向投资人充分揭示投资风险；

（五）泄露投资人客户资料、交易信息等非公开信息；

（六）从事违法违规经营活动；

（七）法律法规及中国证监会规定的其他情形。

第二十三条　基金管理人、基金销售机构、基金销售支付结算机构以及互联网机构在从事或者参与货币市场基金销售过程中，向投资人提供快速赎回等增值服务的，应当充分揭示增值服务的业务规则，并采取有效方式披露增值服务的内容、范围、权利义务、费用及限制条件等信息，不得片面强调增值服务便利性，不得使用夸大或者虚假用语宣传增值服务。

从事基金销售支付结算业务的非银行支付机构应当严格按照《支付机构客户备付金存管办法》有关要求存放、使用、划转客户备付金，不得将客户备付金用于基金赎回垫支。

第二十四条　基金管理人应当严格按照有关基金信息披露法律法规要求履行货币市场基金的信息披露义务，鼓励基金管理人结合自身条件，自愿增加货币市场基金信息披露的频率和内容，提高货币市场基金的透明度。

第五章　风险控制

第二十五条　基金管理人从事货币市场基金投资管理活动，应当坚持组合管理、分散投资的基本原则，严格按照本办法规定和基金合同约定的投资范围与比例限制进行资产配置，构建与货币市场基金风险收益特征相匹配的投资组合。

第二十六条 基金管理人应当建立健全货币市场基金相关投资管理制度、风险控制系统与信息技术系统，加强对流动性风险、利率风险、信用风险、交易对手风险、道德风险等各类风险的管理与控制。

第二十七条 基金管理人应当注重货币市场基金操作风险的防控，针对货币市场基金申购赎回、交易清算、估值核算、信息披露等环节制定相关业务操作指引并建立风险识别与管理制度，提高从业人员的风险防范意识与业务操作能力。

第二十八条 基金管理人应当加强货币市场基金从事逆回购交易的流动性风险和交易对手风险的管理，合理分散逆回购交易到期日和交易对手的集中度，加强逆回购交易质押品资质和质押品期限的控制，质押品按公允价值计算应当足额。

第二十九条 基金管理人应当加强对货币市场基金投资银行存款风险的评估与研究，严格测算与控制投资银行存款的风险敞口，针对不同类型存款银行建立相关投资限制制度，投资各类银行存款所形成的潜在利息损失应当与基金管理人的风险准备金规模相匹配。如果出现因提前支取而导致利息损失的情形，基金管理人应当使用风险准备金予以弥补，风险准备金不足的，应当使用固有资金予以弥补。

第三十条 基金管理人应当建立和完善货币市场基金债券投资的内部信用评级制度，综合运用外部信用评级与内部信用评级结果，按照审慎原则具体限定不同信用等级金融工具的投资限制。基金管理人应当对货币市场基金已投资的信用类金融工具建立内部评级跟踪制度与估值风险防范机制，并保留相关资料备查。

第三十一条 基金管理人应当将压力测试作为货币市场基金风险管理的重要手段，建立科学审慎、全面有效的压力测试制度，结合自身风险管理水平与市场情况定期或者不定期开展压力测试，并针对压力测试结果及时采取防范措施，同时将最近一个年度的压力测试工作底稿留存备查。

第三十二条 货币市场基金遇到下列极端风险情形之一的，基金管理人及其股东在履行内部程序后，可以使用固有资金从货币市场基金购买金融工具：

（一）货币市场基金持有的金融工具出现兑付风险；

（二）货币市场基金发生巨额赎回，且持有资产的流动性难以满足赎回要求；

（三）货币市场基金负偏离度绝对值超过0.25%时，需要从货币市场基金购买风险资产。

基金管理人及其股东购买相关金融工具的价格不得低于该金融工具的账面价值。

前述事项发生后，基金管理人应当在两个交易日内向中国证监会报告，并依法履行信息披露义务，其中涉及到银行间市场的，应当遵守中国人民银行有关规定，向相关部门备案。

第三十三条 基金管理人应当坚持稳健经营理念，其货币市场基金管理规模应当与自身的人员储备、投研和客服能力、风险管理和内部控制水平相匹配，杜绝片面追求收益率和基金规模，不得以收益率作为基金经理考核评价的唯一标准，不得通过交易上的安排规避本办法对投资范围、投资比例、平均剩余期限及存续期的相关规定，不得违规从事或者参与债券代持交易。

第三十四条 基金托管人应当切实履行共同受托职责，严格按照本办法规定对所托管的货币市场基金的日常投资运作活动实施监督，与基金管理人共同做好货币市场基金的风险管理工作，可以根据市场情况及业务发展的需要，对货币市场基金提供流动性支持服务。

第六章　监督管理与法律责任

第三十五条 货币市场基金的份额净值计价、募集、申购、赎回、投资、信息披露、宣传推介等活动，应当遵守有关法律法规和本办法的规定。

第三十六条 货币市场基金在全国银行间市场的交易、结算等市场行为，应当遵守中国人民银行关于全国银行间市场的管理规定，并接受中国人民银行的监管和动态检查。

第三十七条 基金管理人、基金托管人在管理与托管货币市场基金过程中，因违反法律法规或者基金合同约定导致基金财产或者基金份额持有人损失的，应当分别对各自的行为依法承担赔偿责任；因共同行为导致基金财产或者基金份额持有人损失的，应当承担连带赔偿责任。

第三十八条 基金管理人违反本办法规定的，中国证监会可以采取责令改正、监管谈话、出具警示函，整改期间暂停受理及审查基金产品募集申请或者其他业务申请等行政监管措施，记入诚信档案；对直接负责的主管人员和其他直接责任人员，可以依法采取监管谈话、出具警示函、认定为不适当人选等行政监管措施，记入诚信档案；情节严重的，可以对基金管理人及其直接负责的主管人员和其他直接责任人员单处或者并处警告、3万元以下罚款；涉嫌犯罪的，依法移送司法机关，追究刑事责任。

第三十九条 基金管理人在管理货币市场基金过程中，由于风险管理不善而发生重大风险事件或者存在重大违法违规行为的，中国证监会可以责令基金管理人提高风险准备金的计提比例或者一次性补足一定金额的风险准备金；情节严重的，可以根据《证券投资基金法》有关规定，对基金管理人采取责令停业整顿、指定其他机构托管、接管、取消基金管理资格或者撤销等监管措施。

第四十条 基金托管人未按照本办法规定履行货币市场基金托管职责的，中国证监会可以依据《证券投资基金托管业务管理办法》有关规定采取行政监管措施。

第四十一条 基金销售机构、基金销售支付机构及互联网机构等相关机构或者个人在从事或者参与货币市场基金的销售、宣传推介等活动过程中，违反本办法规定的，中国证监会可以依据《证券投资基金销售管理办法》等有关规定采取行政监管措施。

第七章 附 则

第四十二条 本办法由中国证监会、中国人民银行负责解释。

第四十三条 本办法自 2016 年 2 月 1 日起施行。《货币市场基金暂行规定》（证监发〔2004〕78 号）、《关于货币市场基金投资等相关问题的通知》（证监基金字〔2005〕41 号）、《关于货币市场基金投资短期融资券有关问题的通知》（证监基金字〔2005〕163 号）、《关于货币市场基金投资银行存款有关问题的通知》（证监发〔2005〕190 号）、《关于加强货币市场基金风险控制有关问题的通知》（基金部通知〔2011〕41 号）等文件同时废止。

司法解释

最高人民检察院、中国残疾人联合会关于在检察工作中切实维护残疾人合法权益的意见

（2015年11月30日）

为进一步落实司法为民宗旨，促进社会和谐稳定，根据《中华人民共和国残疾人保障法》及相关规定，现就检察工作中依法维护残疾人的合法权益提出如下意见。

一、人民检察院办理涉及残疾人的案件，应当严格依照法律的规定，贯彻党和国家关于残疾人权益保护的各项政策，注重关爱、扶助残疾人，方便其诉讼，采取有效措施防止侵害残疾人权益的行为，保障残疾人平等、充分地参与诉讼活动和社会生活，促进残疾人各项合法权益的享有和实现。

二、人民检察院可以指定专人或者设立专门小组办理涉及残疾人的案件。办案工作中，应当加强同残疾人联合会等人民团体、政府有关部门以及涉案残疾人所在单位、社区、村民委员会的沟通联系，主动了解情况，听取意见，共同做好维护残疾人合法权益工作。

三、对侵害残疾人生命财产安全的刑事犯罪，特别是严重侵害残疾人权益的重大案件、侵害残疾人群体利益的案件，依法从严从快批捕、起诉，加大指控犯罪力度。

四、对强迫智力残疾人劳动，拐卖残疾妇女、儿童，以暴力、胁迫手段组织残疾人乞讨，故意伤害致人伤残后组织乞讨，组织、胁迫、教唆残疾人进行犯罪活动等案件，依法从重打击。

五、加大对侵害残疾人权益的职务犯罪的查处和预防，依法严惩挪用、克扣、截留、侵占残疾人教育、康复、就业、社会保障等资金和物资以及发生在涉及残疾人事业的设备采购、工程建设中的职务犯罪行为。

六、人民检察院在办理案件过程中发现有关单位存在侵犯残疾人合法权

益行为的，应当依法及时向有关单位发出检察建议，督促其纠正。侵犯残疾人合法权益情节严重，尚不构成犯罪的，人民检察院应当建议相关部门对责任人员给予相应处分；构成犯罪的，依法追究刑事责任。

七、对于残疾人涉嫌职务犯罪案件，人民检察院在对残疾犯罪嫌疑人进行第一次讯问或者采取强制措施时，应当告知其有权委托辩护人，并告知其如果符合《最高人民法院、最高人民检察院、公安部、司法部关于刑事诉讼法律援助工作的规定》第二条规定，本人及其近亲属可以向法律援助机构申请法律援助。

人民检察院自收到移送审查起诉的案件材料之日起三日以内，应当告知残疾犯罪嫌疑人有权委托辩护人，并告知其如果符合《最高人民法院、最高人民检察院、公安部、司法部关于刑事诉讼法律援助工作的规定》第二条规定，本人及其近亲属可以向法律援助机构申请法律援助。对于残疾被害人，应当告知其本人及其法定代理人或者近亲属有权委托诉讼代理人，并告知其如果经济困难，可以向法律援助机构申请法律援助。

对于盲、聋、哑犯罪嫌疑人，人民检察院应当采取适宜方式进行权利告知，确保其准确理解相关规定。对于智力残疾、患精神病犯罪嫌疑人以及未成年残疾犯罪嫌疑人，应当向其法定代理人履行告知义务。

八、犯罪嫌疑人是未成年残疾人，盲、聋、哑人，尚未完全丧失辨认或者控制自己行为能力的精神病人，或者是可能被判处无期徒刑、死刑的残疾人，没有委托辩护人的，人民检察院应当及时通知法律援助机构指派律师为其提供辩护。

九、人民检察院讯问残疾犯罪嫌疑人时应当慎用械具。对于确有人身危险性，必须使用械具的，在现实危险消除后，应当立即停止使用。

十、人民检察院审查逮捕残疾犯罪嫌疑人，除按照《中华人民共和国刑事诉讼法》第七十九条第一款的规定审查是否具备逮捕条件外，还应当根据犯罪嫌疑人涉嫌犯罪的性质、事实、情节、主观恶性和犯罪嫌疑人身体状况是否适宜羁押等因素综合考量是否确有逮捕必要，必要时可以对残疾犯罪嫌疑人的犯罪原因、生活环境等开展社会调查以作参考。对于不采取强制措施或者采取其他强制措施不妨碍诉讼顺利进行的，应当作出不批准逮捕或者不予逮捕的决定。对于可捕可不捕的应当不捕。但是，对于反复故意实施犯罪，不羁押不足以防止发生社会危险性的，应当依法批准或决定逮捕。

十一、残疾犯罪嫌疑人、被告人被逮捕后，人民检察院应当对羁押必要性定期开展审查，综合考虑侦查取证的进展情况，案件事实、情节和证据的变化情况，残疾犯罪嫌疑人、被告人的身体健康状况等因素，对不需要或者不适宜继续羁押的，应当依法变更强制措施或者建议有关机关变更强制措施。

十二、对于残疾人犯罪案件，符合《人民检察院刑事诉讼规则（试行）》规定的条件，双方当事人达成和解协议的，人民检察院应当依法从宽处理。符合法律规定的不起诉条件的，应当决定不起诉；依法必须提起公诉的，应当向人民法院提出从轻、减轻或者免除处罚的量刑建议。

十三、对于残疾被告人认罪并积极赔偿损失、被害人谅解的案件，未成年残疾人犯罪案件以及残疾人实施的具有法定从轻、减轻处罚情节的案件，人民法院量刑偏轻的，人民检察院一般不提出抗诉。

十四、人民检察院发现看守所、监狱等监管机关在羁押管理和教育改造残疾在押人员等活动中有违法行为的，应当依法提出纠正意见；发现看守所、监狱等监管场所没有对残疾在押人员在生活、医疗上给予相应照顾，没有采取适当保护措施的，应当通过检察建议等方式督促监管机关改正。

对残疾罪犯开展减刑、假释、暂予监外执行检察工作，可以依法适当从宽掌握，但是，反复故意实施犯罪的残疾罪犯除外。

十五、人民检察院在开展社区矫正法律监督活动中，发现社区矫正机构工作人员对残疾社区矫正人员有殴打、体罚、虐待、侮辱人格、强迫其参加超时间或者超体力社区服务等行为的，应当依法提出纠正意见。情节严重，构成犯罪的，依法追究刑事责任。

十六、人民检察院发现强制医疗机构工作人员殴打、体罚、虐待或者变相体罚、虐待被强制医疗的精神病人，违反规定对被强制医疗的精神病人使用械具、约束措施等行为的，应当依法提出纠正意见。情节严重，构成犯罪的，依法追究刑事责任。

十七、对于残疾人控告、举报、申诉案件应当依法快速办理，缩短办案周期。对于不属于本院管辖的案件，应当先行接收，然后及时转送有管辖权的机关，并告知提出控告、举报、申诉的残疾人。

十八、复查涉及残疾人的刑事申诉案件，应当认真听取残疾申诉人或者其代理人的意见，核实相关问题，并可以听取原案承办部门、原复查部门或者原承办人员意见，全面了解原案办理情况，认真审核、查证与案件有关的证据和线索，查清案件事实，依法作出处理。

十九、对于已经发生法律效力的民事、行政裁判书、调解书，残疾当事人依法向人民检察院申请提出检察建议、抗诉，或者认为人民法院的执行活动违反法律规定、审判人员存在违法行为而向人民检察院申请监督的，人民检察院应当及时受理和审查，对确有违法情形的，依法提出检察建议或者抗诉，切实维护残疾人的合法权益。

二十、对于残疾人申请国家赔偿的案件，符合受理条件的，应当依法快速办理，充分听取残疾人或者其代理人的意见。对于依法应当赔偿的案件，应当及时作出和执行赔偿决定。

二十一、对于残疾人涉法涉诉信访案件，人民检察院应当按照中央政法委《关于建立律师参与化解和代理涉法涉诉信访案件制度的意见（试行）》的要求，为残疾人寻求律师帮助提供便利，对律师阅卷、咨询了解案情等合理要求提供支持，对律师提出的处理意见认真研究，及时反馈意见。对确有错误或者瑕疵的案件，及时导入法律程序予以解决。

二十二、人民检察院在办理案件、处理涉法涉诉信访问题过程中，应当主动了解残疾当事人的家庭生活状况，对符合国家司法救助条件的残疾人，应当告知其有权提出救助申请。对残疾人提出的救助申请，应当快速受理审查；对符合救助条件而没有提出申请的，应当依职权启动救助程序。符合救助条件的，应当及时提出给予救助以及具体救助金额的意见，履行有关审批手续后及时予以发放。

二十三、各级人民检察院新建接待场所应当符合无障碍设施的相关要求，现有接待场所不符合无障碍要求的要逐步加以改造，以方便残疾人出入。

二十四、本意见中的残疾人，是指符合《中华人民共和国残疾人保障法》和《残疾人残疾分类和分级》（GB/T 26341－2010）规定的残疾人。

最高人民检察院关于全面加强和规范刑事执行检察工作的决定

（2015年12月4日）

刑事执行检察是检察机关的一项基础业务，也是中国特色社会主义检察制度的重要组成部分。为深入贯彻修改后刑事诉讼法赋予检察机关法律监督新的职责和要求，认真落实十二届全国人大常委会对《最高人民检察院关于刑罚执行监督工作情况的报告》的审议意见，全面加强和规范刑事执行检察工作，开创刑事执行检察工作新局面，特作如下决定。

一、明确指导思想，加强组织领导

1. 明确工作的总体思路。当前和今后一个时期刑事执行检察工作的总体思路是：坚持以邓小平理论、“三个代表”重要思想和科学发展观为指导，深入学习贯彻党的十八大、十八届三中、四中、五中全会和习近平总书记系列重要讲话精神，以法治精神为引领，以努力让人民群众在每一个刑事执行案件中都感受到公平正义为目标，以强化刑事执行监督、强化人权司法保障为主线，在全面履行职责、规范司法行为、创新体制机制、提升履职能力、增强监督实效上下功夫，全面加强对刑罚执行、刑事强制措施执行、强制医疗执行的监督，努力为全面推进依法治国，保障“十三五”时期经济社会科学发展贡献力量。

2. 牢固树立“四个维护”有机统一的工作理念。牢固树立维护刑事执行公平公正、维护刑事执行场所监管秩序稳定、维护刑事被执行人合法权益、维护社会和谐稳定“四个维护”有机统一的刑事执行检察工作理念。“四个维护”目标一致、内在统一、相辅相成，是新时期刑事执行检察工作理念的发展和完善，必须全面理解、一体贯彻，形成推动工作发展的强大动力。

3. 遵循正确的工作原则。

——坚持依法监督与加强配合相结合。既要敢于监督、善于监督、规范监督，又要注重加强与被监督单位的工作配合。

——坚持实体监督与程序监督相结合。既要重视纠正实体违法，又要重视纠正程序违法。

——坚持纠正违法、查办职务犯罪与保障人权相结合。既要依法坚决打击违法犯罪行为，又要依法保护刑事被执行人的合法权益。

——坚持法律效果与政治效果、社会效果相结合。把监督效果作为评价监督工作的基本标准，既要追求良好的法律效果，又要追求良好的政治效果和社会效果。

——坚持强化刑事执行监督与强化自身监督相结合。既要依法履行监督职责，又要积极主动接受人民群众和社会各界的监督。

4. 切实加强组织领导。各级检察机关要高度重视刑事执行检察工作，真正摆上重要位置，加强领导，强化保障，狠抓落实。检察长要经常听取刑事执行检察工作汇报，定期深入基层调查研究和检查指导，及时解决影响和制约工作发展的突出问题和实际困难。主动向同级党委、人大报告刑事执行检察工作，积极争取重视和支持。适应繁重工作任务需要，积极争取政策支持，努力为刑事执行检察部门增加人员编制，把素质过硬、真抓实干、敢于担当、善于协调的优秀检察官充实到刑事执行检察部门领导岗位，注重优化刑事执行检察部门的人员结构。

二、全面履行职责，突出工作重点

5. 明确刑事执行检察职责。刑事执行检察的主要职责是：

（1）对人民法院、公安机关和监狱、看守所、社区矫正机构等执行机关执行刑罚活动和人民法院执行没收违法所得及其他涉案财产的活动是否合法实行监督；

（2）对减刑、假释、暂予监外执行的提请、审理、裁定、决定、执行活动是否合法实行监督；

（3）对监管被刑事拘留、逮捕和指定居所监视居住的犯罪嫌疑人、被告人的活动是否合法实行监督；

（4）对犯罪嫌疑人、被告人的羁押期限是否合法实行监督；

（5）对被逮捕后的犯罪嫌疑人、被告人进行羁押必要性审查；

（6）对强制医疗执行活动是否合法实行监督；

（7）对刑事执行机关的监管活动是否合法实行监督；

（8）查办和预防刑事执行活动中的职务犯罪；

（9）对罪犯又犯罪案件审查逮捕、审查起诉、出庭公诉，对罪犯又犯罪案件的立案、侦查、审判活动是否合法实行监督；

（10）受理刑事被执行人及其法定代理人、近亲属、辩护人、诉讼代理人的控告、举报和申诉；

（11）其他事项。

6. 加强刑罚交付执行和变更执行监督工作。把刑罚交付执行纳入常态化监督，及时监督纠正应当交付执行而不交付执行或者不及时交付执行，应当收押、收监而拒不收押、收监等行为。强化对减刑、假释、暂予监外执行案件提请、审理、裁定、决定、执行等各个环节的同步监督，继续加强对服刑人员中“有钱人”“有权人”刑罚变更执行活动的监督，及时发现和纠正违法或者不当问题。规范和加强减刑、假释案件出庭监督工作。积极开展和切实加强财产刑执行监督工作。

7. 加强羁押必要性审查工作。切实加强羁押必要性审查工作，依法积极主动开展羁押必要性审查，准确把握犯罪嫌疑人、被告人被逮捕后继续羁押的必要性，规范操作流程、证据标准，探索建立说理告知、案件风险评估预警等制度，促进羁押必要性审查工作规范开展。

8. 加强社区矫正执行监督工作。推动社区矫正执行监督工作重心由定期专项检察监督向常态化检察监督转移，加强对社区矫正各执法环节的日常监督，重点监督纠正和预防社区服刑人员脱管、漏管等问题，促进社区矫正依法进行。

9. *加强强制医疗执行监督工作*。积极探索适应强制医疗执行工作特点的监督方式和措施，以被执行人权利保护为切入点，重点加强对约束性保护措施、交付执行、监管医疗活动、中止强制医疗、解除强制医疗等执法活动的监督。

10. *加强刑事被执行人合法权益保障工作*。认真办理刑事被执行人及相关人员控告、举报和申诉，注重对监管场所被羁押人员合法权益的保护，依法畅通其诉求渠道。加强刑事羁押期限监督，防止和纠正超期羁押、久押不决。依法严厉打击体罚虐待被监管人等违法犯罪活动，加强被监管人非正常死亡的检察和防范。依法重视保护未成年、年老病残和女性刑事被执行人的合法权益。加强执行死刑临场监督，保护死刑罪犯及其家属的合法权益。充分发挥刑事执行检察职能优势和作用，有效防止、及时发现和积极推动纠正冤假错案。

三、改进监督方式，强化监督手段

11. *改进派驻检察方式*。坚持派驻检察这一具有中国特色的刑事执行监督方式，健全派驻检察工作制度。每月派驻检察时间不得少于十六个工作日。要深入服刑人员的劳动、学习、生活三大现场和看守所在押人员监室内开展日常监督工作，通过现场检察、与被监管人谈话、听取意见等，重点发现侵犯被监管人合法权益、破坏监管秩序、职务犯罪等违法犯罪线索和监管安全隐患，依法及时纠正、查处和督促整改。严格落实派驻检察岗位责任制和人员定期轮岗交流制度，防止出现派而不驻、驻而不察、察而不纠的问题。

12. *改进巡回检察方式*。对常年关押或者收治人数较少的监管场所、指定居所监视居住场所和社区矫正活动，可以实行巡回检察。巡回检察每周不得少于一次，参加人员不得少于两人。每次巡回检察结束后，应当制作检察记录，报告重大事项，确保巡回检察扎实有效开展。

13. *改进专项检察方式*。针对一个时期刑事执行活动中的突出问题，可以组织开展专项检察活动，集中时间、集中力量清理纠正或者监督整改。开展专项检察前，应当深入调研，精心准备，制定方案，加强协调。专项检察活动可以单独或者会同有关部门共同组织，强化协作配合，切实增强专项检察效果。

14. *改进巡视检察方式*。上级人民检察院对下级人民检察院负责日常监督的刑事执行活动，可以组织巡视检察。市级以上人民检察院对辖区内的监管场所每年要确定一定的比例进行巡视检察。巡视检察采取明察暗访、随机抽查、突击检查和不定期检查等方式进行，不得事先通知被监督单位。每次巡视检察的时间原则上不得少于3天。巡视检察可以邀请人大代表、政协委员和人民监督员、特约检察员、专家咨询委员参加。巡视检察结果要及时向被监督单位的上级机关或者主管部门通报。开展巡视检察时，也要注意对下级人民检察院刑事执行监督工作进行检查。

15. 严肃查办职务犯罪。要把查办职务犯罪作为强化监督效果的最有力手段，贯穿于刑事执行监督全过程。进一步拓宽案件线索来源渠道，加强案件线索管理，严格执行案件线索报上一级人民检察院备案管理制度。对市级以上看守所、监狱的主要负责人或者监狱管理机关、公安机关、人民法院县处级以上领导干部刑事执行活动中的职务犯罪案件线索，应当层报最高人民检察院备案管理。突出办案重点，积极查处刑事执行活动中违法办理减刑假释暂予监外执行、重大监管事故、社区服刑人员脱管漏管、严重侵犯刑事被执行人合法权益等问题背后的职务犯罪。建立省级人民检察院为主导、市级人民检察院为主体、县级人民检察院为基础的办案机制，加强统一组织协调。对重大、疑难、复杂的案件，上级人民检察院应当采取提办、领办、指定异地管辖、挂牌督办、派员督办等方式，有效侦破案件。结合查办案件，加强刑事执行环节职务犯罪预防工作，促进相关部门健全制度、加强管理、堵塞漏洞。

16. 积极纠正违法行为。对刑事执行活动中的轻微违法行为可以口头纠正，对严重违法行为或者口头纠正意见不被采纳的，应当书面纠正。建立健全违法行为调查制度，细化案件受理、调查取证、制发法律文书、案卷归档等工作流程。纠正违法通知书在发出的同时，要报送上一级人民检察院，并抄送被监督单位的上级机关或者主管部门。注重监督效果，对被监督单位不纠正或者纠正不到位，应当及时报告上一级人民检察院，直至报告最高人民检察院，由上级人民检察院监督纠正。

17. 充分运用检察建议。对刑事执行活动中存在的执法不规范、安全隐患等可能导致执法不公或者监管事故等苗头性、倾向性问题，可以向有关单位发出检察建议。检察建议发出后，应当及时了解和掌握采纳落实情况。对被建议单位没有正当理由不予采纳的，可以向其上级机关或者主管部门反映有关情况，进一步督促落实。

四、推进机制改革，规范司法活动

18. 进一步深化检务公开。坚持以公开促规范，依法公开刑事执行检察的职责、依据、程序、结果、工作纪律和生效法律文书。拓展检务公开范围，创新检务公开方式，规范检务公开场所，使刑事执行检察活动更加公开透明。对有较大社会影响的刑事执行监督案件、罪犯又犯罪案件和刑事执行活动中的职务犯罪案件的办理情况，以及已经办结的典型案例，及时向社会公开。

19．全面完善刑事执行检察业务规范。深入贯彻中央关于深化司法体制改革部署，健全刑事执行监督机制。针对刑事执行检察各项业务、各个岗位、各个环节，制定并细化工作规则，明确权力边界、司法标准、操作程序和监督责任，规范权力运行，防止权力滥用。修改完善监狱检察、看守所检察、监外执行检察等工作办法，制定羁押必要性审查、强制医疗执行监督、指定居所监视居住执行监督等新增业务规范，全面提升刑事执行检察工作规范化水平。健全与执行机关、审判机关的信息共享、案情通报、案件移送等制度。

20．建立健全业务考核评价和管理机制。针对刑事执行检察部门、专门从事刑事执行检察业务的人民检察院、派驻监管场所检察室的不同职能，建立科学的业务数据通报和考核评价体系，重点考核减刑假释暂予监外执行同步监督、纠正违法行为、查办职务犯罪、法律文书适用等，全面准确评判刑事执行监督工作的力度、质量和效果。加强对专门从事刑事执行检察业务的人民检察院的统一业务管理和派驻监管场所检察室规范化等级动态管理，并将日常管理考核情况与评定先进基层检察院、示范检察室、检察室规范化等级结合起来。刑事执行检察部门办理的减刑假释暂予监外执行监督、羁押必要性审查、查办职务犯罪、被监管人死亡检察等案件，都应当纳入检察机关统一业务应用系统，加强管理和全程监督。

21．严格执行十项禁令。一是严禁对刑事执行活动中的违法行为有错不纠，有案不立，压案不查；二是严禁在减刑假释暂予监外执行监督案件办理过程中为当事人说情、打招呼；三是严禁派出（派驻）检察人员未经请示，擅自对重大事项、重要案件作出决定，或者不严格执行上级决定；四是严禁未经调查、审批，擅自对外发布监管场所重大事故情况，甚至为监管场所遮掩、开脱；五是严禁弄虚作假，造假监督，拆分监督，滥发纠正违法通知书、检察建议书等法律文书；六是严禁违法会见在押人员，为在押人员传递物品信件、打探案情、通风报信，泄露办案秘密；七是严禁简单粗暴对待刑事被执行人及其近亲属，漠不关心其合理诉求和合法权益；八是严禁以权谋私，索贿受贿，徇私舞弊，办关系案、人情案、金钱案；九是严禁在刑事执行机关和监管场所领取补贴、报销费用、免费用餐；十是严禁接受刑事被执行人及其亲友、辩护人、诉讼代理人的吃请、礼物及提供的娱乐活动。违反以上禁令的，视情节轻重追究责任；构成犯罪的，依法追究刑事责任，同时对负有领导责任的院领导及部门负责人问责。

五、加强司法保障，提高履职能力

22. *加强思想政治、职业道德和纪律作风建设。*始终把思想政治建设摆在队伍建设的首位，加强科学理论武装，强化职业道德教育，弘扬社会主义法治精神，践行“忠诚、执着、担当、奉献”的张飚精神，引导和教育广大刑事执行检察人员坚定理想信念，增强职业素养，坚守职业良知，严守职业纪律，努力建设一支政治坚定、素质过硬、监督有力、敢于担当、清正廉洁的刑事执行检察队伍。持之以恒加强自身反腐倡廉建设，健全定期轮岗等制度，从制度上预防和减少违法违纪问题的发生。

23. *加强专业化和履职能力建设。*结合深化司法改革，优化刑事执行检察队伍结构，重点配强刑事执行检察官。建立与刑事执行检察专业化相适应的教育管理模式和培训体系，制定完善岗位素能标准。加强分类培训和专题培训，组织开展业务竞赛，强化岗位练兵，着力提高刑事执行检察人员的履职能力和水平。加强省级以上检察机关刑事执行检察人才库建设，努力培养一批刑事执行检察业务专家和标兵、能手。

24. *加强基层基础建设和经费保障。*加大对刑事执行检察工作的经费投入，加强专门从事刑事执行检察业务的人民检察院办案和专业技术用房建设，保障派驻检察室有专门或者独立的用房、必要的车辆，落实派驻检察人员生活补助费。

25. *加强刑事执行检察信息化建设。*坚持把科技强检作为提高刑事执行监督能力和效率效果的重要途径。加快研发和推行刑事执行检察业务应用软件，把刑事执行检察业务全面纳入到检察机关统一业务应用系统。加强派驻检察室与监管场所信息联网、监控联网和检察专线网支线“两网一线”的建设和使用，会同有关部门共同推进减刑假释网上办案平台和社区矫正信息平台建设，全面建成与刑事执行机关数据信息网络交换平台。探索建立刑事执行检察业务综合信息平台。

26. *加强刑事执行检察理论建设。*重点加强对刑事执行检察重大实务和基础理论的研究，通过理论创新推进制度创新和工作创新。积极拓宽刑事执行检察理论研究平台和途径，促进理论研究成果的转化和应用，为科学决策、深化改革、制定司法解释、完善相关立法提供理论支撑。拓展与高等院校、科研院所的交流与合作，共同构建中国特色刑事执行检察理论体系。

最高人民法院、最高人民检察院关于办理危害生产安全刑事案件适用法律若干问题的解释

(2015年11月9日最高人民法院审判委员会第1665次会议、2015年12月9日最高人民检察院第十二届检察委员会第44次会议通过　2015年12月14日最高人民法院、最高人民检察院公告公布　自2015年12月16日起施行　法释〔2015〕22号)

为依法惩治危害生产安全犯罪，根据刑法有关规定，现就办理此类刑事案件适用法律的若干问题解释如下：

第一条　刑法第一百三十四条第一款规定的犯罪主体，包括对生产、作业负有组织、指挥或者管理职责的负责人、管理人员、实际控制人、投资人等人员，以及直接从事生产、作业的人员。

第二条　刑法第一百三十四条第二款规定的犯罪主体，包括对生产、作业负有组织、指挥或者管理职责的负责人、管理人员、实际控制人、投资人等人员。

第三条　刑法第一百三十五条规定的“直接负责的主管人员和其他直接责任人员”，是指对安全生产设施或者安全生产条件不符合国家规定负有直接责任的生产经营单位负责人、管理人员、实际控制人、投资人，以及其他对安全生产设施或者安全生产条件负有管理、维护职责的人员。

第四条　刑法第一百三十九条之一规定的“负有报告职责的人员”，是指负有组织、指挥或者管理职责的负责人、管理人员、实际控制人、投资人，以及其他负有报告职责的人员。

第五条　明知存在事故隐患、继续作业存在危险，仍然违反有关安全管理的规定，实施下列行为之一的，应当认定为刑法第一百三十四条第二款规定的“强令他人违章冒险作业”：

(一) 利用组织、指挥、管理职权，强制他人违章作业的；

(二) 采取威逼、胁迫、恐吓等手段，强制他人违章作业的；

(三) 故意掩盖事故隐患，组织他人违章作业的；

(四) 其他强令他人违章作业的行为。

第六条 实施刑法第一百三十二条、第一百三十四条第一款、第一百三十五条、第一百三十五条之一、第一百三十六条、第一百三十九条规定的行为，因而发生安全事故，具有下列情形之一的，应当认定为“造成严重后果”或者“发生重大伤亡事故或者造成其他严重后果”，对相关责任人员，处三年以下有期徒刑或者拘役：

（一）造成死亡一人以上，或者重伤三人以上的；

（二）造成直接经济损失一百万元以上的；

（三）其他造成严重后果或者重大安全事故的情形。

实施刑法第一百三十四条第二款规定的行为，因而发生安全事故，具有本条第一款规定情形的，应当认定为“发生重大伤亡事故或者造成其他严重后果”，对相关责任人员，处五年以下有期徒刑或者拘役。

实施刑法第一百三十七条规定的行为，因而发生安全事故，具有本条第一款规定情形的，应当认定为“造成重大安全事故”，对直接责任人员，处五年以下有期徒刑或者拘役，并处罚金。

实施刑法第一百三十八条规定的行为，因而发生安全事故，具有本条第一款第一项规定情形的，应当认定为“发生重大伤亡事故”，对直接责任人员，处三年以下有期徒刑或者拘役。

第七条 实施刑法第一百三十二条、第一百三十四条第一款、第一百三十五条、第一百三十五条之一、第一百三十六条、第一百三十九条规定的行为，因而发生安全事故，具有下列情形之一的，对相关责任人员，处三年以上七年以下有期徒刑：

（一）造成死亡三人以上或者重伤十人以上，负事故主要责任的；

（二）造成直接经济损失五百万元以上，负事故主要责任的；

（三）其他造成特别严重后果、情节特别恶劣或者后果特别严重的情形。

实施刑法第一百三十四条第二款规定的行为，因而发生安全事故，具有本条第一款规定情形的，对相关责任人员，处五年以上有期徒刑。

实施刑法第一百三十七条规定的行为，因而发生安全事故，具有本条第一款规定情形的，对直接责任人员，处五年以上十年以下有期徒刑，并处罚金。

实施刑法第一百三十八条规定的行为，因而发生安全事故，具有下列情形之一的，对直接责任人员，处三年以上七年以下有期徒刑：

（一）造成死亡三人以上或者重伤十人以上，负事故主要责任的；

（二）具有本解释第六条第一款第一项规定情形，同时造成直接经济损失五百万元以上并负事故主要责任的，或者同时造成恶劣社会影响的。

第八条 在安全事故发生后，负有报告职责的人员不报或者谎报事故情况，贻误事故抢救，具有下列情形之一的，应当认定为刑法第一百三十九条之一规定的“情节严重”：

（一）导致事故后果扩大，增加死亡一人以上，或者增加重伤三人以上，或者增加直接经济损失一百万元以上的；

（二）实施下列行为之一，致使不能及时有效开展事故抢救的：

1. 决定不报、迟报、谎报事故情况或者指使、串通有关人员不报、迟报、谎报事故情况的；

2. 在事故抢救期间擅离职守或者逃匿的；

3. 伪造、破坏事故现场，或者转移、藏匿、毁灭遇难人员尸体，或者转移、藏匿受伤人员的；

4. 毁灭、伪造、隐匿与事故有关的图纸、记录、计算机数据等资料以及其他证据的；

（三）其他情节严重的情形。

具有下列情形之一的，应当认定为刑法第一百三十九条之一规定的“情节特别严重”：

（一）导致事故后果扩大，增加死亡三人以上，或者增加重伤十人以上，或者增加直接经济损失五百万元以上的；

（二）采用暴力、胁迫、命令等方式阻止他人报告事故情况，导致事故后果扩大的；

（三）其他情节特别严重的情形。

第九条 在安全事故发生后，与负有报告职责的人员串通，不报或者谎报事故情况，贻误事故抢救，情节严重的，依照刑法第一百三十九条之一的规定，以共犯论处。

第十条 在安全事故发生后，直接负责的主管人员和其他直接责任人员故意阻挠开展抢救，导致人员死亡或者重伤，或者为了逃避法律追究，对被害人进行隐藏、遗弃，致使被害人因无法得到救助而死亡或者重度残疾的，分别依照刑法第二百三十二条、第二百三十四条的规定，以故意杀人罪或者故意伤害罪定罪处罚。

第十一条 生产不符合保障人身、财产安全的国家标准、行业标准的安全设备，或者明知安全设备不符合保障人身、财产安全的国家标准、行业标准而进行销售，致使发生安全事故，造成严重后果的，依照刑法第一百四十六条的规定，以生产、销售不符合安全标准的产品罪定罪处罚。

第十二条 实施刑法第一百三十二条、第一百三十四条至第一百三十九条之一规定的犯罪行为，具有下列情形之一的，从重处罚：

（一）未依法取得安全许可证件或者安全许可证件过期、被暂扣、吊销、注销后从事生产经营活动的；

（二）关闭、破坏必要的安全监控和报警设备的；

（三）已经发现事故隐患，经有关部门或者个人提出后，仍不采取措施的；

（四）一年内曾因危害生产安全违法犯罪活动受过行政处罚或者刑事处罚的；

（五）采取弄虚作假、行贿等手段，故意逃避、阻挠负有安全监督管理职责的部门实施监督检查的；

（六）安全事故发生后转移财产意图逃避承担责任的；

（七）其他从重处罚的情形。

实施前款第五项规定的行为，同时构成刑法第三百八十九条规定的犯罪的，依照数罪并罚的规定处罚。

第十三条 实施刑法第一百三十二条、第一百三十四条至第一百三十九条之一规定的犯罪行为，在安全事故发生后积极组织、参与事故抢救，或者积极配合调查、主动赔偿损失的，可以酌情从轻处罚。

第十四条 国家工作人员违反规定投资入股生产经营，构成本解释规定的有关犯罪的，或者国家工作人员的贪污、受贿犯罪行为与安全事故发生存在关联性的，从重处罚；同时构成贪污、受贿犯罪和危害生产安全犯罪的，依照数罪并罚的规定处罚。

第十五条 国家机关工作人员在履行安全监督管理职责时滥用职权、玩忽职守，致使公共财产、国家和人民利益遭受重大损失的，或者徇私舞弊，对发现的刑事案件依法应当移交司法机关追究刑事责任而不移交，情节严重的，分别依照刑法第三百九十七条、第四百零二条的规定，以滥用职权罪、玩忽职守罪或者徇私舞弊不移交刑事案件罪定罪处罚。

公司、企业、事业单位的工作人员在依法或者受委托行使安全监督管理职责时滥用职权或者玩忽职守，构成犯罪的，应当依照《全国人民代表大会常务委员会关于〈中华人民共和国刑法〉第九章渎职罪主体适用问题的解释》的规定，适用渎职罪的规定追究刑事责任。

第十六条 对于实施危害生产安全犯罪适用缓刑的犯罪分子，可以根据犯罪情况，禁止其在缓刑考验期限内从事与安全生产相关联的特定活动；对于被判处刑罚的犯罪分子，可以根据犯罪情况和预防再犯罪的需要，禁止其自刑罚执行完毕之日或者假释之日起三年至五年内从事与安全生产相关的职业。

第十七条 本解释自2015年12月16日起施行。本解释施行后，《最高人民法院、最高人民检察院关于办理危害矿山生产安全刑事案件具体应用法律若干问题的解释》（法释〔2007〕5号）同时废止。最高人民法院、最高人民检察院此前发布的司法解释和规范性文件与本解释不一致的，以本解释为准。

最高人民检察院关于对检察机关办案部门和办案人员违法行使职权行为纠正、记录、通报及责任追究的规定

（2015年12月9日最高人民检察院第十二届检察委员会第四十四次会议通过　2015年12月15日最高人民检察院公告公布自公布之日起施行）

第一条 为了进一步规范检察机关司法办案活动，加强内部监督制约，及时纠正办案中发生的违法行使职权问题，促进公正廉洁司法，根据有关法律，制定本规定。

第二条 检察机关办案部门和办案人员应当严格依照法律行使职权，维护法律尊严和权威。

第三条 检察机关办案部门和办案人员正在办理的案件中发生违法行使职权行为的，应当依照本规定进行纠正、记录、通报及责任追究。

第四条 违法行使职权行为是指以下情形：

（一）侵犯举报人、控告人、申诉人合法权益，或者泄露、隐匿、毁弃、伪造举报、控告、申诉等有关材料的；

（二）违法剥夺、限制诉讼参与人人身自由，或者违反办案安全防范规定的；

（三）违法剥夺、限制诉讼参与人诉讼权利的；

（四）违法采取、变更、解除、撤销强制措施，或者超期羁押犯罪嫌疑人，或者没有法定事由，超过法定办案期限仍未办结案件的；

（五）违法使用武器、警械警具，或者殴打、体罚虐待、侮辱诉讼参与

人的；

（六）刑讯逼供、暴力取证，或者以其他非法方法获取证据的；

（七）讯问职务犯罪嫌疑人未按规定同步录音录像，或者录音录像不规范的；

（八）隐匿、毁弃、伪造证据，违背事实作出勘验、检查笔录、鉴定意见，包庇、放纵被举报人、犯罪嫌疑人、被告人，或者使无罪的人受到刑事追究的；

（九）非法搜查，违法查封、扣押、冻结、处理涉案财物及其孳息的；

（十）具有法定回避情形而不回避的；

（十一）未依法依规保障律师行使知情权、会见权、阅卷权、申请收集调取证据权等执业权利，阻碍律师履行法定职责的；

（十二）违反法定程序或者办案纪律干预办案，或者未经批准私自办案的；

（十三）私自会见案件当事人及其亲友、利害关系人、辩护人、代理人，或者接受上述人员提供的宴请、财物、娱乐、健身、旅游等活动的；

（十四）为案件当事人及其亲友、利害关系人、辩护人、代理人打探案情、通风报信，或者泄露案件秘密的；

（十五）利用检察权或者借办案之机，通过当事人、利害关系人或发案单位、证人等谋取个人利益的；

（十六）越权办案、插手经济纠纷，利用办案之机拉赞助、乱收费、乱罚款，让发案单位、当事人、利害关系人报销费用，或者占用其房产或交通、通讯工具等物品的；

（十七）未依法对诉讼活动、行政机关违法行使职权或者不行使职权的行为履行法律监督职责，造成不良影响的；

（十八）其他违法行使职权的情形。

第五条 人民检察院办案部门负责人发现本部门和人员违法行使职权行为的，应当依照规定予以纠正并记录；检察人员发现本部门和人员违法行使职权行为的，应当及时报告部门负责人。

人民检察院检察长、分管副检察长发现办案部门和办案人员违法行使职权行为的，应当责成办案部门依照规定予以纠正并记录。

纠正记录情况属于办案中违反业务工作规范的，向案件管理部门备案；属于办案中违反廉洁从检等检察纪律规定的，移送纪检监察机构处理。

第六条 控告检察部门对办理案件中涉及违法行使职权问题的控告、申诉、举报，应当依法受理并及时审查。情况属实的，报请检察长决定予以纠正；需要追究纪律责任的，移送纪检监察机构处理。

第七条 侦查监督、公诉、刑事执行检察、民事行政检察、刑事申诉检察、案件管理等部门及负责人发现其他办案部门和办案人员违法行使职权行为的，应当分别情形予以纠正并记录：

（一）情节轻微的，可以向办案部门或者办案人员发出口头纠正通知；

（二）情节较重的，应当向办案部门发出书面纠正通知，提示办案部门及时查明情况并纠正；

（三）情节严重的，应当向办案部门发出书面纠正通知，同时抄送纪检监察机构。

第八条 人民检察院发现违法行使职权的，应当及时进行处理，不得隐瞒、包庇。

第九条 人民检察院对投诉、举报或者反映办案部门和办案人员违法行使职权的，应当建立登记和及时分析制度。

第十条 人民检察院对办案部门和办案人员发生违法行使职权的行为，应当全面如实记录并存入司法档案，做到有据可查。

第十一条 人民检察院对本院或者下级人民检察院违法行使职权问题，应当在调查处理后进行内部通报，必要时向社会公开。

第十二条 责任追究应当根据办案人员发生违法行使职权行为的事实、情节和后果，以及相关纪律和法律规定，作如下处理：

（一）批评教育。采取责令检查、诫勉谈话、通报批评、到上级人民检察院检讨责任等措施。

（二）组织处理。采取暂停执行职务、调离司法办案岗位、延期晋级晋职、责令辞职、免职、调离检察机关、辞退等措施。

（三）纪律处分。对于违纪行为，应当依照党纪处分条例和检察纪律规定给予处分。

（四）刑事处理。对于构成犯罪的，应当依法追究刑事责任。

办案部门违法行使职权的，应当对办案部门负责人和直接责任人根据具体情形追究责任，同时视情依照有关规定对部门进行组织处理并开展专项整改。

对办案部门和办案人员违法行使职权的责任追究适用《关于完善人民检察院司法责任制的若干意见》等有关规定。

第十三条 被追究部门或者人员对处理决定不服的，可以向本院提出申诉复查，并有权向上一级人民检察院申请复议，由纪检监察机构依规依纪进行。复查、复议期间原处理决定不停止执行。

第十四条 办案部门和办案人员发生严重违法行使职权问题的，应当依照有关规定同时追究相关领导责任。

第十五条 检察机关办案部门和办案人员执行本规定的情况，应当纳入检察人员业绩评价体系，作为评价其是否遵守法律规定和检察纪律，以及评先选优、晋职晋级、奖励惩处的重要依据。

第十六条 本规定所称办案部门是指检察机关依法履行司法办案职责的部门；办案人员是指各级人民检察院依法履行司法办案职责的检察官和检察辅助人员。

第十七条 本规定自发布之日起施行。本规定由最高人民检察院负责解释。

最高人民检察院关于下级人民检察院对上级人民检察院不批准不起诉等决定能否提请复议的批复

（2015年12月9日最高人民检察院第十二届检察委员会第四十四次会议通过 2015年12月15日最高人民检察院公告公布 自2015年12月25日起施行）

宁夏回族自治区人民检察院：

你院《关于下级人民检察院对上级人民检察院不批准不起诉等决定能否提请复议的请示》（宁检〔2015〕126号）收悉。经研究，批复如下：

一、上级人民检察院的决定，下级人民检察院应当执行。下级人民检察院认为上级人民检察院的决定有错误或者对上级人民检察院的决定有不同意见的，可以在执行的同时向上级人民检察院报告。

二、下级人民检察院对上级人民检察院的决定有不同意见，法律、司法解释设置复议程序或者重新审查程序的，可以向上级人民检察院提请复议或者报请重新审查；法律、司法解释未设置复议程序或者重新审查程序的，不能向上级人民检察院提请复议或者报请重新审查。

三、根据《人民检察院检察委员会组织条例》第十五条的规定，对上级人民检察院检察委员会作出的不批准不起诉等决定，下级人民检察院可以提请复议；上级人民检察院非经检察委员会讨论作出的决定，且不属于法律、司法解释规定的可以提请复议情形的，下级人民检察院不得对上级人民检察院的决定提请复议。

此复

最高人民法院、最高人民检察院关于办理刑事赔偿案件适用法律若干问题的解释

（2015年12月14日最高人民法院审判委员会第1671次会议、2015年12月21日最高人民检察院第十二届检察委员会第46次会议通过　2015年12月28日最高人民法院、最高人民检察院公告公布　自2016年1月1日起施行　法释〔2015〕24号）

根据国家赔偿法以及有关法律的规定，结合刑事赔偿工作实际，对办理刑事赔偿案件适用法律的若干问题解释如下：

第一条　赔偿请求人因行使侦查、检察、审判职权的机关以及看守所、监狱管理机关及其工作人员行使职权的行为侵犯其人身权、财产权而申请国家赔偿，具备国家赔偿法第十七条、第十八条规定情形的，属于本解释规定的刑事赔偿范围。

第二条　解除、撤销拘留或者逮捕措施后虽尚未撤销案件、作出不起诉决定或者判决宣告无罪，但是符合下列情形之一的，属于国家赔偿法第十七条第一项、第二项规定的终止追究刑事责任：

（一）办案机关决定对犯罪嫌疑人终止侦查的；

（二）解除、撤销取保候审、监视居住、拘留、逮捕措施后，办案机关超过一年未移送起诉、作出不起诉决定或者撤销案件的；

（三）取保候审、监视居住法定期限届满后，办案机关超过一年未移送起诉、作出不起诉决定或者撤销案件的；

（四）人民检察院撤回起诉超过三十日未作出不起诉决定的；

（五）人民法院决定按撤诉处理后超过三十日，人民检察院未作出不起诉决定的；

（六）人民法院准许刑事自诉案件自诉人撤诉的，或者人民法院决定对刑事自诉案件按撤诉处理的。

赔偿义务机关有证据证明尚未终止追究刑事责任，且经人民法院赔偿委员会审查属实的，应当决定驳回赔偿请求人的赔偿申请。

第三条 对财产采取查封、扣押、冻结、追缴等措施后，有下列情形之一，且办案机关未依法解除查封、扣押、冻结等措施或者返还财产的，属于国家赔偿法第十八条规定的侵犯财产权：

（一）赔偿请求人有证据证明财产与尚未终结的刑事案件无关，经审查属实的；

（二）终止侦查、撤销案件、不起诉、判决宣告无罪终止追究刑事责任的；

（三）采取取保候审、监视居住、拘留或者逮捕措施，在解除、撤销强制措施或者强制措施法定期限届满后超过一年未移送起诉、作出不起诉决定或者撤销案件的；

（四）未采取取保候审、监视居住、拘留或者逮捕措施，立案后超过两年未移送起诉、作出不起诉决定或者撤销案件的；

（五）人民检察院撤回起诉超过三十日未作出不起诉决定的；

（六）人民法院决定按撤诉处理后超过三十日，人民检察院未作出不起诉决定的；

（七）对生效裁决没有处理的财产或者对该财产违法进行其他处理的。

有前款第三项至六项规定情形之一，赔偿义务机关有证据证明尚未终止追究刑事责任，且经人民法院赔偿委员会审查属实的，应当决定驳回赔偿请求人的赔偿申请。

第四条 赔偿义务机关作出赔偿决定，应当依法告知赔偿请求人有权在三十日内向赔偿义务机关的上一级机关申请复议。赔偿义务机关未依法告知，赔偿请求人收到赔偿决定之日起两年内提出复议申请的，复议机关应当受理。

人民法院赔偿委员会处理赔偿申请，适用前款规定。

第五条 对公民采取刑事拘留措施后终止追究刑事责任，具有下列情形之一的，属于国家赔偿法第十七条第一项规定的违法刑事拘留：

（一）违反刑事诉讼法规定的条件采取拘留措施的；

（二）违反刑事诉讼法规定的程序采取拘留措施的；

（三）依照刑事诉讼法规定的条件和程序对公民采取拘留措施，但是拘留时间超过刑事诉讼法规定的时限。

违法刑事拘留的人身自由赔偿金自拘留之日起计算。

第六条 数罪并罚的案件经再审改判部分罪名不成立，监禁期限超出再审判决确定的刑期，公民对超期监禁申请国家赔偿的，应当决定予以赔偿。

第七条 根据国家赔偿法第十九条第二项、第三项的规定，依照刑法第十七条、第十八条规定不负刑事责任的人和依照刑事诉讼法第十五条、第一百七十三条第二款规定不追究刑事责任的人被羁押，国家不承担赔偿责任。但是，对起诉后经人民法院错判拘役、有期徒刑、无期徒刑并已执行的，人民法院应当对该判决确定后继续监禁期间侵犯公民人身自由权的情形予以赔偿。

第八条 赔偿义务机关主张依据国家赔偿法第十九条第一项、第五项规定的情形免除赔偿责任的，应当就该免责事由的成立承担举证责任。

第九条 受害的公民死亡，其继承人和其他有扶养关系的亲属有权申请国家赔偿。

依法享有继承权的同一顺序继承人有数人时，其中一人或者部分人作为赔偿请求人申请国家赔偿的，申请效力及于全体。

赔偿请求人为数人时，其中一人或者部分赔偿请求人非经全体同意，申请撤回或者放弃赔偿请求，效力不及于未明确表示撤回申请或者放弃赔偿请求的其他赔偿请求人。

第十条 看守所及其工作人员在行使职权时侵犯公民合法权益造成损害的，看守所的主管机关为赔偿义务机关。

第十一条 对公民采取拘留措施后又采取逮捕措施，国家承担赔偿责任的，作出逮捕决定的机关为赔偿义务机关。

第十二条 一审判决有罪，二审发回重审后具有下列情形之一的，属于国家赔偿法第二十一条第四款规定的重审无罪赔偿，作出一审有罪判决的人民法院为赔偿义务机关：

（一）原审人民法院改判无罪并已发生法律效力的；

（二）重审期间人民检察院作出不起诉决定的；

（三）人民检察院在重审期间撤回起诉超过三十日或者人民法院决定按撤诉处理超过三十日未作出不起诉决定的。

依照审判监督程序再审后作无罪处理的，作出原生效判决的人民法院为赔偿义务机关。

第十三条 医疗费赔偿根据医疗机构出具的医药费、治疗费、住院费等收款凭证，结合病历和诊断证明等相关证据确定。赔偿义务机关对治疗的必要性和合理性提出异议的，应当承担举证责任。

第十四条 护理费赔偿参照当地护工从事同等级别护理的劳务报酬标准计算，原则上按照一名护理人员的标准计算护理费；但医疗机构或者司法鉴定人有明确意见的，可以参照确定护理人数并赔偿相应的护理费。

护理期限应当计算至公民恢复生活自理能力时止。公民因残疾不能恢复生活自理能力的，可以根据其年龄、健康状况等因素确定合理的护理期限，一般不超过二十年。

第十五条 残疾生活辅助器具费赔偿按照普通适用器具的合理费用标准计算。伤情有特殊需要的，可以参照辅助器具配制机构的意见确定。

辅助器具的更换周期和赔偿期限参照配制机构的意见确定。

第十六条 误工减少收入的赔偿根据受害公民的误工时间和国家上年度职工日平均工资确定，最高为国家上年度职工年平均工资的五倍。

误工时间根据公民接受治疗的医疗机构出具的证明确定。公民因伤致残持续误工的，误工时间可以计算至作为赔偿依据的伤残等级鉴定确定前一日。

第十七条 造成公民身体伤残的赔偿，应当根据司法鉴定人的伤残等级鉴定确定公民丧失劳动能力的程度，并参照以下标准确定残疾赔偿金：

（一）按照国家规定的伤残等级确定公民为一级至四级伤残的，视为全部丧失劳动能力，残疾赔偿金幅度为国家上年度职工年平均工资的十倍至二十倍；

（二）按照国家规定的伤残等级确定公民为五级至十级伤残的，视为部分丧失劳动能力。五至六级的，残疾赔偿金幅度为国家上年度职工年平均工资的五倍至十倍；七至十级的，残疾赔偿金幅度为国家上年度职工年平均工资的五倍以下。

有扶养义务的公民部分丧失劳动能力的，残疾赔偿金可以根据伤残等级并参考被扶养人生活来源丧失的情况进行确定，最高不超过国家上年度职工年平均工资的二十倍。

第十八条 受害的公民全部丧失劳动能力的，对其扶养的无劳动能力人的生活费发放标准，参照作出赔偿决定时被扶养人住所地所属省级人民政府确定的最低生活保障标准执行。

能够确定扶养年限的，生活费可协商确定并一次性支付。不能确定扶养年限的，可按照二十年上限确定扶养年限并一次性支付生活费，被扶养人超过六十周岁的，年龄每增加一岁，扶养年限减少一年；被扶养人年龄超过确定扶养年限的，被扶养人可逐年领取生活费至死亡时止。

第十九条 侵犯公民、法人和其他组织的财产权造成损害的，应当依照国家赔偿法第三十六条的规定承担赔偿责任。

财产不能恢复原状或者灭失的，财产损失按照损失发生时的市场价格或者其他合理方式计算。

第二十条 返还执行的罚款或者罚金、追缴或者没收的金钱，解除冻结的汇款的，应当支付银行同期存款利息，利率参照赔偿义务机关作出赔偿决定时中国人民银行公布的人民币整存整取定期存款一年期基准利率确定，不计算复利。

复议机关或者人民法院赔偿委员会改变原赔偿决定，利率参照新作出决定时中国人民银行公布的人民币整存整取定期存款一年期基准利率确定。

计息期间自侵权行为发生时起算，至作出生效赔偿决定时止；但在生效赔偿决定作出前侵权行为停止的，计算至侵权行为停止时止。

被罚没、追缴的资金属于赔偿请求人在金融机构合法存款的，在存款合同存续期间，按照合同约定的利率计算利息。

第二十一条 国家赔偿法第三十三条、第三十四条规定的上年度，是指赔偿义务机关作出赔偿决定时的上一年度；复议机关或者人民法院赔偿委员会改变原赔偿决定，按照新作出决定时的上一年度国家职工平均工资标准计算人身自由赔偿金。

作出赔偿决定、复议决定时国家上一年度职工平均工资尚未公布的，以已经公布的最近年度职工平均工资为准。

第二十二条 下列赔偿决定、复议决定是发生法律效力的决定：

（一）超过国家赔偿法第二十四条规定的期限没有申请复议或者向上一级人民法院赔偿委员会申请国家赔偿的赔偿义务机关的决定；

（二）超过国家赔偿法第二十五条规定的期限没有向人民法院赔偿委员会申请国家赔偿的复议决定；

（三）人民法院赔偿委员会作出的赔偿决定。

发生法律效力的赔偿义务机关的决定和复议决定，与发生法律效力的赔偿委员会的赔偿决定具有同等法律效力，依法必须执行。

第二十三条 本解释自 2016 年 1 月 1 日起施行。本解释施行前最高人民法院、最高人民检察院发布的司法解释与本解释不一致的，以本解释为准。

关于印发《最高人民法院党风廉政建设主体责任和监督责任追究暂行办法》的通知

（2015 年 12 月 29 日 法组〔2015〕214 号）

最高人民法院党风廉政建设主体责任和监督责任追究暂行办法

第一章 总 则

第一条 为规范和强化最高人民法院党风廉政建设责任追究工作，推动党风廉政建设主体责任和监督责任的全面落实，根据《中国共产党章程》和中央《关于实行党风廉政建设责任制的规定》，结合本院工作实际，制定本办法。

第二条 本办法关于党风廉政建设主体责任追究的规定适用于本院党组、党组成员及其他院级领导干部，院内设机构、派出机构、直属单位党组织及其负责人。本办法关于党风廉政建设监督责任追究的规定适用于本院纪检监察部门、纪检监察领导干部及各内设机构、派出机构廉政监察员。

第三条 党风廉政建设责任追究工作在院党组统一领导下开展。院党风廉政建设责任制领导小组办公室负责协调监督、组织落实。

第四条 党风廉政建设责任追究坚持权责一致、有责必究、实事求是、依规有序的原则。

第五条 党风廉政建设责任追究实行“一案双查”，院纪检监察部门在调查违纪案件时，既要查明违纪人员的直接责任，又要查明相关领导干部履行主体责任和纪检监察领导干部及廉政监察员履行监督责任的情况，并向院党组提出是否应当追究党风廉政建设责任的建议。

第六条 党风廉政建设责任追究要分清集体责任和个人责任、主要领导责任和重要领导责任。

追究院党组及其他党组织和纪检监察部门的集体责任时，主要负责人和直接主管的领导干部承担主要领导责任，参与决策的其他领导干部承担重要领导责任。

对错误决策明确提出反对意见而没有被采纳的，不承担领导责任。

错误决策由领导干部个人决定或批准的，追究该领导干部的个人责任。

第七条 党风廉政建设责任追究的方式：

（一）批评教育，包括提醒谈话、诫勉谈话、责令检查、通报批评；

（二）组织处理，包括调离岗位、责令辞职、免去职务；

（三）纪律处分，包括党纪处分和政纪处分。

涉嫌刑事犯罪的，移送司法机关依法处理。

以上责任追究方式可以单独适用，也可以合并适用。

第八条 有下列情形之一的，应当从重追究责任：

（一）职责范围内不正之风长期滋生蔓延或者多次发生重大腐败案件的；

（二）对职责范围内发生的问题进行掩盖、袒护或者弄虚作假欺骗组织的；

（三）对职责范围内发生的问题推卸、转嫁责任的；

（四）在职责范围内出现问题后不采取补救措施，致使危害后果扩大的；

（五）干扰、阻碍、对抗组织调查处理的。

第九条 有下列情形之一的，可以从轻、减轻或者免予追究责任：

（一）积极配合组织调查处理职责范围内发生的问题，主动承担责任，及时进行整改且成效明显的；

（二）平时注重日常监督管理，发现问题后主动报告、及时纠正，积极挽回损失或者减小影响的。

第十条 党风廉政建设责任追究不因领导干部工作岗位或者职务的变动而免予追究。已退休但按照规定应当追究责任的，仍须进行相应的责任追究。

第二章　责任追究的情形

第十一条 本院党组和院内设机构、派出机构、直属单位党组织违反党风廉政建设责任制规定，并有下列情形之一的，应当追究责任：

（一）未建立分级负责的主体责任落实机制，在党风廉政建设和作风建设中不认真履行主体责任，导致职责范围内的不正之风和腐败现象长期得不到有效治理，群众反映强烈的；

（二）未针对本院、本机构、本单位权力运行特点建立健全监督机制，未结合干警思想实际开展廉洁司法教育，导致在职责范围内发生系统性违纪违法问题的；

（三）违反规定选拔任用干部，在干部推荐、考察、确定拟任职人选等工作中失察失误或者搞不正之风，造成不良后果的；

（四）不支持、不配合执纪执法机关和本院纪检监察部门依纪依法履行职责，对职责范围内的违纪违法问题态度不坚决、措施不得力，导致职责范围内的违纪违法问题没有得到及时查处的；

（五）具有其他不履行或者不正确履行党风廉政建设主体责任的行为，造成不良影响或者不良后果的。

第十二条 本院党组主要负责人违反党风廉政建设责任制规定，并有下列情形之一的，应当追究责任：

（一）未经常研究部署党风廉政建设和反腐败工作，未主动听取纪检监察部门工作汇报，未及时采取措施解决党风廉政建设和作风建设中的突出问题的；

（二）对重要信访举报件不及时阅批，对重要违纪违法案件不亲自督办，导致违纪违法问题线索或者违纪违法案件没有依纪依法得到及时查处的；

（三）不严格落实党的民主集中制，对重大事项决策、重要干部任免、重大项目安排和大额资金使用等事项未按规定程序进行科学民主决策，或者未正确执行集体决策，造成不良影响或者严重后果的；

（四）违反规定选拔任用干部，用人失察失误，造成不良影响或者严重后果的；

（五）对院党组成员和其他院级领导干部疏于监督管理，对已经发现的苗头性、倾向性问题未及时进行教育提醒、督促纠正的；

（六）对院党组和其他中管干部违纪违法的问题线索，不按规定向中央纪委报告，不积极配合中央纪委调查处理的；

（七）对自己的家庭成员和身边工作人员疏于教育管束，导致其发生违纪违法或者不廉洁问题的；

（八）具有其他不履行或者不正确履行党风廉政建设第一责任人责任的行为，造成不良影响或者不良后果的。

第十三条 本院其他院党组成员和其他院级领导干部违反党风廉政建设责任制规定，并有下列情形之一的，应当追究责任：

（一）对院党组关于党风廉政建设和反腐败工作的部署要求不传达贯彻、不研究部署、不组织实施、不督促落实的；

（二）对主管部门负责人疏于监督管理，对已经发现的苗头性、倾向性问题未及时进行教育提醒、督促纠正的；

（三）对职务范围内的纪律作风建设采取措施不力，导致主管部门不正之风得不到有效解决，或者发生严重腐败问题的；

（四）对本院纪检监察部门的监督执纪工作不支持、不配合，对职责范围内的不正之风和腐败现象故意遮掩，对分管部门的违纪违法人员包庇袒护的；

（五）对家庭成员和身边工作人员疏于教育管束，导致其发生违纪违法和不廉洁问题的；

（六）具有其他不履行或者不正确履行职责范围内的党风廉政建设责任的行为，造成不良影响或者不良后果的。

第十四条 本院各内设机构、派出机构、直属单位负责人违反党风廉政建设责任制规定，并有下列情形之一的，应当追究责任：

（一）对上级领导关于党风廉政建设和反腐败工作的部署要求不传达贯彻、不研究部署、不组织实施、不督促落实，或者对上级党组织和纪检监察部门交办的党风廉政建设工作事项敷衍推诿、拒不办理的；

（二）对直接管辖的部门或下属疏于管理监督，对已经发现的苗头性、倾向性问题未及时进行教育提醒、督促纠正的；

（三）对职责范围内的纪律作风建设措施不力，导致职责范围内不正之风和腐败现象得不到有效解决，或者发生严重违纪违法问题的；

（四）对职责范围内发生的违纪违法问题线索，不及时报告纪检监察部门，不配合纪检监察部门调查，或者对违纪违法人员包庇袒护的；

（五）具有其他不履行或者不正确履行职责范围内党风廉政建设责任的行为，造成不良影响或者不良后果的。

第十五条 本院纪检监察部门、纪检监察领导干部及各内设机构、派出机构廉政监察员违反党风廉政建设责任制规定，并有下列情形之一的，应当追究责任：

（一）对中央纪委、中央国家机关纪工委和院党组关于党风廉政建设和反腐败工作的部署要求不传达贯彻、不研究部署、不组织实施、不督促落实，或者对中央纪委、中央国家机关纪工委和院党组交办的职责范围内的事项敷衍推诿、拒不办理的；

（二）不认真履行监督职责，在监督工作中对应当发现的问题未发现，对应当报告的事项不报告，对应当制止、纠正的问题不制止、不纠正的；

（三）对监督中发现的重大问题线索未按规定及时向中央纪委、中央国家机关纪工委和院党组汇报，或者对违纪违法问题线索隐瞒不报、对违纪违法案件压案不查，对应当问责的人员不予问责的；

（四）具有其他不履行或者不正确履行党风廉政建设监督责任的行为，造成不良影响或者不良后果的。

第三章　责任追究的实施

第十六条　院党组在工作中发现需要追究责任的问题线索，对其中事实清楚、责任明确的，可以直接作出责任追究的决定；对事实和责任尚需核实的，应当交由本院纪检监察部门调查核实后再研究决定。

第十七条　院纪检监察部门、组织人事部门在案件审查、司法巡查、审务督察、干部监督及日常监督工作中发现需要追究党风廉政建设责任的问题线索，应当在查明情况、分清责任后提出意见报院党组研究决定。

第十八条　院内设机构、派出机构、直属单位在工作中发现需要追究党风廉政建设责任的问题线索，应当移送本院纪检监察部门查明情况、分清责任后提出意见报院党组研究决定。

第十九条　院党组作出责任追究决定后，由院党风廉政建设责任制领导小组办公室负责印发《党风廉政建设责任追究通知书》，并按照下列分工交付办理：

（一）需要给予批评教育的，由相关院党组成员、其他院级领导干部及相关内设机构、派出机构、直属单位负责按照有关权限和程序办理；

（二）需要给予组织处理的，由院组织人事部门负责按照有关权限和程序办理；

（三）需要给予纪律处分或者移送司法机关处理的，由院纪检监察部门负责按照有关权限和程序办理。

上述人员和机构、单位应当在责任追究事项办理完毕后的15个工作日内，向院党风廉政建设责任制领导小组办公室书面报告办理情况。

第二十条　领导干部被追究责任的情况，应当按照干部管理权限及时移送相关组织人事部门存入个人人事档案，并将其作为管理使用干部的重要依据。

第二十一条　受到责任追究的单位和领导干部，取消当年考核评优和评选各类先进的资格。

受到调离岗位处理的，一年内不得提拔；受到责令辞职、免职处理的，一年内不得重新担任与其原任职务相当的领导职务，两年内不得提拔；受到降职处理的，两年内不得提拔。

同时受到纪律处分和组织处理的，按照影响期较长的执行。

第二十二条 实施责任追究应当听取被追究领导干部本人的意见和申辩，并记录在案。

对组织处理决定不服的，可以自收到责任追究决定书之日起 15 个工作日内向组织人事部门书面申请复议，组织人事部门应当自接到书面申请之日起 30 日内作出书面答复。

对纪律处分决定不服的，按照有关规定处理。

申请复议期间，不停止处理决定的执行。

第四章 附 则

第二十三条 本办法所称内设机构、派出机构、直属单位负责人，包括该机构和单位的正、副职领导干部；所称纪检监察领导干部，包括纪检监察部门中层正、副职以上领导干部和直属单位纪委负责人。

第二十四条 地方各级人民法院党组可以参照本办法制定本院的党风廉政建设主体责任和监督责任追究办法，并按照相关规定将本院实行党风廉政建设责任追究的情况逐级层报至最高人民法院党风廉政建设责任制领导小组备案。

第二十五条 本办法由最高人民法院党风廉政建设责任制领导小组负责解释。

第二十六条 本办法自 2016 年 1 月 1 日起施行。

最高人民法院、最高人民检察院关于办理妨害文物管理等刑事案件适用法律若干问题的解释

（2015 年 10 月 12 日最高人民法院审判委员会第 1663 次会议、2015 年 11 月 18 日最高人民检察院第十二届检察委员会第 43 次会议通过 2015 年 12 月 30 日最高人民法院、最高人民检察院公告公布 自 2016 年 1 月 1 日起施行 法释〔2015〕23 号）

为依法惩治文物犯罪，保护文物，根据《中华人民共和国刑法》《中华人民共和国刑事诉讼法》《中华人民共和国文物保护法》的有关规定，现就

办理此类刑事案件适用法律的若干问题解释如下：

第一条　刑法第一百五十一条规定的“国家禁止出口的文物”，依照《中华人民共和国文物保护法》规定的“国家禁止出境的文物”的范围认定。

走私国家禁止出口的二级文物的，应当依照刑法第一百五十一条第二款的规定，以走私文物罪处五年以上十年以下有期徒刑，并处罚金；走私国家禁止出口的一级文物的，应当认定为刑法第一百五十一条第二款规定的“情节特别严重”；走私国家禁止出口的三级文物的，应当认定为刑法第一百五十一条第二款规定的“情节较轻”。

走私国家禁止出口的文物，无法确定文物等级，或者按照文物等级定罪量刑明显过轻或者过重的，可以按照走私的文物价值定罪量刑。走私的文物价值在二十万元以上不满一百万元的，应当依照刑法第一百五十一条第二款的规定，以走私文物罪处五年以上十年以下有期徒刑，并处罚金；文物价值在一百万元以上的，应当认定为刑法第一百五十一条第二款规定的“情节特别严重”；文物价值在五万元以上不满二十万元的，应当认定为刑法第一百五十一条第二款规定的“情节较轻”。

第二条　盗窃一般文物、三级文物、二级以上文物的，应当分别认定为刑法第二百六十四条规定的“数额较大”“数额巨大”“数额特别巨大”。

盗窃文物，无法确定文物等级，或者按照文物等级定罪量刑明显过轻或者过重的，按照盗窃的文物价值定罪量刑。

第三条　全国重点文物保护单位、省级文物保护单位的本体，应当认定为刑法第三百二十四条第一款规定的“被确定为全国重点文物保护单位、省级文物保护单位的文物”。

故意损毁国家保护的珍贵文物或者被确定为全国重点文物保护单位、省级文物保护单位的文物，具有下列情形之一的，应当认定为刑法第三百二十四条第一款规定的“情节严重”：

（一）造成五件以上三级文物损毁的；

（二）造成二级以上文物损毁的；

（三）致使全国重点文物保护单位、省级文物保护单位的本体严重损毁或者灭失的；

（四）多次损毁或者损毁多处全国重点文物保护单位、省级文物保护单位的本体的；

（五）其他情节严重的情形。

实施前款规定的行为，拒不执行国家行政主管部门作出的停止侵害文物的行政决定或者命令的，酌情从重处罚。

第四条 风景名胜区的核心景区以及未被确定为全国重点文物保护单位、省级文物保护单位的古文化遗址、古墓葬、古建筑、石窟寺、石刻、壁画、近代现代重要史迹和代表性建筑等不可移动文物的本体，应当认定为刑法第三百二十四条第二款规定的“国家保护的名胜古迹”。

故意损毁国家保护的名胜古迹，具有下列情形之一的，应当认定为刑法第三百二十四条第二款规定的“情节严重”：

（一）致使名胜古迹严重损毁或者灭失的；

（二）多次损毁或者损毁多处名胜古迹的；

（三）其他情节严重的情形。

实施前款规定的行为，拒不执行国家行政主管部门作出的停止侵害文物的行政决定或者命令的，酌情从重处罚。

故意损毁风景名胜区内被确定为全国重点文物保护单位、省级文物保护单位的文物的，依照刑法第三百二十四条第一款和本解释第三条的规定定罪量刑。

第五条 过失损毁国家保护的珍贵文物或者被确定为全国重点文物保护单位、省级文物保护单位的文物，具有本解释第三条第二款第一项至第三项规定情形之一的，应当认定为刑法第三百二十四条第三款规定的“造成严重后果”。

第六条 出售或者为出售而收购、运输、储存《中华人民共和国文物保护法》规定的“国家禁止买卖的文物”的，应当认定为刑法第三百二十六条规定的“倒卖国家禁止经营的文物”。

倒卖国家禁止经营的文物，具有下列情形之一的，应当认定为刑法第三百二十六条规定的“情节严重”：

（一）倒卖三级文物的；

（二）交易数额在五万元以上的；

（三）其他情节严重的情形。

实施前款规定的行为，具有下列情形之一的，应当认定为刑法第三百二十六条规定的“情节特别严重”：

（一）倒卖二级以上文物的；

（二）倒卖三级文物五件以上的；

（三）交易数额在二十五万元以上的；

（四）其他情节特别严重的情形。

第七条 国有博物馆、图书馆以及其他国有单位，违反文物保护法规，将收藏或者管理的国家保护的文物藏品出售或者私自送给非国有单位或者个人的，依照刑法第三百二十七条的规定，以非法出售、私赠文物藏品罪追究刑事责任。

第八条 刑法第三百二十八条第一款规定的“古文化遗址、古墓葬”包括水下古文化遗址、古墓葬。“古文化遗址、古墓葬”不以公布为不可移动文物的古文化遗址、古墓葬为限。

实施盗掘行为，已损害古文化遗址、古墓葬的历史、艺术、科学价值的，应当认定为盗掘古文化遗址、古墓葬罪既遂。

采用破坏性手段盗窃古文化遗址、古墓葬以外的古建筑、石窟寺、石刻、壁画、近代现代重要史迹和代表性建筑等其他不可移动文物的，依照刑法第二百六十四条的规定，以盗窃罪追究刑事责任。

第九条 明知是盗窃文物、盗掘古文化遗址、古墓葬等犯罪所获取的三级以上文物，而予以窝藏、转移、收购、加工、代为销售或者以其他方法掩饰、隐瞒的，依照刑法第三百一十二条的规定，以掩饰、隐瞒犯罪所得罪追究刑事责任。

实施前款规定的行为，事先通谋的，以共同犯罪论处。

第十条 国家机关工作人员严重不负责任，造成珍贵文物损毁或者流失，具有下列情形之一的，应当认定为刑法第四百一十九条规定的“后果严重”：

（一）导致二级以上文物或者五件以上三级文物损毁或者流失的；

（二）导致全国重点文物保护单位、省级文物保护单位的本体严重损毁或者灭失的；

（三）其他后果严重的情形。

第十一条 单位实施走私文物、倒卖文物等行为，构成犯罪的，依照本解释规定的相应自然人犯罪的定罪量刑标准，对直接负责的主管人员和其他直接责任人员定罪处罚，并对单位判处罚金。

公司、企业、事业单位、机关、团体等单位实施盗窃文物，故意损毁文物、名胜古迹，过失损毁文物，盗掘古文化遗址、古墓葬等行为的，依照本解释规定的相应定罪量刑标准，追究组织者、策划者、实施者的刑事责任。

第十二条 针对不可移动文物整体实施走私、盗窃、倒卖等行为的，根据所属不可移动文物的等级，依照本解释第一条、第二条、第六条的规定定罪量刑：

（一）尚未被确定为文物保护单位的不可移动文物，适用一般文物的定罪量刑标准；

（二）市、县级文物保护单位，适用三级文物的定罪量刑标准；

（三）全国重点文物保护单位、省级文物保护单位，适用二级以上文物的定罪量刑标准。

针对不可移动文物中的建筑构件、壁画、雕塑、石刻等实施走私、盗窃、倒卖等行为的，根据建筑构件、壁画、雕塑、石刻等文物本身的等级或者价值，依照本解释第一条、第二条、第六条的规定定罪量刑。建筑构件、壁画、雕塑、石刻等所属不可移动文物的等级，应当作为量刑情节予以考虑。

第十三条 案件涉及不同等级的文物的，按照高级别文物的量刑幅度量刑；有多件同级文物的，五件同级文物视为一件高一级文物，但是价值明显不相当的除外。

第十四条 依照文物价值定罪量刑的，根据涉案文物的有效价格证明认定文物价值；无有效价格证明，或者根据价格证明认定明显不合理的，根据销赃数额认定，或者结合本解释第十五条规定的鉴定意见、报告认定。

第十五条 在行为人实施有关行为前，文物行政部门已对涉案文物及其等级作出认定的，可以直接对有关案件事实作出认定。

对案件涉及的有关文物鉴定、价值认定等专门性问题难以确定的，由司法鉴定机构出具鉴定意见，或者由国务院文物行政部门指定的机构出具报告。其中，对于文物价值，也可以由有关价格认证机构作出价格认证并出具报告。

第十六条 实施本解释第一条、第二条、第六条至第九条规定的行为，虽已达到应当追究刑事责任的标准，但行为人系初犯，积极退回或者协助追回文物，未造成文物损毁，并确有悔罪表现的，可以认定为犯罪情节轻微，不起诉或者免予刑事处罚。

实施本解释第三条至第五条规定的行为，虽已达到应当追究刑事责任的标准，但行为人系初犯，积极赔偿损失，并确有悔罪表现的，可以认定为犯罪情节轻微，不起诉或者免予刑事处罚。

第十七条 走私、盗窃、损毁、倒卖、盗掘或者非法转让具有科学价值的古脊椎动物化石、古人类化石的，依照刑法和本解释的有关规定定罪量刑。

第十八条 本解释自2016年1月1日起施行。本解释公布施行后，《最高人民法院、最高人民检察院关于办理盗窃、盗掘、非法经营和走私文物的案件具体应用法律的若干问题的解释》（法（研）发〔1987〕32号）同时废止；之前发布的司法解释与本解释不一致的，以本解释为准。

附：

一、2015年12月份报国务院备案的地方性法规和地方政府规章目录

地方性法规

北京市

北京市建设工程质量条例
（2015年9月25日）

河　北　省

河北省预算审查监督条例
（2015年11月27日）

河北省人大常委会关于废止《河北省实施〈中华人民共和国种子法〉办法》的决定
（2015年11月27日）

石家庄市市区生活饮用水地下水源保护区污染防治条例（修订案）
（2015年12月1日）

邯郸市妇女权益保障条例
（2015年12月4日）

山　西　省

山西省法律援助条例（修订）
（2015年11月26日）

山西省人大常委会关于修改《山西省地方立法条例》、《山西省各级人民代表大会选举实施细则》、《山西省乡镇人民代表大会工作条例》、《山西省实施〈中华人民共和国全国人民代表大会和地方各级人民代表大会代表法〉办法》的决定
（2015年11月26日）

太原市人大常委会关于集中修改部分地方性法规的决定
（2015年12月3日）

吉　林　省

吉林省老年人权益保障条例
（2015年11月20日）

吉林省气象设施和气象探测环境保护条例
（2015年11月20日）

吉林省人大常委会关于修改《吉林省土地管理条例》等7件地方性法规的决定
（2015年11月20日）

长春市水土保持条例（修订）
（2015年11月26日）

上　海　市

上海市人大常委会关于修改《上海市制定地方性法规条例》的决定
（2015年11月19日）

安 徽 省

安徽省预算审查监督条例（修订）
（2015年11月20日）

安徽省人大常委会关于修改《安徽省人民代表大会及其常务委员会立法条例》的决定
（2015年11月20日）

安徽省湿地保护条例
（2015年11月20日）

安徽省保护和促进台湾同胞投资条例
（2015年11月20日）

安徽省人民代表大会常务委员会讨论、决定重大事项的规定（修订）
（2015年11月20日）

淮南市法治宣传教育条例
（2015年11月25日）

福 建 省

福建省河道保护管理条例
（2015年11月27日）

福建省禁毒条例
（2015年11月27日）

厦门经济特区燃气安全监管若干规定
（2015年11月3日）

山 东 省

山东省人大常委会关于修改《山东省县乡两级人民代表大会选举实施细则》、《山东省实施〈中华人民共和国全国人民代表大会和地方各级人民代表大会代表法〉办法》、《山东省乡镇人民代表大会工作若干规定》的决定
（2015年12月3日）

山东省特种设备安全条例
（2015年12月3日）

济南市市政设施管理条例
（2015年12月3日）

湖 北 省

湖北省志愿服务条例
（2015年11月26日）

湖北省实施《中华人民共和国水土保持法》办法
（2015年11月26日）

武汉市见义勇为人员奖励和保护条例
（2015年11月18日）

湖 南 省

湖南省人民代表大会常务委员会议事规则
（2015年12月4日）

广 东 省

广东省禁毒条例
（2015年12月3日）

广东省商事登记条例
（2015年12月3日）

海 南 省

海南省河道采砂管理规定
（2015年11月27日）

海南省节约能源条例
（2015年11月27日）

海南省未成年人保护条例
（2015年11月27日）

海南省人大常委会关于修改《海南省实施〈中华人民共和国民族区域自治法〉若干规定》的决定
（2015年11月27日）

海口市人大常委会关于修改《海口市电动自行车管理办法》的决定
（2015 年 12 月 1 日）

重庆市

重庆市安全生产条例
（2015 年 12 月 8 日）

四川省

四川省人大常委会关于废止《四川省会计管理条例》的决定
（2015 年 5 月 21 日）

四川省人大常委会关于废止《四川省文化市场管理条例》的决定
（2015 年 5 月 21 日）

四川省人大常委会关于修改《四川省人民代表大会常务委员会组成人员守则》的决定
（2015 年 5 月 21 日）

四川省人大常委会关于废止《四川省人民代表大会常务委员会关于严格执行〈公路法〉防止公路养护资金流失的决定》的决定
（2015 年 5 月 21 日）

四川省人大常委会关于废止《四川省城市燃放烟花爆竹管理条例》的决定
（2015 年 7 月 22 日）

四川省酒类管理条例
（2015 年 7 月 22 日）

四川省人大常委会关于修改《四川省华侨捐赠条例》的决定
（2015 年 7 月 22 日）

四川省人大常委会关于废止《四川省惩治拐卖、绑架妇女、儿童违法犯罪的规定》的决定
（2015 年 7 月 22 日）

四川省人大常委会关于废止《四川省鼓励外商投资勘查开采矿产资源条例》的决定
（2015 年 7 月 22 日）

四川省河道采砂管理条例
（2015 年 7 月 22 日）

四川省人民代表大会常务委员会关于制止和查处违法建设的决定
（2015 年 9 月 25 日）

四川省高速公路条例
（2015 年 9 月 25 日）

四川省人大常委会关于修改《四川省〈中华人民共和国工会法〉实施办法》的决定
（2015 年 9 月 25 日）

四川省《中华人民共和国农业技术推广法》实施办法（修订）
（2015 年 12 月 3 日）

四川省《中华人民共和国村民委员会组织法》实施办法（修订）
（2015 年 12 月 3 日）

四川省人大常委会关于修改《四川省村民委员会选举条例》的决定
（2015 年 12 月 3 日）

四川省世界遗产保护条例（修订）
（2015 年 12 月 3 日）

成都市人大常委会关于废止《成都市征兵工作规定》等八件法规的决定
（2015 年 4 月 9 日）

成都市人大常委会关于修改《成都市烟草专卖管理条例》的决定
（2015 年 6 月 8 日）
成都市人大常委会关于修改《成都市户外广告和招牌设置管理条例》的决定
（2015 年 6 月 8 日）
成都市人大常委会关于修改《成都市清真食品管理规定》的决定
（2015 年 8 月 11 日）
成都市人大常委会关于修改《成都市宗教活动场所管理规定》的决定
（2015 年 11 月 6 日）
成都市人大常委会关于修改《成都市节约用水管理条例》的决定
（2015 年 11 月 6 日）
成都市人大常委会关于修改《成都市法律援助条例》的决定
（2015 年 11 月 6 日）
成都市爱国卫生管理规定
（2015 年 11 月 6 日）
阿坝藏族羌族自治州城乡基础设施管理条例
（2015 年 5 月 26 日）
阿坝藏族羌族自治州农村扶贫开发条例
（2015 年 5 月 26 日）
凉山彝族自治州邛海保护条例（修订）
（2015 年 8 月 16 日）

贵 州 省

贵州省道路运输条例修正案
（2015 年 11 月 27 日）
贵州省人民代表大会代表议案和建议办理条例
（2015 年 11 月 27 日）
贵州省湿地保护条例
（2015 年 11 月 27 日）

云 南 省

云南省人体器官捐献条例
（2015 年 11 月 26 日）
云南省国家公园管理条例
（2015 年 11 月 26 日）
云南省人大常委会关于修改《云南省药品管理条例》的决定
（2015 年 11 月 26 日）
云南省镇沅彝族哈尼族拉祜族自治县城镇规划建设管理条例
（2015 年 5 月 28 日）
云南省宁蒗彝族自治县禁毒条例
（2015 年 5 月 29 日）

西藏自治区

西藏自治区人大常委会关于修改《西藏自治区实施〈中华人民共和国草原法〉办法》的决定
（2015 年 11 月 26 日）

陕 西 省

陕西省固体废物污染环境防治条例
（2015 年 11 月 19 日）
陕西省旅游条例
（2015 年 11 月 19 日）
陕西省地下水条例
（2015 年 11 月 19 日）

甘 肃 省

甘肃省预算审批监督条例（修订）
（2015 年 11 月 27 日）
甘肃省会计管理条例
（2015 年 11 月 27 日）

甘肃省人大常委会关于修改《甘肃省价格管理条例》的决定
（2015 年 11 月 27 日）
甘肃省人大常委会关于修改《甘肃省各级人民代表大会常务委员会规范性文件备案审查规定》的决定
（2015 年 11 月 27 日）
甘肃省老年人权益保障条例
（2015 年 11 月 27 日）

青 海 省

青海省出版物发行管理条例
（2015 年 11 月 27 日）
西宁市大气污染防治条例
（2015 年 12 月 1 日）

宁夏回族自治区

宁夏回族自治区燃气管理条例（修订）
（2015 年 9 月 30 日）
宁夏回族自治区人大常委会关于修改《宁夏回族自治区人民代表大会及其常务委员会立法程序规定》的决定
（2015 年 9 月 30 日）

地方政府规章

北京市

北京市生产安全事故隐患排查治理办法
（2015 年 11 月 24 日）

天 津 市

天津市市场主体信用信息管理办法
（2015 年 11 月 20 日）

河 北 省

河北省市场中介组织管理办法
（2015 年 11 月 11 日）
河北省税收征管保障办法
（2015 年 11 月 12 日）
河北省政务信息资源共享管理规定
（2015 年 11 月 12 日）
河北省社会救助实施办法
（2015 年 11 月 23 日）
河北省城镇供水用水管理办法
（2015 年 11 月 23 日）
河北省人民政府关于废止和修改部分省政府规章的决定
（2015 年 11 月 23 日）
河北省南水北调配套工程供用水管理规定
（2015 年 12 月 10 日）
河北省高速公路沿线广告设施管理规定
（2015 年 12 月 10 日）

内蒙古自治区

内蒙古自治区重大活动档案管理办法
（2015 年 12 月 1 日）

辽 宁 省

沈阳市物业专项维修资金管理办法
（2015 年 11 月 17 日）
沈阳市防灾减灾办法
（2015 年 11 月 17 日）
抚顺市人民政府关于废止《抚顺市粉煤灰综合利用管理办法》等 3 件政府规章的决定
（2015 年 12 月 2 日）
抚顺市城区禁止违法建设管理规定
（2015 年 12 月 2 日）

本溪市城市地下管线工程档案管理办法
（2015 年 12 月 1 日）

吉 林 省

长春市城市照明管理办法
（2015 年 12 月 7 日）

上 海 市

上海市城市管理行政执法条例实施办法
（2015 年 11 月 30 日）

江 苏 省

苏州市公共文化服务办法
（2015 年 11 月 12 日）
无锡市工伤保险实施办法
（2015 年 11 月 9 日）
常州市人民政府规章制定程序规定
（2015 年 12 月 10 日）

浙 江 省

杭州市人民政府关于废止《杭州市职工价格监督暂行规定》等 14 件规章的决定
（2015 年 11 月 10 日）
杭州市居住房屋出租安全管理若干规定
（2015 年 11 月 20 日）
杭州市人民政府关于修改《杭州市城市地下管线工程档案管理办法》等 12 件市政府规章部分条款的决定
（2015 年 11 月 24 日）
杭州市城市轨道交通运营管理办法
（2015 年 11 月 27 日）
宁波市重点建设项目管理办法
（2015 年 11 月 24 日）

山 东 省

山东省京杭运河航运污染防治办法
（2015 年 12 月 8 日）
青岛市市级行政审批事项目录
（2014 年 12 月 31 日）
青岛市建筑废弃物管理办法
（2015 年 12 月 1 日）

湖 北 省

湖北省见义勇为人员奖励和保护办法
（2015 年 12 月 7 日）
湖北省烟花爆竹安全管理办法
（2015 年 12 月 16 日）

湖 南 省

湖南省出生缺陷防治办法
（2015 年 11 月 19 日）

广 东 省

广东省专职消防队建设管理规定
（2015 年 12 月 1 日）
广东省生态景观林带建设管理办法
（2015 年 12 月 10 日）
广州市城乡规划技术规定
（2015 年 11 月 4 日）
广州市城市更新办法
（2015 年 12 月 1 日）
广州市人民政府关于向中国（广东）自由贸易试验区南沙新区片区下放第一批市级管理权限的决定
（2015 年 12 月 8 日）
深圳市残疾人特殊困难救助办法
（2015 年 12 月 4 日）

珠海经济特区促进中国（广东）自由贸易试验区珠海横琴新区片区建设办法
（2015 年 11 月 6 日）

广西壮族自治区

南宁市公共租赁住房保障办法
（2015 年 11 月 23 日）

海南省

海南省社会救助规定
（2015 年 11 月 17 日）

海南省人民政府关于废止《海南省实施〈森林防火条例〉办法》的决定
（2015 年 11 月 17 日）

海南经济特区企业法人登记管理条例实施细则（修订）
（2015 年 11 月 17 日）

贵州省

贵州省人民政府关于调整部分行政许可项目的决定
（2015 年 12 月 9 日）

云南省

昆明市汽车租赁管理办法
（2015 年 11 月 26 日）

昆明市人民政府规章制定办法
（2015 年 11 月 30 日）

昆明市电梯安全管理办法
（2015 年 11 月 30 日）

昆明市物业管理办法
（2015 年 11 月 30 日）

陕西省

西安市政府重大行政决策程序规定
（2015 年 11 月 20 日）

西安市优秀近现代建筑保护管理办法
（2015 年 12 月 7 日）

宁夏回族自治区

宁夏回族自治区艾依河管理办法
（2015 年 11 月 14 日）

宁夏回族自治区医疗救助办法
（2015 年 11 月 14 日）

新疆维吾尔自治区

新疆维吾尔自治区人民政府关于修改《新疆维吾尔自治区实施〈城镇土地使用税暂行条例〉细则》的决定
（2015 年 11 月 16 日）

乌鲁木齐市物业专项维修资金管理办法
（2015 年 11 月 27 日）

乌鲁木齐市城市绿化管理条例实施细则
（2015 年 11 月 27 日）

乌鲁木齐市病媒生物预防控制管理办法
（2015 年 11 月 27 日）

乌鲁木齐市土地储备管理办法
（2015 年 11 月 30 日）

国务院部门规章

外交部

领事认证办法
（2015 年 11 月 19 日）

教 育 部

教育部关于废止和修改部分规章的决定
（2015 年 11 月 10 日）

公 安 部

公安机关人民警察奖励条令
（2015 年 10 月 19 日）

民 政 部

军队无军籍退休退职职工服务管理办法
（2015 年 12 月 17 日）

人力资源社会保障部

人力资源社会保障部关于废止《招用技术工种从业人员规定》的决定
（2015 年 11 月 12 日）

交通运输部

中华人民共和国内河船舶船员适任考试和发证规则
（2015 年 11 月 11 日）
农村公路养护管理办法
（2015 年 11 月 11 日）
中华人民共和国内河船舶船员值班规则
（2015 年 11 月 11 日）
铁路专用设备缺陷产品召回管理办法
（2015 年 11 月 19 日）
公路工程建设项目招标投标管理办法
（2015 年 12 月 8 日）

农 业 部

兽药产品批准文号管理办法
（2015 年 12 月 3 日）

工商总局

国家工商行政管理总局关于废止《流通环节食品安全监督管理办法》和《食品流通许可证管理办法》的决定
（2015 年 11 月 10 日）

质检总局

进口旧机电产品检验监督管理办法
（2015 年 11 月 23 日）
国家质量监督检验检疫总局关于修改《进出口商品数量重量检验鉴定管理办法》的决定
（2015 年 11 月 23 日）
国家质量监督检验检疫总局关于修改《进出口玩具检验监督管理办法》的决定
（2015 年 11 月 23 日）
国家质量监督检验检疫总局关于修改《出入境口岸食品卫生监督管理规定》的决定
（2015 年 11 月 25 日）
国家质量监督检验检疫总局关于修改《进境动植物检疫审批管理办法》的决定
（2015 年 11 月 25 日）

证 监 会

货币市场基金监督管理办法
（2015 年 12 月 17 日）

二、2015年全国人民代表大会常务委员会明令废止的法律目录

全国人民代表大会常务委员会关于加强反恐怖工作有关问题的决定
（2011年10月29日第十一届全国人民代表大会常务委员会第二十三次会议通过）

三、2015年国务院明令废止的行政法规目录

中华人民共和国地图编制出版管理条例
（1995年7月10日中华人民共和国国务院令第180号公布）
中华人民共和国澳门特别行政区行政区域图
（1999年12月7日国务院第23次常务会议通过　1999年12月20日中华人民共和国国务院令第275号公布）

四、2015年国务院部门明令废止的规章目录

中国微生物菌种保藏管理委员会普通微生物中心用于专利程序的微生物保藏办法
（1985年3月12日中国专利局第8号公布）
中国典型培养物中心用于专利程序的微生物保藏办法
（1985年3月12日中国专利局第8号公布）
中华人民共和国海关对加工贸易保税工厂管理办法
（1988年4月6日海关总署公布　［1988］署货字第343号）
关于授予“体育工作荣誉奖章”的规定
（1989年9月22日国家体育运动委员会令第8号公布）
国家秘密保密期限的规定
（1990年9月19日国家保密局令第2号公布）
国家秘密文件、资料和其他物品标志的规定
（1990年10月6日国家保密局、国家技术监督局令第3号公布）
个人业余无线电台管理暂行办法
（1992年9月23日国家体育运动委员会（92）体训竞一字261号公布　国家无线电管理委员会（92）国无管字15号公布）

中华人民共和国海关对进料加工保税集团管理办法

（1993 年 1 月 5 日海关总署令第 41 号公布）

内河渔业船舶船员考试发证规则

（1994 年 8 月 18 日农业部公布　2004 年 7 月 1 日农业部令第 38 号修订）

欺诈消费者行为处罚办法

（1996 年 3 月 15 日国家工商行政管理局令第 50 号公布）

内部资料性出版物管理办法

（1997 年 12 月 30 日新闻出版署署长令第 10 号公布）

煤矸石综合利用管理办法

（1998 年 2 月 12 日国家经贸委、煤炭部、财政部、电力部、建设部、国家税务总局、国家土地管理局、国家建材局公布　国经贸资［1998］80 号）

中华人民共和国渔业船舶普通船员专业基础训练考核发证办法

（1994 年 8 月 18 日农业部公布　2004 年 7 月 1 日农业部令第 38 号修订）

出版文字作品报酬规定

（1999 年 4 月 5 日国有版权局公布　国权［1999］8 号令）

自费出国留学中介服务管理规定

（1999 年 6 月 17 日教育部公布　教外综［1999］44 号）

自费出国留学中介服务管理规定实施细则（试行）

（1999 年 8 月 24 日教育部令第 6 号公布）

社会团体设立专项基金管理机构暂行规定

（1999 年 9 月 17 日民政部公布　民发［1999］50 号）

体育竞赛裁判员管理办法（试行）

（1999 年 11 月 22 日国家体育总局发布）

民用爆破器材生产流通管理暂行规定

（1999 年 11 月 26 日国防科学技术工业委员会令第 2 号公布）

测绘行政执法证管理规定

（2014 年 4 月 17 日国家测绘局令第 7 号公布）

招用技术工种从业人员规定

（2000 年 3 月 16 日劳动和社会保障部令第 6 号公布）

通信建设项目招标投标管理暂行规定

（2000 年 9 月 22 日信息产业部令第 2 号公布）

互联网电子公告服务管理规定

（2000 年 10 月 8 日信息产业部令第 3 号公布）

建筑工程施工许可管理办法

（2001 年 7 月 4 日建设部令第 91 号公布）

公路工程勘察设计招标投标管理办法

（2001 年 8 月 21 日交通部令 2001 年第 6 号公布）

内河运输船舶标准化管理规定

（2001 年 10 月 11 日交通部令 2001 第 8 号公布）

职业健康监护管理办法

（2002 年 3 月 28 日卫生部令第 23 号公布）

设备监理单位资格管理办法

（2002 年 11 月 1 日国家质量监督检验检疫总局令第 28 号公布）

出入境检验检疫报检员管理规定

（2002 年 11 月 6 日国家质量监督检验检疫总局令第 33 号公布）

进口旧机电产品检验监督管理办法

（2002 年 12 月 31 日国家质量监督检验检疫总局令第 37 号公布）

高等学校境外办学暂行管理办法

（2002 年 12 月 31 日教育部令第 15 号公布）

驰名商标认定和保护规定

（2003 年 4 月 17 日国家工商行政管理总局令第 5 号公布）

药品监督行政处罚程序规定

（2003 年 4 月 28 日国家食品药品监督管理局令第 1 号公布　2012 年 10 月 17 日卫生部令第 88 号修改）

中华人民共和国海上海事行政处罚规定

（2003 年 7 月 10 日交通部令 2003 年第 8 号公布）

公安机关人民警察奖励条令

（2003 年 7 月 24 日公安部令第 66 号公布）

进口旧机电产品检验监督程序规定

（2003 年 8 月 18 日国家质量监督检验检疫总局令第 53 号公布）

家庭寄养管理暂行办法

（2003 年 10 月 27 日民政部公布　民发［2003］44 号）

气象预报发布与刊播管理办法

（2003 年 12 月 31 日中国气象局令第 6 号公布）

电力安全生产监管办法

（2004 年 3 月 9 日国家电力监管委员会令第 2 号公布）

港口经营管理规定（09 年已收）

（2004 年 4 月 15 日交通部令第 4 号公布）

对外援助成套项目施工任务实施企业资格认定办法（试行）

（2004 年 5 月 15 日商务部令 2004 年第 9 号公布）

医疗器械生产监督管理办法

（2004 年 7 月 20 日国家食品药品监督管理局令第 12 号公布）

医疗器械注册管理办法

（2004 年 8 月 9 日国家食品药品监督管理局令第 16 号公布）

医疗器械经营企业许可证管理办法

（2004 年 8 月 9 日国家食品药品监督管理局令第 15 号公布）

企业投资项目核准暂行办法

（2004 年 9 月 15 日国家发展和改革委员会令第 19 号公布）

境外投资项目核准暂行管理办法

（2004 年 10 月 9 日国家发展和改革委员会令第 21 号公布）

外商投资项目核准暂行管理办法

（2004 年 10 月 9 日国家发展和改革委员会令第 22 号公布）

关于修改《证券公司债券管理暂行办法》的决定

（2004 年 10 月 18 日中国证券监督管理委员会令第 25 号公布）

机电产品国际招标投标实施办法

（2004 年 11 月 1 日商务部令 2004 年第 13 号公布）

兽药产品批准文号管理办法

（2004 年 11 月 24 日农业部令第 45 号公布）

水电站大坝运行安全管理规定

（2004 年 12 月 1 日国家电力监管委员会令第 3 号公布）

中华人民共和国内河海事行政处罚规定

（2004 年 12 月 7 日交通部令 2004 年第 13 号公布）

建设项目环境影响评价资质管理办法

（2005 年 8 月 15 日国家环境保护总局令第 26 号公布）

中华人民共和国工业产品生产许可证管理条例实施办法

（2005 年 9 月 15 日国家质量监督检验检疫总局令第 80 号公布）

认证培训机构管理办法

（2005 年 9 月 29 日国家质量监督检验检疫总局令第 81 号公布）

认证咨询机构管理办法

（2005 年 9 月 29 日国家质量监督检验检疫总局令第 82 号公布）

出入境特殊物品卫生检疫管理规定

（2005年10月17日国家质量监督检验检疫总局令第83号公布）

国家以工代赈管理办法

（2005年12月27日国家发展和改革委员会令第41号公布）

中华人民共和国海关进出口货物报关单修改和撤销管理办法

（2005年12月30日海关总署令第143号公布）

铁路建设工程质量管理规定

（2006年1月4日铁道部令第25号公布）

中华人民共和国海事行政许可条件规定

（2006年1月9日交通部令第1号公布）

实验室和检查机构资质认定管理办法

（2006年2月21日国家质量监督检验检疫总局令第86号公布）

企业年度检验办法

（2006年2月24日国家工商行政管理总局令第23号公布）

公路工程施工监理招标投标管理办法

（2006年5月25日交通部令第5号公布）

公路工程施工招标投标管理办法

（2006年6月23日交通部令第7号公布）

国债承销团成员资格审批办法

（2006年7月4日财政部、中国人民银行、中国证券监督管理委员会令第39号公布）

民用爆炸物品安全生产许可实施办法

（2006年8月31日国防科学技术工业委员会令第17号公布）

城市排水许可管理办法

（2006年12月25日建设部令第152号公布）

工业产品生产许可证注销程序管理规定

（2006年12月31日国家质量监督检验检疫总局令第93号公布）

金融租赁公司管理办法

（2007年1月23日中国银行业监督管理委员会令第1号公布）

中华人民共和国海关进口货物直接退运管理办法

（2007年2月2日海关总署令第156号公布）

建筑业企业资质管理规定

（2007年6月26日建设部令第159号公布）

农村公路养护管理暂行办法

（2008 年 4 月 24 日交通运输部发布　交公路发［2008］43 号）

邮政普遍服务监督管理办法

（2008 年 7 月 12 日交通运输部令第 3 号公布）

个体工商户验照办法

（2008 年 9 月 1 日国家工商行政管理总局令第 33 号公布）

建设项目环境影响评价分类管理名录

（2008 年 9 月 2 日环境保护部令第 2 号公布）

境外投资管理办法

（2009 年 3 月 16 日商务部令第 5 号公布）

首次公开发行股票并在创业板上市管理暂行办法

（2009 年 3 月 31 日中国证券监督管理委员会令第 61 号公布）

流通环节食品安全监督管理办法

（2009 年 7 月 30 日国家工商行政管理总局令第 43 号公布）

食品流通许可证管理办法

（2009 年 7 月 30 日国家工商行政管理总局令第 44 号公布）

出入境检验检疫代理报检管理规定

（2010 年 3 月 30 日国家质量监督检验检疫总局令第 128 号公布）

国家质量监督检验检疫总局关于修改《中华人民共和国工业产品生产许可证管理条例实施办法》的决定

（2010 年 4 月 21 日国家质量监督检验检疫总局令第 130 号公布）

中华人民共和国工业产品生产许可证管理条例实施办法

（2005 年 9 月 15 日国家质量监督检验检疫总局令第 80 号公布　根据 2010 年 4 月 21 日《国家质量监督检验检疫总局关于修改〈中华人民共和国工业产品生产许可证管理条例实施办法〉的决定》修订）

中华人民共和国内河船舶船员适任考试和发证规则

（2010 年 6 月 29 日交通运输部令 2010 年第 1 号公布）

政府采购代理机构资格认定办法

（2010 年 10 月 26 日财政部令第 61 号公布）

占用征收征用林地审核审批管理办法

（2011 年 1 月 25 日国家林业局令第 26 号公布）

对外援助物资项目实施企业资格管理办法

（2011 年 6 月 8 日商务部令 2011 年第 2 号公布）

生产建设项目水土保持监测资质管理办法

（2011 年 12 月 2 日水利部令第 45 号公布）

外商投资产业指导目录（2011 年修订）

（2011 年 12 月 24 日国家发展和改革委员会、商务部令第 12 号公布）

关于修改《证券投资基金运作管理办法》第六条及第十二条的决定

（2012 年 6 月 19 日中国证券监督管理委员会令第 79 号公布）

证券投资基金运作管理办法

（2004 年 6 月 29 日中国证券监督管理委员会令第 21 号公布　根据 2012 年 6 月 19 日中国证券监督管理委员会《关于修改〈证券投资基金运作管理办法〉第六条及第十二条的决定》修订）

关于修改《公路工程勘察设计招标投标管理办法》的决定

（2013 年 2 月 17 日交通运输部令 2013 年第 3 号公布）

公路工程勘察设计招标投标管理办法

（2001 年 8 月 21 日交通部令 2001 年第 6 号公布　根据 2013 年 2 月 17 日交通运输部《关于修改〈公路工程勘察设计招标投标管理办法〉的决定》修订）

药品经营质量管理规范

（2013 年 1 月 22 日卫生部令第 90 号公布）

中国银监会中资商业银行行政许可事项实施办法

（2013 年 10 月 15 日中国银行业监督管理委员会令 2013 年第 1 号公布）

中国银监会农村中小金融机构行政许可事项实施办法

（2014 年 3 月 13 日中国银行业监督管理委员会令 2014 年第 4 号公布）

中国银监会外资银行行政许可事项实施办法

（2014 年 9 月 11 日中国银行业监督管理委员会令 2014 年第 6 号公布）

图书在版编目(CIP)数据

中华人民共和国新法规汇编. 2016年. 第1辑:总第227辑/国务院法制办公室编. —北京:中国法制出版社,2016.1

ISBN 978-7-5093-7187-9

Ⅰ.①中… Ⅱ.①国… Ⅲ.①法规-汇编-中国-2016 Ⅳ.①D920.9

中国版本图书馆CIP数据核字(2016)第018768号

中华人民共和国新法规汇编

ZHONGHUA RENMIN GONGHEGUO XIN FAGUI HUIBIAN

(2016年第1辑)

编者/国务院法制办公室

经销/新华书店

印刷/涿州市新华印刷有限公司

开本/850毫米×1168毫米 32　　印张/9.375　字数/262千

版次/2016年1月第1版　　2016年1月第1次印刷

中国法制出版社出版

书号 ISBN 978-7-5093-7187-9　　定价:18.00元

北京西单横二条2号　　值班电话:66026508

邮政编码 100031　　传真:66031119

网址:http://www.zgfzs.com　　**编辑部电话:66066621**

市场营销部电话:66033393　　**邮购部电话:66033288**

(如有印装质量问题,请与本社编务印务管理部联系调换。电话:010-66032926)